모든 것에 대한
모든 것

모든 것에 대한 모든 것

구수담 지음

EVERYTHING

우리가 먹고 입고 쓰기까지의

ABOUT

오랜 이야기들

EVERYTHING

메카르북스

아침에 눈을 뜨고 밤에 눈을 감기까지 우리 일상에는 수많은 물건이 함께합니다. 어둠을 밝히는 전구, 머리를 말리는 헤어드라이어, 끼니를 대충 때우기 위해 먹는 라면 등. 원래부터 존재해 온 것처럼 당연하게 사용하지만, 모든 물건은 필요에 의해 탄생하고 끊임없이 발전합니다. 가령 초기의 헤어드라이어는 출력이 낮았기 때문에 오랜 시간 머리를 말려야 하는 문제가 있었습니다. 이를 보완하기 위해 팔 거치대를 함께 증정하다가 두 손을 자유롭게 사용할 수 있는 형태로 발전하죠. 점차 모터의 성능이 좋아지면서 오늘날의 모습으로 완성됩니다. 최근에는 다이슨에서 가운데가 뚫린 헤어드라이어를 출시하며 새로운 혁신을 이루어 냈어요. 이렇듯 사연 없는 물건은 없습니다.

제가 처음 물건의 역사를 조사하게 된 계기는 2018년으로 거슬러 올라갑니다. 당시 한국콘텐츠진흥원에서 개최한 창업 공모전에 참여했는데, 과거의 연필을 재현해 제품화하고 연필의 역사를 설명한 엽서를 같이 만들어 판매한다는 아이디어로 대상을 받았습니다. 사업화를 꿈꾸며 연필뿐만 아니라 다양한 제품의 역사를 조사했죠. 사업화는 이루지 못했지만 역사를 조사했던 콘텐츠는 남아 있었습니다. 이 콘텐츠를 뉴스레터로 연재하기 시작했어요. 우연한 계기로 연재를 시작한 뉴스레터는 벌써 햇수로 3년 차가 되었고, 그동안 감사하게도 많은 분이 봐 주셨습니다. 그리고 이렇게 책을 낼 기회까지 얻게 되어 감격스러울 따름입니다.

물건의 역사를 조사하면서 얻은 것이 두 가지 있습니다. 첫 번째는 물건에 애정이 생겼다는 것입니다. 무심코 지나치던 물건에도 각자의 이야기가 담겨 있다는 것을 알게 된 후, 모든 물건이 흥미롭게 보입니다. 그리고 물건을 살 때는 최초의 브랜드 물건을 사는 취미가 생겼습니다. 이를테면 청바지는 리바이스, 스니커즈는 케즈, 후드 티는 챔피온에서 구매하는 식이죠.

두 번째는 일상에서 영감을 얻는 일이 많아졌다는 것입니다. 우리는 영감을 얻기 위해 위대한 성취를 이룬 사람들의 강연을 듣거나 책을 읽곤 합니다. 하지만 우리 주변에 있는 물건에 혁신의 순간들이 모여 있다는 것을 알고 나니, 물건 하나하나가 영감이 됩니다.

한때 광화문 교보문고 현판에 '사람이 온다는 건 실은 어마어마한 일이다. 한 사람의 일생이 오기 때문이다'라는 글귀가 걸려 있었습니다. 수많은 물건의 역사를 알고 나면 이 글귀를 '사물을 구매한다는 건 실은 어마어마한 일이다. 한 사물의 역사가 오기 때문이다'로 바꾸어 볼 수 있을 것입니다.

이 책에는 그동안 조사했던 물건의 역사를 우리가 일상에서 마주하는 순서로 배치했습니다. 시간순으로 배치하고 보니 생활 속에서 얼마나 많은 물건의 이야기와 마주하는지 다시금 깨닫습니다. 책을 읽는 분들도 물건에 대한 애정과 일상 속의 영감을 얻기를 바랍니다.

Contents

일어나 **조명(전기 조명)** *p.*13을 켜고 욕실에서 샤워한 다음 **히터(난 방기)** *p.*18를 끈다. **콘센트(플러그)** *p.*24에 **헤어드라이어** *p.*31를 꽂 아 머리를 말린다. **의류 관리기** *p.*38에서 **후드 티** *p.*43, **청바지** *p.*46 를 꺼내 입고 현관에서 **스니커즈** *p.*50를 신은 다음 집을 나선다.

이어폰 *p.*57을 **MP3** *p.*65에 연결한 다음 재생 버튼을 누른다. **우 산** *p.*71과 **마스크** *p.*79를 챙겨 **에스컬레이터** *p.*85에 탄다. **자전거** *p.*91로 출근한다.

09:00
오전 업무

사무실에 도착해 **선풍기** _p._103, **공기 청정기** _p._109, **에어컨** _p._114
을 켠다. 자리에 앉아 **윈도우 OS** _p._120가 깔린 **노트북** _p._125을 켜
고 **마우스** _p._132, **기계식 키보드** _p._138와 연결해 오전 업무를 시작
한다.

12:00
점심시간

점심 메뉴는 **돈가스** _p._147. **포크** _p._150로 먹는다. 동료들과 **증권**
_p._154, **복권** _p._164, **MBTI(심리 검사)** _p._170에 대한 이야기를 나
눈다. 카페에서 커피를 주문하고 **진동벨(무선 호출기)** _p._176을 받는
다. 사무실로 돌아와 **안마기** _p._181를 켜고 잠시 쉰다.

13:00
오후 업무

인터넷(해저 케이블) _p._189 연결을 확인하고 오후 업무를 시작한
다. 심심한 입을 **초콜릿** _p._198으로 달랜다. 회의 자료를 **프린터**
_p._207로 인쇄해 **연필** _p._214로 체크한다. 문제가 없음을 확인하고
자료를 서랍장에 넣어 **열쇠(자물쇠)** _p._220로 잠근다.

18:30
퇴근 후

헬스장에 들러 **헬스(보디빌딩)** *p.229*를 하고 **오락실** *p.234*에 있는 코인 **노래방** *p.242*에서 노래를 부른다. 귀가 후 **전자레인지** *p.246*로 **삼각김밥** *p.253*을 데워 먹고 **강아지** *p.260*와 산책한다. 산책하고 돌아와 야식으로 **치킨** *p.265*과 **삼겹살** *p.269*을 주문한다.

휴일

공휴일 *p.279*, **청소기** *p.285*로 주중에 못 한 청소를 하고 **세탁기** *p.292*를 돌린다. **전기밥솥** *p.297*으로 밥도 미리 해 둔다. 여유로운 마음으로 **베스트셀러** *p.303*를 읽는다. 점심으로 **라면** *p.312*에 참치 **통조림** *p.318*을 넣고 **김치** *p.324*와 함께 먹는다. 요즘 라면엔 **MSG** *p.331*가 빠져 맛이 달라졌음을 느낀다.

Reference   *p.337*

07:30

출근 준비

일어나 **조명**을 켜고 욕실에서 샤워한 다음 **히터**를 끈다.
콘센트에 **헤어드라이어**를 꽂아 머리를 말린다.
의류 관리기에서 **후드 티, 청바지**를 꺼내 입고
현관에서 **스니커즈**를 신은 다음 집을 나선다.

1

에디슨이 최초가 아니라고?

조명

—

광선으로 밝게 비춤. 또는 그 광선.

국립국어원 표준국어대사전

Fig 1. 너무나 뜨거웠던 최초의 전기 조명

험프리 데이비의 아크등

19세기 초 알레산드로 볼타Alessandro Volta가 최초의 현대식 전지인 '볼타의 파일'을 개발한 지 얼마 지나지 않아 험프리 데이비Humphry Davy가 1802년 최초의 전깃불인 아크등을 만들었습니다. 아크등은 전극 사이에 전류를 흘려 주면 전극이 가열돼 열전자를 방출하는 아크 방전의 원리로 빛을 냅니다. 1844년 파리의 콩코르드 광장에서 처음 사용되었고, 이후 유럽 전역으로 퍼졌죠. 하지만 너무 밝은 빛과 뜨거운 열기

그리고 비싼 가격 때문에 제한적으로만 사용되었습니다.

Fig 2. 백열전구의 발명가는 에디슨이 아니었습니다!

흔히들 토머스 에디슨Thomas Edison이 백열전구를 발명했다고 알고 있지만, 에디슨의 전구가 등장하기 44년 전인 1835년 제임스 보먼 린제이James Bowman Lindsay가 백열전구를 고안했습니다. 1875년엔 조지프 윌슨 스완Joseph Wilson Swan이 개량된 백열전구의 특허를 신청하기도 했고요.

    당시까지 탄소, 백금-이리듐 합금, 석면으로 필라멘트를 만들고 질소를 주입하거나 진공 상태로 필라멘트를 폐쇄하여 백열전구를 제작했습니다. 탄소는 바스러지고 백금은 발광 상태에서 녹아내리는 문제가 있었습니다. 그리고 가격도 비쌌어요. 이를 개선한 것이 바로 토머스 에디슨인 거죠. 에디슨은 1879년 대나무를 탄화시킨 필라멘트를 이용해 전구를 개량했습니다. 그리고 1910년에는 윌리엄 쿨리지William Coolidge가 우리가 아는 텅스텐 필라멘트를 발명했고 그 결과 전구는 더 밝아지고 수명이 길어졌죠.

Fig 3. 백열전구를 뛰어넘은 할로겐등

백열전구의 효율을 높이기 위한 시도는 계속되었습니다. 에디슨

14

이 설립한 회사 제너럴 일렉트릭General Electric에서 1959년 개발한 할로겐등도 그 노력의 일환이죠. 할로겐등은 진공 상태의 전구 안에 아르곤, 질소와 같은 비활성 기체와 브롬, 염소와 같은 할로겐 화합물이 첨가된 구조로 되어 있는데요. 이러한 구조는 텅스텐의 증발을 억제하고, 백열전구보다 더 높은 온도에도 필라멘트가 견딜 수 있도록 합니다. 결과적으로 할로겐등은 백열전구보다 수명이 2~3배 늘어났고, 높은 발광 효율을 낼 수 있었죠.

Fig 4. 곧 역사 속으로 사라질 형광등

한편 아크 방전의 원리로 빛을 내는 아크등과 백열전구 외에도 양이온 충돌로 빛을 내는 조명 기기가 발명되었어요. 양이온 충돌로 빛을 내는 것을 글로 방전이라고 부릅니다. 글로 방

형광등의 전신이라고 볼 수 있는 가이슬러관

전의 원리는 마이클 패러데이Michael Faraday에 의해 처음 관측되었습니다. 패러데이가 진공 유리관 양쪽에 금속 필라멘트로 된 전극을 연결하고 고압을 흘려 주자 음극과 양극 양쪽에서 빛이 났죠.

　　1856년에는 율리우스 플뤼커Julius Plücker와 요한 하인리히 빌헬름 가이슬러Johann Heinrich Wilhelm Geißler가 더 강력한 진공관을 제작하여 패러데이의 실험을 재현했는데, 유리관 전체에서 빛이 나는 것을

15

발견했어요. 이는 가이슬러관이라고 불리며 1880년대 무렵 장식용 도구로 판매되었죠. 글로 방전을 이용해 최초로 상용화한 조명은 네온램프입니다. 네온은 1898년 윌리엄 램지William Ramsay와 모리스 윌리엄 트래버스Morris William Travers가 당시 새롭게 찾아낸 아르곤과 헬륨의 성질을 연구하는 과정에서 발견했어요. 이후 1902년 프랑스의 회사 에어 리퀴드Air Liquide가 네온을 공기에서 분리해 판매하기 시작했습니다. 그리고 1910년에는 네온램프를, 1912년에는 네온사인을 판매하죠.

당시 네온의 문제점은 일반 가정이나 직장에서 사용하는 백색광을 만들지 못한다는 점이었습니다. 이러한 문제를 해결한 백색 형광등은 1926년 에드먼드 저머Edmund Germer가 발명하죠. 백색 형광등은 유리관 내벽에 형광 물질을 바르고, 수은과 아르곤 가스를 넣어 전류를 흘려보내는 구조로 되어 있는데 1938년 제너럴 일렉트릭에 의해서 상용화됩니다. 형광등은 백열전구보다 부피도 컸고 안정기도 필요했지만 경제적으로 효율적이었기 때문에 1990년대 중반까지 널리 쓰입니다.

Fig 5. 전기 조명계의 타노스 LED

형광등은 수은을 포함하기 때문에 환경 문제를 일으킵니다. 이러한 이유로 형광등은 LED(Light-Emitting Diode)로 대체되고 있죠. 형광등뿐만 아니라 백열전구, 할로겐등도 에너지 효율 문제로 시장에서 퇴출을 당하는 실정입니다. 그 빈자리를 LED가 채우는 것이죠. LED는 반도체의 PN 접합을 통해 전자가 가지는 에너지를 빛으로 변환하는 구조로, 1962년 닉 홀로니악 주니어Nick Holonyak Jr.가 개발한 적색 발광 다이오드(GsAsP형)가 최초의 가시광선 LED입니다. 1960년대에는 가격이 높았으나 재료가 발전하면서 점차 저렴해졌어요.

Fig 6. 우리나라 최초의 전등

1883년 고종 재위 시기 미국에 파견된 사절단인 보빙사는 에디슨의 회사에 방문합니다. 이들은 귀국 후 고종에게 전등 도입을 건의했죠. 이후 경복궁 내 향정원 연못에 당시 아시아 최고의 증기기관식 화력 발전기를 설치했고, 1887년 3월 왕과 왕비의 처소였던 건청궁을 중심으로 700여 개의 전구에 불이 켜집니다. 하지만 당시 사용했던 전등은 아크등으로 많은 전력이 소모되었고 발전기 소음도 심했죠. 그래서 얼마 지나지 않아 전등을 잘 켜지 않게 되었다고 하네요.

난방기

—

실내의 온도를 높여 따뜻하게 하는 장치.

국립국어원 표준국어대사전

Fig 1. 첫 번째 후보, 라디에이터

최초의 산업용 난방기는 라디에이터라고 할 수 있습니다. 그도 그럴 것이 산업 혁명의 시작은 증기 기관이고, 라디에이터는 바로 증기로 공기를 따뜻하게 만드는 장치이기 때문이죠. 증기 기관을 만들어 낸 제임스 와트James Watt도 1790년대 일종의 라디에이터를 만들어 집에 설치했다고 합니다.

　　이처럼 증기 기관의 등장 이후 다양한 형태의 라디에이터가 나타나기 시작합니다. 하지만 증기를 사용하는 라디에이터는 압력 때문에 폭발하는 경우가 잦았습니다. 이 문제를 해결한 인물이 스티븐 골드Steven J. Gold예요. 1854년 그가 만든 라디에이터는 기존의 것보다 훨씬 낮은 압력으로 작동하는 장치로, 생김새 때문에 매트리스 라디에이터라고 불렸습니다. 당시 사용되던 벽난로와 비교했을 때 효율성과 안전성이 모두 높아 상업적으로 성공합니다.

오늘날 흔히 볼 수 있는 라디에이터의 형태는 1863년 발명가 조셉 나슨Joseph Nason과 로버트 브릭스Robert Briggs가 그 전신을 만들고, 1872년 넬슨 번디Nelson H Bundy가 완성합니다.

아메리칸 라디에이터 회사American Radiator Co.는 1891년 보일러 제조업체와 라디에이터 제조업체들을 통합해 세계에서 가장 큰 라디에이터 제조사가 됩니다. 이 회사는 오늘날 아메리칸 스탠다드American Standard라는 이름으로 운영되고 있어요.

Fig 2. 두 번째 후보, 온수기

옛날에는 따뜻한 물을 쓰려면 냄비로 물을 끓여야 했습니다. 세안용 물은 펄펄 끓는 냄비 물에 찬물을 섞어 가며 미지근하게 만든 다음 사용해야 했어요.

온수가 바로 나오는 기계는 1868년 처음 등장합니다. 영국의 벤자민 와디 모건Benjamin Waddy Maughan이 발명했어요. 모건은 이 발명품을 아이슬란드 온천의 이름을 따서 가이저Geyser라고 부릅니다. 가이저는 차가운 물이 뜨거운 가스에 의해 가열된 파이프를 통과하면서 온수가 되는 원리입니다. 하지만 가스를 배기하는 장치가 없어 자칫 잘못하면 터질 수 있는 매우 위험한 기계이기도 했죠.

모건의 발명품을 안전하게 개량한 사람은 연료 가스 제조 회사에서 일하던 노르웨이의 엔지니어 에드윈 루드Edwin Ruud였습니다. 루드는 1880년 최초의 자동 저장 탱크식 가스 온수기 특허를 받았죠.

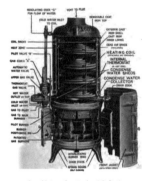

에드윈 루드의 보일러

루드가 온수기를 개량한 시기에 클라렌스 켐프Clarence Kemp도 온수기를 생산하고 있었어요. 1891년 그는 조금 특별한 온수기를 발명합니다. 가스로 물을 데우는 장치가 아닌 태양열로 물을 데우는 온수기, 클라이맥스 시스템을 개발한 것이죠. 이 장치는 물이 흐르는 파이프를 지붕 위에 노출해 태양열로 파이프를 데우는 형식이었습니다. 뜨거운 물을 사용하기 위해 한여름에도 난로를 피워야 하는 것이 불편하다고 생각해 발명한 제품이죠.

Fig 3. 세 번째 후보, 전기장판

최초의 전기장판은 1912년 의사 사무엘 러셀Samuel Irwin Russell이 발명합니다. 결핵 환자의 몸을 따뜻하게 만들기 위해 발명한 것이었어요. 하지만 당시의 전기장판은 부피도 크고 화재의 위험성도 있어서 널리 쓰이지는 않았다고 합니다.

장판 형태가 아닌 담요 형태로 제작한 건 조지 크롤리George Crowley입니다. 조지 크롤리는 해군 기술자로, 비행기 조종사들이 높은 고도에서 추위를 견딜 수 있도록 돕는 전기 온열 비행복을 개발합니다. 그리고 이 기술을 담요에도 적용하죠. 1936년에는 실내 온도에 따라 자동으로 켜지고 꺼지는 전기담요를 개발하기도 합니다.

Fig 4. 마지막 후보, 바닥 난방

바닥 난방 시스템은 기원전 1,300년 중동에서 처음 사용된 것으로 추정됩니다. 아르자와 국왕이 튀르키예 비체술탄의 궁전에 설치한 것이 바로 최초의 바닥 난방이죠. 참고로 우리나라의 온돌은 기원전 4세기경에 탄생한 것으로 추정됩니다.

우리나라에서 온돌이 탄생한 것과 비슷한 시기, 로마에서도 하이포코스트hypocaust라고 불리는 바닥 난방 장치가 탄생합니다. 하이포코스트는 돌바닥 아래의 빈 공간으로 연기가 지나가면서 벽면의 연도(연기 길)로 빠져나가는데요. 온돌은 연기가 지나가는 길이 따로 마련되어 있는 반면, 하이포코스트는 바닥 아래가 뚫려 있는 형태였죠. 또한 하이포코스트는 가정집보다는 목욕탕 등의 상업 시설에 설치되었다는 특징이 있습니다.

로마 제국이 몰락한 후 유럽의 난방 시스템은 후퇴해 벽난로가 난방을 대체하게 됩니다. 바닥 난방이 유럽에 다시 등장한 것은 19세기 초반이죠. 1800년 초, 미국의 발명가 다니엘 페티본 Daniel Pettibone은 바닥에서 따뜻한 바람이 나오는 장치를 개발합니다. 엄밀히 말하면 바닥을 따뜻하게 하는 것이 아니라 특정한 위치에서 따뜻한 바람이 나오는 장치이기 때문에 바닥 난방이라고 하기에는 무리가 있죠.

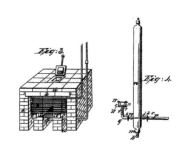

앤지어 피킨스의 난방 시스템

온풍을 이용한 난방 방식은 장치가 너무 크다는 단점이 있었습니다. 이를 해결하기 위해 1831년 온수 파이프로 방을 데우는 난방 시스템이 등장합니다. 앤지어 퍼킨스Angier March Perkins의 고압 온수 난방 시스템으로, 이 방식은 영국에서 인기를 끌었고 이윽고 미국에서도 유행을 합니다.

Fig 5. 석탄 → 갈탄 → 연탄 → 기름 → 가스

우리나라는 온돌을 오랫동안 쓰다가 주거 형태의 변화와 함께 더이상 온돌을 사용할 수 없게 됩니다. 이를 해결하기 위해 집집마다 퍼킨스 방식의 바닥 난방이 도입되기 시작합니다. 물을 데우는 연료는 석탄이었다가 조개탄으로 불린 갈탄, 연탄 순서로 이어집니다.

　당시에는 새마을 보일러라는 것도 있었어요. 화로 윗부분에 뚜껑을 만들어 그 안으로 물이 들어가 데워진 후 옆에 달린 큰 고무 통에 온수를 받을 수 있는 형태였죠. 새마을 보일러는 1960년대 후반부터 널리 보급되었지만, 연탄가스 중독 사고가 발생하는 원인이 되기도 했어요.

　때마침 1970년대로 들어서며 다가구 주택, 아파트 등이 보급됨에 따라 집마다 있던 퍼킨스 난방 방식이 중앙 난방식 연탄보일러로 대체되기 시작합니다. 중앙 난방식 연탄보일러는 온수 사용이 가능하도록 제작된 최초의 온수용 보일러이기도 하죠.

　1975년 이후부터는 연탄이 사라지고 기름보일러가 보급되기 시작합니다. 작동 방식은 크게 다르지 않았지만, 방 안에서도 보일러를 컨트롤할 수 있다는 점은 혁신이었어요. 1997년 중반에는 기다릴 필요 없이 바로 온수를 쓸 수 있는 순간식 기름보일러가 등장합니다. 하지만 1990년대 후반 정부의 에너지 정책이 시행되면서 기름보일러보다는 가스보일러로 점차 시장의 흐름이 바뀝니다.

플러그
—

전기 회로를 쉽게 접속하거나

절단하는 데 사용하기 위하여 코드 끝에 부착하는 접속 기구.

국립국어원 표준국어대사전

Fig 1. 한 집당 벽면 콘센트 한 개?

전기의 가정 보급에 힘쓴 로터리 컨버터

전기 기술은 1800년에 개발된 볼타의 파일을 시작으로 19세기에 급속도로 발전합니다. 불과 100년도 안 되어서 전기는 가정용으로 사용되기 시작하죠. 전기가 가정용으로 보급될 수 있었던 이유는 1888년 로터리 컨버터가 발명되었기 때문입니다. 로터리 컨버터는 전압, 주파수, 위상 등을 원하는 형태로 바꿀 수 있는 장치입니다. 그러니까 모든 가정에 동일한 전압의 전기를 공급할 수 있게 되었다는 말이죠.

전기가 가정에 처음 공급되었을 때
는 조명용으로만 사용되었습니다. 그렇기
때문에 가정에는 천장에 달린 소켓만 있
었어요. 영국을 기준으로 1930년대 초까
지도 기술적 한계로 인해 한 가구당 6개의
천장 소켓과 1개의 벽면 소켓만 있었다고
합니다.

전구와 비슷해 보이는 초기의
소켓형 플러그

참고로 벽면 콘센트 아니고 소켓 맞습니다. 당시 전기 기기
들은 오늘날처럼 꽂아 쓰는 플러그 형태가 아니라 전구를 끼우듯
이 돌리는 형태였기 때문이죠. 이 소켓형 플러그는 1880년대 중
반 에디슨에 의해 개발되었고 20세기 초까지 산업 표준으로 사용
됩니다.

Fig 2. 파나소닉을 만들어 낸 멀티탭

앞서 언급한 바와 같이 1930년대까지 대부분의 가정에는 벽면에
하나의 소켓만 있었어요. 이러한 이유로 천장 조명을 제외한 2개
이상의 전기 기기를 사용하려면 추가적인 어댑터가 필요했습니
다. 이 어댑터는 1918년 일본에서 발명됩니다. 작은 전기용품 가
게를 운영하던 일본의 한 전기공이 쌍소켓을 발명한 것이죠. 쌍소
켓은 히트 상품이 되어 그의 가게를 어엿한 기업으로 성장시킵니

다. 이 기업이 바로 훗날 파나소닉이 되는 마쓰시타 전기 산업입니다. 쌍소켓을 발명한 전기공은 파나소닉의 창업자 마쓰시타 고노스케松下幸之助죠. 우리가 쓰고 있는 멀티탭 형태는 1929년에 테이블 탭 Table Tap이라는 이름으로 등장합니다. 1970년에는 페드트로Fedtro라는 회사에서 콘센트 구멍마다 스위치가 달린 멀티탭을 선보이죠.

파나소닉의 창업자
마쓰시타 고노스케

Fig 3. 유럽과 미국의 평행 이론?

제너럴 일렉트릭 컴퍼니
카탈로그에 실린 전기 플러그

에디슨이 발명한 소켓형 플러그는 불편했기 때문에 오늘날처럼 꽂는 형태의 플러그가 등장합니다. 흥미로운 건 유럽과 미국에서 각각 독자적으로 발명했는데 발상이 비슷했다는 점이에요. 꽂는 형태의 플러그는 유럽에서 먼저 등장합니다. 1882년 영국의 토머스 테일러 스미스Thomas Taylor Smith가 '전기 회로 연결'에 대한 특허를 낸 것이 최초이죠. 1889년 제너럴 일렉트릭 컴퍼니 카탈로그에도 꽂는 형태의 플러그가 등장한 것을 보면 상용화도 빠르게 이루어진 것을 알 수 있습니다.

반면, 미국에서는 유럽보다 22년이 늦은 1904년 하비 허벨Harvey Hubbell에 의해 발명됩니다. 산업 표준이 소켓형이었기 때문에 그의 발명품은 소켓에 연결해서 사용하는 형태였죠. 하비 허벨은 이후 허벨 회사를 설립하고 다양한 제품을 내놓습니다. 그중에서는 오늘날의 멀티탭과 비슷한 형태의 제품도 있죠.

누전을 방지하기 위한 접지 장치
가 들어간 플러그의 발명은 미국이 유럽보다 빨랐습니다. 1915년 허벨 회사에 재직 중이던 조지 냅George Knapp이 3핀짜리 콘센트, 즉 접지 장치가 들어간 플러그를 개발한 것이죠. 유럽에서는 그로부

냅의 접지 플러그

터 10년 뒤인 1925년 바이에른 전기 액세서리Bayerische Elektrozubehör AG에 재직 중이던 알베르트 뷔트너Albert Büttner가 개발합니다. 이 플러그는 안전 콘센트를 의미하는 독일어 'Schutzkontakt'의 줄인 말인 슈코Schuko로 불리기도 했죠. 현재는 Type F 규격으로 불리며 대부분의 유럽 국가와 우리나라에서 사용 중입니다. 접지 기능이 있는 두 플러그는 안전성과 편리성을 인정받아 미국과 유럽의 표준이 되었죠.

Fig 4. **우리의 소원은 통일**

플러그와 콘센트는 나라별로 독자적으로 발전되어 왔기 때문에 유럽 내에서도 나라마다 모양이 달랐습니다. 그래서 표준화 논의가 시작되죠.

　1906년 영국에서 비영리 국제기구인 국제 전기기술 위원회(IEC)가 창설되어 총대를 메는가 싶었는데 제1차 세계 대전이 발발해 애매한 상태에서 표준화가 멈춰 버립니다. 제1차 세계 대전이 끝나고 다시 유럽 국가 12개국이 모입니다. 1938년 영국과 1939년 프랑스에서 열린 회의에서도 서로 눈치만 보고 시간만 끌다가 제2차 세계 대전이 발발해 흐지부지되었죠. 1957년이 되어서야 국제 전기 장비 승인 규칙 위원회(IECEE)에서 플러그 및 콘센트의 표준을 발표했지만, 이는 기술 보고서에 불과했습니다. 1963년이 되어서야 '유로 플러그'라고 불리는 것이 등장하긴 합니다만 각국의 전기 인프라가 이미 구축된 상황이라 통합은 물 건너간 실정이었죠.

　세계 표준은 왜 없냐고요? 놀랍게도 있습니다. 1986년 제정된 유니버설 플러그(Type N)가 그 주인공이죠. 세계 표준 규격인 만큼 접지도 있고 플러그가 두껍지 않아 합리적입니다. 하지만 이미 깔려 있는 전 세계 전기 인프라를 뒤집어엎을 수는 없는 노릇이라 사용되지 않았죠. 그래서 당시 전기 인프라가 완전히 구축되지 않았던 애꿎은 남아프리카 공화국과 브라질에서만 이 플러그를 채택합니다. 심지어 브라질에서는 Type N의 변형 플러그가 등장했기 때문에 사실상 남아공 전용 플러그라고 볼 수 있습니다. 결국 통일된 건 하나 없이 Type A에서 Type O까지 존재하는 현재에 이르렀죠. 전 세계에서 사용 중인 플러그를 정리하면 다음과 같습니다.

- 미국의 영향을 받은 나라: Type A, Type B
- 영국의 영향을 받은 나라: Type C, Type D, Type G, Type M
- 프랑스의 영향을 받은 나라: Type E
- 독일을 필두로 사실상 유럽의 표준: Type F
- 오세아니아 및 중국: Type I
- 소수 국가에서만 쓰는: Type H(이스라엘), Type J(스위스), Type K(덴마크), Type L(이탈리아), Type O(태국)
- 세계 표준이라 쓰고 남아공, 브라질 전용이라 읽는: Type N

Fig 5. **우리나라는?**

우리나라에 전기 인프라가 깔리기 시작한 것은 미군정 시대부터입니다. 시대 특성상 자연스럽게 미국의 표준인 Type A, Type B를 받아들였습니다. 그렇게 1970년대 초까지 미국 표준을 잘 쓰고 있었죠. 하지만 우리나라는 1970년대까지 발전소가 부족해 전력 사정이 열악했습니다. 이런 상황에서 전기 사용량이 점차 늘자 정부는 효율적이고 안정적인 전력 공급 방법을 모색합니다.

그렇게 시작한 것이 1973년부터 2005년에 걸쳐 이루어진 '220V 승압 사업'이에요. 전압이 높아지며 발생하는 감전 등의 안전 문제를 고려해 Type F를 채택합니다. Type A와 Type B는 코드를 완전히 빼기 전까지 전기가 통하기 때문에 살짝만 걸쳐 있는 상태에서 돌출된 핀을 잡으면 감전되는 안전성 문제가 있었거든요.

헤어드라이어

–

젖은 머리를 말리는 기구.

찬 바람이나 더운 바람이 나오며 머리 모양을 내는 데도 쓴다.

국립국어원 표준국어대사전

Fig 1. 헤어드라이어의 시작은 오븐과 진공청소기?

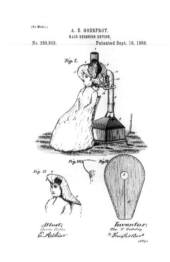

마치 화덕처럼 보이는 최초의 헤어드라이어

헤어드라이어는 1888년 프랑스에서 알렉상드르 페르디난드 고드프로이Alexandre F. Godefroy가 최초로 개발합니다. 그런데 우리가 알고 있는 모습과는 많이 달랐어요. 마치 오븐에 연결된 보닛, 주방에 있는 후드 같았죠. 1910년대에는 가정용 헤어드라이어가 등장합니다. 당시에 상용화되기 시작한 진공청소기에 열원

31

을 부착해 헤어드라이어로 쓰는 일종의 DIY 키트였죠.

Fig 2. 강한 자만이 머리 말릴 수 있던 시절

1920년이 되어서야 헤어드라이어는 오늘날의 모습과 비슷해집니다. 하지만 요즘 헤어드라이어의 1/10밖에 안 되는 출력을 가지고 있어 말리는 데 시간이 오래 걸렸어요. 게다가 알루미늄으로 만들어져서 무게는 900g에 달했습니다. 그래서 초기에는 헤어드라이어를 구매하면 팔 거치대를 증정하기도 했어요.

1920년대까지 헤어드라이어의 모터는 외부로 튀어나와 있었습니다. 1954년 AEG에서 모터가 안으로 들어간 헤어드라이어를 선보이면서 비로소 오늘날의 모습이 완성되죠. 이후로는 외관의 변화보다는 모터의 출력과 무게, 안전성에 초점을 맞춰 개발됩니다.

모터를 안으로 넣은 AEG 헤어드라이어

참고로 1970년대까지는 헤어드라이어에 대한 안전 규제가 없었어요. 헤어드라이어를 물이 찬 욕조나 세면대에 떨어트려 감전한 사례가 기록된 것만 수백 건에 달하고 감전사한 사례도 있었다고 합니다. 1970년대 후반이 되어서야 소비자 제품 안전 위원회(CPSC)에서 안전 규정을 만들었죠.

Fig 3. **22분 만에 말려 드립니다**

1950년대에는 보닛 헤어드라이어가 유행합니다. 보닛 헤어드라이어는 헤어 캡과 송풍기가 결합된 형태로 머리에 직접적으로 바람을 전달해 비교적 빠르게 머리를 말릴 수 있었어요. "너무 빨라서 실제로 평균 22분 안에 머리를 말릴 수 있습니다."라는 문구로 홍보하기도 했죠.

(좌) 뷰티 살롱에서 쓰이던 1950년대 보닛 헤어드라이어
(우) 가정용 보닛 헤어드라이어

    제품 개발 초기에는 보닛 헤어드라이어를 사용하는 동안 한자리에 가만히 앉아 있어야 했지만 이후에는 송풍기를 허리에 차고 이동하면서 사용할 수 있는 보닛 헤어드라이어도 등장합니

다. 시간이 지나면서 일반 헤어드라이어의 출력이 높아져 금방 머리를 말릴 수 있게 되자, 보닛 형태의 인기는 사그라듭니다.

Fig 4. 변하지 않는 헤어드라이어 모습?

헤어드라이어는 디자인의 큰 변화 없이 발전했습니다. 그래도 중간중간 색다른 모습의 제품도 등장합니다. 특히 전설적인 산업 디자이너 디터 람스Dieter Rams가 이끌던 브라운Braun에서 인상적인 모습의 헤어드라이어가 등장하죠.

그리고 2016년에는 가운데가 뚫린 형태의 헤어드라이어가 등장합니다. 바로 다이슨Dyson의 슈퍼소닉이에요. 슈퍼소닉은 손잡이 부분의 흡입구에서 공기를 강하게 밀어 올려, 제트 기류를 만들어 내는 원리인데요. 외관도 기술도 기존의 헤어드라이어와 다른 모습을 보여 역사의 한 페이지에 남을 제품인 것은 확실해 보입니다.

Fig 5. 파마를 유행시킨 최초의 고데기

파마는 열과 화학 약품으로 머리카락에 변형을 주는 것입니다. 원시적인 형태의 파마는 이집트에서 처음 등장하는데 나일강 유역의 점토를 머리에 바른 후, 나무나 금속으로 된 막대기로 머리카락을 말고 태양열에 건조하는 방식이었죠.

기계 장치를 이용한 현대적인 방식의 파마는 1872년에 시작됩니다. 마르셀 그라토Marcel Grateau가 컬링 아이론Curling Iron, 즉 고데기를 발명한 것이죠. 이 고데기는 금속으로 된 집게 형태로 불에 달궈서 사용하는 제품이었습니다. 고데기를 머리에 가

최초의 현대식 고데기

져다 대기 전에 신문지에 테스트를 했는데, 종이가 타지 않고 갈색으로 변하면 그제서야 스타일링을 시작했죠.

파마 유행의 시초, 제인 하딩

마르셀의 고데기로 스타일링한 머리를 마르셀 웨이브라고 불렀습니다. 프랑스의 유명 여배우 제인 하딩Jane Hading이 머리를 하면서 마르셀 웨이브는 선풍적인 인기를 끌었죠. 마르셀은 1905년 미국으로 가서 이 고데기를 'Curling-Iron'이라는 이름으로 특허를 등록하고, 1918년에는 전기로 고데기를 데우는 통을 개발합니다.

Fig 6. 고데기의 가장 큰 혁신은 바로 지금!

참고로 고데기는 다림질을 의미하는 일본어 '고테(鏝)'에 '기(機)'를 붙여 만든 단어라고 합니다. 우리말로는 전기머리인두기라는 무지막지한 이름을 가지고 있죠. 고데기는 1959년이 되어서야 프랑스인 르네 르리에브르Rene Lelievre와 로저 르무아Roger Lemoine가 전기 제품으로 개발합니다. 그리고 고데기의 변화 중에 가장 중요하다고 할 수 있는 앞부분(배럴)을 갈아 끼우는 기능은 1965년에 처음 등장하죠. 이를 통해 집에서도 다양한 느낌의 컬을 줄 수 있게 됩니다. 1980년에는 미용사 테오라 스티븐스Theora Stephens가 온도 제어 기능과 스프링이 장착된 클램프를 사용한 고데기를 개발합니다.

이처럼 고데기는 헤어드라이어보다도 큰 혁신 없이 발전해 왔습니다. 게다가 디자인도 두 갈래의 금속 막대기 형태를 벗어난 적이 없었죠. 2018년이 되어서야 고데기에도 혁신이 등장합니다. 바로 다이슨의 에어랩입니다. 다이슨의 에어랩은 물체 표면 가까이에서 기류를 만들면 표면에 붙는 듯한 형태로 기류가 흐르는 코안다 효과Coanda Effect를 이용한 제품인데요. 외관 뿐만아니라 기술에도 혁신을 가져왔습니다.

Insight

기술적 한계에 부딪혔을 때 해결하는 방법에는 두 가지가 있는 것 같습니다. 하나는 정면 돌파죠. 더 뛰어난 기술을 새로 만들어 내는 것입니다. 바로 다이슨처럼 말입니다. 또 다른 방법은 기술적 한계를 인정하되 다른 방식으로 해결하는 것입니다. 위에서 소개한 가정용 보닛 헤어드라이어가 바람의 세기를 해결할 수 없었지만 휴대용을 만들어 인기를 끈 것처럼요.

그런데 이 둘은 결국 같은 것이 아닐까 하는 생각도 듭니다. 새로운 기술을 만들어 내는 과정도 다른 곳에서 쓰이던 과학 원리를 적용해 새로운 해결책을 만들어 내는 것이니까요. 결국 창의성이 가장 중요하다는 생각이 드는 역사였습니다.

건조기

—

물체에 있는 물기를 말리는 장치.

국립국어원 표준국어대사전

다리미

—

옷이나 천 따위의 주름이나 구김을 펴고 줄을 세우는 데 쓰는 도구.

국립국어원 표준국어대사전

Fig 1. 훈연기가 건조기가 되기까지

최초의 건조기는 1799년 프랑스에서 등장합니다. 포숑M. Pochon이 발명한 것이었죠. 포숑의 건조기는 금속 드럼통 안에 젖은 옷을 넣고 손으로 크랭크축을 돌리는 형태였습니다. 그 아래 모닥불을 피워 열로 옷을 말렸어요. 작동 원리는 오늘날의 건조기와 크게 다르지 않았습니다. 다만 불을 이용하다 보니 옷에 연기 냄새가 배고, 그을음이 생기는 등 옷이 건조되는 것이 아니라 훈제가 되어 버리기 일쑤였습니다.

훈제가 되는 것을 개선한 방법은 1892년 미국의 조지 샘프슨George Sampson에 의해 등장합니다. 모닥불을 스토브로 대체한 것이었죠. 금속 드럼통에 연기가 직접 닿지 않아 연기 냄새와 그을음으로부터 옷을 보호할 수 있었어요.

그래도 드럼통 아래에 불을 직접 때야 한다는 점은 여전히 불편했습니다. 1936년 로스 무어J. Ross Moore가 준데이June Day라는 건조기를 발명하면서 장작으로 불을 피우던 것이 전기와 가스로 대체되었어요. 준데이는 가스 버전과 전기 버전 두 가지로 제작되었습니다. 1938년 출시된 이후 제2차 세계 대전 기간까지 존재한 유일한 현대식 건조기였어요.

건조기는 이후로 조금씩 발전합니다. 1940년대 후반에는 온도 조절 장치와 타이머, 배기 장치 등이 적용되었고, 1950년대에는 건조 센서가 발명되어 건조가 완료되면 자동으로 꺼지는 기능이 추가되었죠. 1970년대 중반에는 건조기에 마이크로칩이 갖춰지면서 건조 시간과 건조 방식을 제어하는 기능이 도입됩니다. 1983년에는 특정 시간에 건조기가 작동하도록 예약하는 기능이 추가되었어요.

Fig 2. 스타일러는 LG가 최초가 아닙니다

흔히 스타일러라는 이름으로 알고 있는 기계의 정식 명칭은 의류 관리기입니다. 스타일러는 LG에서 출시한 상품의 이름이에요. 한 기사에 따르면 스타일러는 LG전자 H&A 사업본부장 조성진 사장의 부인이 "화장실에 뜨거운 물을 틀고 수증기가 꽉 찬 상태에서 옷을 걸어 놓으면 주름이 펴지는 효과가 있다"라고 말한 것에 착안해서 발명되었다고 합니다. 그런데 사실 스타일러는 그 이전부터 있었습니다. LG전자의 트롬 스타일러가 2011년에 출시되었는데, 국내 중소기업 파세코의 의류 관리기 PCD-B600이 2008년에 출시되었거든요.

Fig 3. 인두기는 고문 도구?

고대 로마에서는 구김 없는 옷이 지위를 나타냈다고 합니다. 그만큼 다림질의 역사는 오래되었죠. 다만 로마에서는 옷감을 두드려서 폈고, 열을 이용해 주름을 펴는 것은 기원전 1세기 중국에서 처음 등장합니다. 납작한 프라이팬 형태의 다리

주철로 만든 박스형 숯불 다리미

미에 석탄을 올려 사용했어요. 14세기 유럽에서는 손잡이가 달린 인두를 사용합니다. 물론 인두를 그대로 옷감에 대면 옷이 탈 수 있기 때문에 천을 덧대어 사용했다고 하죠.

납작한 프라이팬 형태의 다리미는 불똥이 튀는 문제가 있었고, 인두는 식히고 천을 덧대야 하는 불편함이 있었습니다. 이를 해결하기 위해 주철로 만든 박스형 다리미가 등장합니다. 주철 용기 안에 숯을 넣고 사용하는 것이었죠. 박스형 다리미를 사용하면 옷에 불똥이 튀지 않고, 천을 덧대는 수고로운 일을 하지 않아도 되었습니다.

그래도 다림질은 여전히 힘든 일이었습니다. 다리미 자체가 뜨겁다 보니 다림질을 하는 동안 더울 수밖에 없었고, 주철이 녹슬지 않도록 신경 써서 관리해야 했어요. 또한 연료가 다리미를 녹이지 않도록 주의를 기울여야 했습니다. 이런 불편함은 전기다리미가 등장하면서 해결됩니다.

Fig 4. 불편함을 해결한 전기다리미

최초의 전기다리미는 1882년 미국의 발명가 헨리 실리Henry W. Seely가 개발합니다. 저항 가열 방식의 전기다리미가 바로 그 주인공이죠. 기존의 다리미도 그렇지만 전기다리미 역시 열판의 온도를 조절하기 어려워 안전사고의 우려가 높았습니다. 이 문제를 해결하기 위해 특허 변호사였던 리처드 다이어Richard N. Dyer와 함께 사용하지 않을 때 세워 두는 다리미를 개발하죠.

이후 다리미의 변천은 무난했습니다. 1930년대 웨스팅하우스Westinghouse Electric Company에서 등장한 옷감 종류에 따라 적정 온도로 작업해 주는 다리미, 2000년대에 등장한 스팀다리미 정도가 큰 변화라고 할 수 있어요. 참고로 스팀다리미는 열판 다리미와는 달리 압력으로 옷을 누르는 것이 아니라, 뜨거운 습기로 옷을 다리는 방식입니다.

양모 후드 티가 후드 티의 근본?

후드 티

—

머리 부분을 덮는 쓰개가 달린 티.

국립국어원 우리말샘

Fig 1. 저지 섬에서 만든 저지

스웨터는 털실로 짠 긴 소매 상의를 가리킵니다. 2천 년 전부터 양모로 손뜨개질을 해 만들었어요. 스웨터는 축축해도 따뜻했기 때문에 주로 선원과 어부들에게 널리 사용되었습니다. 좀 더 얇은 실로 촘촘하게 짜인 니트 셔츠는 15세기 영국의 저지 섬Bailiwick of Jersey에서 탄생합니다. 니트 셔츠는 생산지의 이름을 따서 저지라고도 부르죠.

Fig 2. 스웨트 셔츠, 면으로 만든 땀복

1890년대 미국의 운동선수들도 스웨터를 즐겨 입었습니다. 땀을 빼기 좋은 옷이라는 뜻으로 스웨트 셔츠가 되었다는 설이 있어요. 하지만 양모로 만들어진 스웨트 셔츠는 무거웠고 세탁을 하면 옷이 줄어들기도 했습니다. 말리는 시간도 오래 걸리는 등 여러 문제가 있었죠.

1926년 앨라배마 크림슨 타이드 풋볼 팀의 쿼터백이었던 벤자민 러셀 주니어Benjamin Russell Jr.가 이런 불편함을 해결할 아이디어를 생각해 냅니다. 바로 면으로 만든 스웨트 셔츠였죠. 러셀은 이 아이디어를 아버지에게 전달했고, 1902년부터 러셀 매뉴팩처링 Russell Manufacturing Co.을 운영해 오던 그의 아버지는 1930년 아들의 의견을 반영해 면으로 만든 스웨트 셔츠를 생산합니다. 러셀 애슬레틱은 아직도 스웨트 셔츠를 판매하고 있어요.

Fig 3. 맨투맨, 국내 최초의 스웨트 샤쓰

한국에서는 스웨트 셔츠를 맨투맨이라고도 부릅니다. 이것은 국내 최초의 스웨트 셔츠와 관련이 있습니다. 1953년 창업한 성도섬유에서 1974년 국내 기술로 스웨트 셔츠 생산에 성공했고 브랜드를 론칭하게 되는데요. 이 브랜드 이름이 바로 '맨투맨 스웨트 샤쓰'였기 때문이죠. 이후로 한국에서는 맨투맨이 스웨트 셔츠를 의미하는 고유명사가 되었습니다.

Fig 4. 후드 티, 워밍업용 운동복

운동선수들에게는 경기 중이 아닌 상황, 즉 쉬는 시간이나 연습할 때 입을 만한 활동성이 좋으면서도 따뜻한 옷이 필요했습니다. 그렇게 1930년대 워밍업용 의류로 후드 티가 탄생합니다. 최초의 후드 티를 제작한 회사는 챔피온인데요. 당시의 사명은 니커보커 니팅 컴퍼니Knickerbocker Knitting Company였어요.

챔피온은 후드 티 발명 외에도 옷에 브랜드 로고를 새기는 방법과 리버스 위브 방식(세탁 시 원단의 수축을 방지하기 위해 가로로 방직하는 기술)을 발명했죠. 챔피온은 창업 초기부터 운동복을 생산하던 회사였습니다. 웬트워스 군사 학교의 유니폼과 미시간 울버린 팀 유니폼 생산에서부터 시작해 1990년대에는 NBA의 모든 팀과 NFL의 일부 팀의 유니폼을 제작했어요.

청바지

—

능직으로 짠 질긴 무명으로 만든, 푸른색 바지.

국립국어원 표준국어대사전

Fig 1. 님에서 만든 데님

16세기 제노바의 코듀로이 목화는 품질이 좋기로 유명했습니다. 이를 본 프랑스의 님스 지방에서도 좋은 품질의 직물을 만들기 위해 노력했죠. 그 노력의 과정에서 탄생한 것이 님스 지역의 능직이라는 뜻의 '세르제 드 님Serge de Nimes'입니다. 세르제 드 님이 드 님de Nimes으로 불리며 오늘날까지 데님이라는 명칭으로 이어진 것이죠.

데님은 내구성이 매우 강해 제노바 해군들이 입었습니다. 이것이 Jeans의 어원이라는 설이 있어요. 제노바를 뜻하는 프랑스어 단어가 Gênes이기 때문이죠. 이후 데님은 서부 개척 시절 마차의 천으로 이용되었고, 미국과 영국의 전쟁에서도 전략 물자를 실어 나르는 데 요긴하게 사용되었습니다.

Fig 2. 데님 바지와 청바지는 다르다?

앞서 언급한 바와 같이 데님 바지는 오래 전부터 있어 왔습니다. 하지만 우리는 리바이스Levi's의 청바지를 최초의 청바지로 알고 있죠. 이전의 데님 바지와 청바지의 차이는 리벳Rivet이라는 구리 단추와 대량 생산에 있습니다. 데님 바지의 주머니 모서리와 단추 플라이 밑부분 등에 금속 리벳을 설치한 것이 리바이스의 청바지로 데님 바지보다 내구성이 향상되었죠.

이 아이디어는 제이콥 데이비스Jacob Davis라는 재단사에 의해 발명되었습니다. 그는 자신의 발명품을 사업화하기 위해 당시 샌프란시스코에서 도매 상점을 운영 중이던 리바이Levi와 손을 잡고 1873년 특허도 함께 등록합니다.

Fig 3. 도대체 왜 있나 궁금했던 청바지의 작은 주머니

지금 생산되는 청바지의 공통적인 특징으로는 오른쪽 앞주머니 안의 작은 주머니와 두 개의 뒷주머니를 들 수 있습니다. 원래는 앞주머니 두 개와 오른쪽 뒷주머니만 있었어요. 1870년대 후반 오른쪽 앞주머니에 회중시계를 넣을 수 있는 작은 주머니가 생겼고, 1901년부터 왼쪽 뒷주머니가 추가되었습니다. 또한 리바이스 청바지의 상징인 리벳이 현재는 뒷주머니에서 빠져 있는데요. 이는 1960년대에 리바이스가 안장, 가구 등에 홈집이 난다는 소비자의 불만을 받아들인 결과입니다.

Fig 4. 최초의 XX 바지

1873년 특허를 내고 탄생한 청바지는 XX라는 이름으로 출시되었어요. XX라는 명칭은 1890년 501이라는 명칭으로 바뀝니다. 리바이스의 501라인은 아직도 출시되고 있어요. 1886년에는 이 바지에 상표가 붙습니다. 말 두 마리가 청바지를 반대 방향으로 당기고 있는 모습인데요. 아직까지 쓰이는 상표로 리바이스 청바지의 내구성을 상징하죠. 1936년에는 다른 청바지와 구분할 수 있도록 레드 탭Red Tab을 부착하기 시작했고 이는 리바이스의 상징이 됩니다.

Fig 5. 반항의 상징, 청바지

청바지는 여러 편의 영화에 등장하며 대중의 마음을 사로잡습니다. 1952년 〈밤의 충돌〉의 마릴린 먼로, 1953년 〈위험한 질주〉의 말론 브란도, 1955년 〈이유 없는 반항〉의 제임스 딘이 입으면서 반항의 상징으로 떠오른 것이죠. 이 때문에 미국 동부를 중심으로 한 일부 주에서는 교실에서 데님 착용을 금지하기도 했습니다. 청바지는 록 음악의 역사와도 함께 하는데요. 엘비스 프레슬리가 청바지를 입고 나와 자유의 상징이 되기도 했어요. 심지어는 Elvis 의 이름이 글자 순서만 바꾸면 Levis가 된다는 점이 화제가 되기도 했죠. 저항의 이미지는 1970년대에도 이어져 히피, 사이키델릭 록, 반전 시위 등을 상징하는 의복이 되었습니다. 펑크 록의 유행으로 디스트로이드 진, 흔히 말하는 찢청이 등장하기도 했죠.

Fig 6. 청바지가 파란색인 이유?

대부분의 청바지가 파란색인 이유에 대해서는 몇 가지 설이 있습니다. 골드러시 시절 광산에 뱀이 많았는데 파란색 염료에는 뱀이 기피하는 성분이 있기 때문에 사용했다는 설, 원래 리바이스에서는 갈색의 면바지인 덕 팬츠duck pants와 파란색의 데님 바지를 함께 출시했는데 파란색 데님 바지의 인디고블루 염료가 세탁할수록 원단을 부드럽게 만든다는 사실이 알려지면서 파란색 바지만 생산하게 되었다는 설이 있죠.

스니커즈

—

밑바닥에 고무창을 붙여 걸을 때 발소리가 나지 않는 운동화.

국립국어원 우리말샘

Fig 1. 최초의 스니커즈는?

(좌) 초기의 플림솔
(우) 배에 표시되어 있는 플림솔 라인

철도가 막 발달하던 19세기, 영국의 노동자들은 바닷가에서 휴가를 보낼 수 있었죠. 이들은 바닷가에서 샌드 슈즈Sand Shoes를 신었습니다. 샌드 슈즈는 가죽 혹은 밧줄로 밑창을 만들고 캔버스 천을

50

덧댄 신발로 내구성이 뛰어나지는 않았습니다. 1830년에 리버풀 러버 컴퍼니Liverpool Rubber Company에서 밑창을 고무로 제작하기 시작하면서 이야기가 달라지죠. 이때까지 샌드 슈즈는 밑창과 캔버스 천이 쉽게 떨어지는 문제가 있었습니다. 이를 해결하기 위해 결합 부분에 두꺼운 고무 밴드를 추가한 거예요. 샌드 슈즈에 부착한 고무 밴드의 모습이 마치 화물선의 적재량을 알려 주는 표시인 플림솔 라인Plimsol Line과 닮았다고 해서 이 신발을 플림솔이라고 부르기 시작합니다.

1868년에는 끈이 달려 더욱 편안해진 크리켓 샌들이 등장합니다. 이름처럼 크리켓 경기를 위한 신발로 당시 가격으로 6달러로 아주 비쌌죠. 하지만 산업 혁명으로 기계가 발달하면서 1897년에는 60센트가 됩니다. 1916년에는 US 러버 컴퍼니US Rubber Co.와 굿이어Goodyear가 합작해 스니커즈 브랜드 케즈Keds를 설립합니다. 케즈에서 최초로 대량 생산된 스니커즈 챔피온Champion을 판매하죠. 챔피온은 지금도 판매되고 있습니다.

Fig 2. 최초의 러닝화는 리복

러닝화의 역사는 1865년에 시작됩니다. 최초의 러닝화는 바닥에 스파이크가 달린 구두 형태였죠. 1900년대에는 J. W. 포스터 앤손J.W. Foster and Son이라는 영국 회사에서 스파이크가 달린 가죽 러닝화인 '포스터스 러닝 펌프스Foster's Running Pumps'를 제작합니다. 이 러닝화는 영화 〈불의 전차〉의 실존 인물이자 1924년 프랑스 하계 올림픽 100m 달리기 챔피언인 해럴드 아브라함스Harold Abrahams가 착용해 더욱 유명해졌습니다. 이후 1958년 J. W. 포스터 앤 손은 회사의 이름을 변경합니다. 그게 바로 리복Reebok이죠.

Fig 3. 테니스에 진심인 아디다스

최초의 테니스화는 1931년 아디다스Adidas에서 처음 선보입니다. 물론 그 전에 컨버스Converse의 올스타, 케즈의 스니커즈를 테니스화로 사용하긴 했지만 테니스화라고 명명해 출시한 것은 아디다스가 처음이었죠. 테니스화의 역사에 있어 가장 중요한 신발은 1963년에 등장합니다. 아디다스가 컨버스 천이 아닌 가죽으로 된 테니스 신발을 출시한 것입니다. 이 신발의 모델은 당대 프랑스의 테니스 스타 로버트 헤일렛Robert Haillet이었죠. 하지만 로버트 헤일렛은 얼마 지나지 않아 은퇴했고 아디다스는 새로운 테니스 선수와 계약하게 됩니다. 그가 바로 그 유명한 스탠 스미스Stan Smith이죠.

Fig 4. 많은 이야기가 담긴 농구화

○ 컨버스 올스타, 1917년
세계 최초의 농구화는 컨버스에서 제작한 올스타입니다.

당시 농구 선수였던 척 테일러Chuck Taylor는 컨버스를 찾아가 이 농구화에 대한 개선점을 제안합니다. 이 제안을 계기로 척 테일러는 컨버스의 홍보와 유통을 담당하게 되고, 더 나아가 신발에 그의 이름을 붙이게 되죠. 그의 노력 덕분에 컨버스 올스타는 제2차 세계 대전 동안 미군의 공식 운동화가 되기도 했고, 1970년대 초에는 미군 공수 부대에도 납품되었다고 합니다.

○ **아디다스 슈퍼스타, 1970년**

아디다스 슈퍼스타는 최초의 로우 탑 가죽 농구화입니다. 처음엔 농구 선수 카림 압둘 자바Kareem Abdul Jabbar가 신고 나오면서 인기를 끌었죠. 하지만 슈퍼스타를 더 유행시킨 것은 힙합 그룹 Run-DMC입니다. 그들은 신발끈 없이 신발 혀를 밖으로 빼고 신는 스타일로 슈퍼스타를 유행시켰죠. 아디다스에 진심이었던 Run-DMC는 1986년 〈My Adidas〉라는 곡을 출시하기도 합니다. 아디다스는 그들과 백만 달러의 광고 계약을 체결했는데, 운동선수가 아닌 인물이 모델 계약을 따낸 사례는 스포츠 웨어 브랜드 사상 최초였다고 하네요.

○ **나이키 에어 조던 1, 1985년**

농구화 하면 빼먹을 수 없는 것이 바로 에어 조던이죠. 나이키 에어 조던 1의 시그니처 컬러인 검은색과 빨간색은 혁명적인 것이었습니다. 당시 NBA는 일정 부분 이상의 흰색이 포함된 농구화를 신도록 규정하고 있었거든요. 하지만 에어 조던은 이러한 제재를 오히려 마케팅 기회로 활용합니다. 나이키는 마이클 조던이 에어 조던을 신고 경기할 때마다 5000달러의 벌금을 지불했고, 광고 카피로 "NBA가 이 신발의 착용을 금지했습니다. 다행히도 NBA는 여러분이 이 신발을 신는 것은 막지 못합니다."를 쓰며 엄청난 매출을 거두죠.

Insight

마이클 조던, 스탠 스미스, 척 테일러, 해럴드 아브라함스 등 운동화의 탄생과 유행에는 항상 스타 운동선수들이 함께 했습니다. 오늘날 운동화 회사들이 스포츠에 투자하며 홍보하는 것은 역사적으로도 당연한 일이었네요. 어쩌면 케즈 챔피온이 최초의 스니커즈였음에도 불구하고 다른 스니커즈에 비해 인기가 없었던 것은 스포츠 스타와 관련된 일화가 없기 때문일지도 모릅니다.

08:30

출근

이어폰을 **MP3**에 연결한 다음 재생 버튼을 누른다.
우산과 **마스크**를 챙겨 **에스컬레이터**에 탄다.
자전거로 출근한다.

1

이어폰

—

귀에 끼우거나 밀착할 수 있게 된,
전기 신호를 음향 신호로 변환하는 소형 장치.

국립국어원 표준국어대사전

Fig 1. 전화 교환원이 되고 싶다면 승모근 단련부터

학창 시절 배운 플레밍의 왼손
법칙을 아시나요? 플레밍의 왼
손 법칙은 전자기력의 방향을 알
려 주는 법칙이에요. 이어폰이
바로 이 전자기력을 이용해 소리
를 내는 장치입니다. 1878년 전
자기력을 이용한 소리 발생 장치
에 대한 첫 번째 특허가 등장했
습니다. 하지만 이 장치는 이어
폰이라기보다는 확성기에 가까웠죠.

THA LATE EZRA T. GILLILAND.

최초의 헤드폰을 만든 에즈라 길릴란드

57

1880년대 이어폰보다 헤드폰이 먼저 등장합니다. 최초의 헤드폰은 전화 교환원들을 위한 장치였어요. 전화 교환원들끼리 소리를 구분해서 듣기 위해 개발되었죠. 에즈라 길릴란드Ezra Gilliland가 발명한 이 헤드폰은 한쪽에는 이어폰, 한쪽에는 마이크가 있는 형태로 마치 전화기를 억지로 어깨에 얹어 놓은 형태를 띠었습니다. 심지어 무게도 4kg이 넘었다고 하니 전화 교환원의 승모근은 남아나기 힘들어 보입니다.

Fig 2. 최초의 음악 감상용 헤드폰은 스트리밍 서비스용?

청진기 같은 헤드폰으로 음악을 듣는 모습
(1908년)

1890년대에는 음악 감상을 위한 헤드폰이 탄생합니다. 이 장치는 일렉트로폰 회사Electrophone Company에서 런던 오페라 하우스에 설치한 것으로, 실시간 공연을 더 크게 들을 수 있는 장치였죠. 이 장치를 사용하기 위해서는 별도의 서비스에 가입해야 했는데, 마치 그 시절의 스포티파이 같습니다. 외관은 헤드폰보다는 청진기에 가까웠어요. 무게 때문에 머리에 쓸 수 없었기 때문이죠.

Fig 3. 슬픈 전설을 가진 최초의 현대식 헤드폰

머리에 쓸 수 있는 헤드폰은
1910년 미국에서 탄생합니다.
이 헤드폰은 무선 수신기였기
때문에 라디오 헤드셋이라고 불
렸는데 오늘날의 헤드폰과 모
습이 완전히 같죠. 이 헤드폰에
는 슬픈 전설이 하나 있습니다.
라디오 헤드셋을 발명한 나다

요즘 헤드폰과 별반 다를 것 없어 보이는
나다니엘 볼드윈의 헤드폰

니엘 볼드윈^{Nathaniel Baldwin}은 부업으로 부엌에서 헤드폰을 만들었어
요. 그러던 어느 날 이 헤드셋의 유용성을 알아본 군과 계약을 합
니다. 볼드윈의 헤드폰을 사용하면 시끄러운 군사 작전지에서도
통신이 잘 들렸고 밖으로 소리가 새어 나가지 않았거든요.

　계약이 성사된 이후에도 볼드윈은 부엌에서 수제로 헤드폰
을 만들었습니다. 그는 자신의 기술을 중요하게 여기지 않았기 때
문에 특허를 내지 않았어요. 결국 수많은 카피 제품이 탄생했고,
이것 때문인지는 모르겠지만 볼드윈은 파산했다고 합니다.

Fig 4. 음질의 발달을 불러온 다이내믹 헤드폰과 스테레오 헤드폰

1927년 소리 기술은 혁명적인 사건을 맞이합니다. 바로 유성 영

화의 탄생이죠. 이로 인해 극장용 스피커 시장이 급격하게 성장합니다. 당시 극장용 스피커를 제작해 판매하던 베이어 다이나믹Beyerdynamic은 1937년 시장에서 한 발자국 더 앞서 나가고자 신제품을 출시하는데요. 바로 DT48이라는 헤드폰입니다.

이 헤드폰은 최초의 다이내믹 헤드폰이에요. 다이내믹 헤드폰이란 소형 진동판을 설치하고 코일을 감아 전기 신호로 진동판에 진동이 일어나도록 하는 헤드폰으로, 기존의 헤드폰보다 음질이 훨씬 좋습니다. 베이어 다이나믹은 최근까지도 DT48의 설계를 그대로 가지고 있는 DT48E를 출시했으나 2011년을 끝으로 더 이상 출시하지 않고 있습니다.

1958년에는 헤드폰 양쪽에서 각각 다른 소리를 내어 입체음향 효과를 내는 스테레오 헤드폰이 등장합니다. 미국의 재즈 뮤지션 존 코스John Koss가 제작한 SP-3였죠. 이 헤드폰은 최초의 스테레오 헤드폰이라는 타이틀 외에 업적이 하나 더 있습니다. 당시 가정용 스테레오 오디오 기계에는 헤드폰 출력 단자가 없었어요. 존 코스는 이 헤드폰을 출시하면서 오디오 제조업체를 설득해 오디오 기계에 헤드폰 출력 단자를 포함시켰고 이때 사용된 헤드폰 출력 단자가 표준 규격이 되었다고 합니다. 하지만 베이어 다이나믹의 DT48과 코스의 SP-3는 비싸고 무거워 오디오 덕후들만을 위한 제품이었죠.

Fig 5. **역사상 가장 많이 팔린 헤드폰은?**

머리에 쓸 수 있을 만큼 가벼워지고, 음질도 좋아졌지만 헤드폰은 여전히 대중적인 기기가 아니었습니다. 그도 그럴 것이 오디오나 CD, 카세트 테이프 재생 장치 같은 음악 감상용 장치의 가격과 크기가 무지막지했거든요. 음악을 감상하기 위해서는 거대한 붐 박스를 들고 인적이 드문 뒷골목으로 향하거나 집 안에 들인 비싼 오디오 앞에 고상하게 앉아 있어야만 했습니다.

하지만 1979년 워크맨의 등장으로 음악을 감상하는 방법이 완전히 바뀝니다. 이제는 저렴한 가격으로 가벼운 장치를 통해 음악을 들을 수 있었죠. 심지어 공공장소에서 이동하면서도 들을 수 있었어요. 가벼운 오디오 기계에는 가벼운 헤드폰이 필요했습니다. 이때 두각을 나타낸 헤드폰이 젠하이저Sennheiser의 HD 414입니다.

HD 414는 워크맨이 등장하기 12년 전인 1967년에 제작되어 세계 최초의 오픈형 헤드폰이라는 타이틀도 가지고 있었어요. 오픈형 헤드폰이란 스피커의 뒷부분이 개방되어 있는 것을 의미합니다. 이 방식으로 제작하면 헤드폰의 음향이 외부로 새어 나가긴 하지만 헤드폰 자체의 음질이 혁신적으로 높아지죠. 젠하이저의 HD 414는 워크맨의 탄생에 힘입어 천만 대가 넘게 팔리며 가장 많이 팔린 헤드폰으로 알려져 있습니다. 소니Sony는 이후 HD 414 제품의 특허 사용료를 지불하고 MDR-3를 제작하기도 했죠.

Fig 6. **애플이 하면 뭐가 되었든 트렌드가 된다**

헤드폰 말고 이어폰은 대체 언제부터 사용될까요? 사실 이어폰은 1920년대부터 존재해 왔습니다. 하지만 음악 감상용보다는 보청기로 사용되었죠. 이러한 초기 쓰임새 때문에 이어폰은 보청기로 인식되었고, 사람들은 이어폰 쓰기를 꺼려 했습니다. 품질에도 문제가 있었어요. 1950~60년대에는 휴대용 트랜지스터 라디오를 구입하면 이어폰을 끼워 주는 경우가 많았습니다. 시간이 지날수록 라디오 가격이 떨어지면서 제조업체는 이어폰의 생산 단가를 낮춰 한쪽만 있는 이어폰을 제공했죠. 그나마도 하청을 주었기 때문에 품질이 형편없었습니다.

　　이러한 문제 때문에 1990년대까지 영미권에서는 헤드폰을 사용하거나 귀를 전부 덮되 헤어밴드가 없는 이어폰을 쓰는 게 보편적이었다고 합니다. 이어폰에 대한 부정적인 인식을 바꾼 것이 바로 애플의 아이팟iPod입니다. 2001년 출시된 아이팟은 이어폰을 기본으로 제공했는데요. 이때부터 헤드폰보다 이어폰을 더 많이 사용하게 되었다고 합니다. 참고로 원래 이어폰이라는 용어는 소니가 워크맨을 발매하면서 만들어 낸 상표였어요. 특허가 풀리고 여러 음향 회사에서 사용하면서 널리 쓰이게 된 것이죠.

***Fig 7.* 예쁜 적 없는 무선 이어폰**

블루투스가 존재하지 않았던 1960년대에도 무선 헤드폰이 있었습니다. 단지 라디오만 들을 수 있는 라디오 헤드폰이긴 했지만요. 블루투스를 활용한 최초의 헤드폰은 2000년 에릭슨Ericsson에서 등장합니다. 에릭슨의 T36은 블루투스 기술이 탑재된 최초의 핸드폰이에요. 기본 구성품으로 블루투스 무선 헤드폰이 있었죠. 당시 무선 헤드폰으로는 음악을 들을 수 없었기 때문에 한쪽 귀에만 착용하는 업무용 헤드폰으로 포지셔닝했습니다.

　무선 이어폰의 역사에는 LG도 빼놓을 수 없습니다. 세계 최초로 넥밴드형 블루투스 이어폰을 선보인 것이죠. 이제는 젊은 세대에게 어필할 수 있는 디자인이라고 볼 수 없지만 한때는 잘나가는 제품이었습니다. 넥밴드형 무선 이어폰 제품은 지금도 여러 제조사에서 출시되고 있습니다.

　이어폰 유닛 간의 선마저 없는 완전 무선 이어폰은 일본의 오디오 제조업체인 온쿄Onkyo에서 2015년에 출시됩니다. 켜짐/꺼짐 기능, 마이크, 그리고 볼륨 조절 기능이 이어폰 안에 들어 있는 W800BT예요. 하지만 어디가 최초인지는 별로 중요하지 않았습니다. 2016년 출시된 에어팟이 무선 이어폰 시장을 잠식했거든요.

Fig 8. 노이즈 캔슬링도 애플로 대동단결

주변의 소음을 줄이는 노이즈 캔슬링 기술은 1930년대에 이미 개발되었고, 헤드폰용으로 만들기 위한 시도는 1950년대부터 있었어요. 제대로 된 노이즈 캔슬링 헤드폰은 1984년 젠하이저에서 항공사 루프트한자의 비행사를 위한 제품을 제작하면서 등장합니다. 당시 비행사는 기내 소음 때문에 난청을 겪는 경우가 많았기 때문이죠. 보스BOSE 역시 1989년 비행사를 위한 헤드폰을 제작합니다.

1995년 소니는 최초로 일반인을 위한 노이즈 캔슬링 이어폰 MDR-NC10과 헤드폰 MDR-NC20을 출시했죠. 하지만 다 무슨 소용이겠습니까. 2019년 출시된 애플의 에어팟 프로가 현재 이어폰 시장 점유율 약 25%인걸요.

MP3 플레이어

–

인터넷 등으로 주고받는 MP3 음악 파일을 저장해서
들고 다니면서 들을 수 있는 휴대용 기기.

컴퓨터인터넷IT용어대사전

Fig 1. **MP3 파일이 널리 쓰인 이유**

MP3는 음성 데이터를 압축한 포맷으로 MPEG-1 Audio Layer 3의 줄임말입니다. 이름에서 알 수 있듯 MPEG(Moving Picture Experts Group)에 사용되는 음원 규격이었죠. MP3 규격이 널리 쓰이게 된데에는 여러 이유가 있습니다. 하나는 CD에서 읽어 온 WAV 파일보다 75~95%나 용량이 적었기 때문인데요. 이게 가능했던 이유는 사람이 못 듣는 소리는 없애고, 겹쳐서 구분할 수 없는 소리는 평균값으로 출력하는 등의 방법을 썼기 때문입니다.

게다가 마침 PC와 인터넷이 발전했고, 무엇보다 1987년에 MP3를 개발한 독일의 연구소 프라운호퍼Fraunhofer가 이 기술을 누구나 사용하고 개발할 수 있도록 허용했는데요. 덕분에 많은 개발자와 업체들이 동시에 MP3 관련 툴을 만들게 되었습니다. 그렇게 해서 1997년 PC용 MP3 플레이어 WinAMP의 등장을 시작으로 사용자들이 MP3 파일을 쉽게 쓸 수 있는 환경이 조성되기 시작합니다.

Fig 2. 한국 중소기업의 애환이 담긴 MP3 플레이어

MP3 기술은 독일에서 개발되었지만 MP3 플레이어는 1996년 한국에서 최초로 만들어졌습니다. 그것도 대기업이 아닌 디지털캐스트라는 작은 중소기업이었죠. 자금력이 부족했던 디지털캐스트는 새한그룹의 투자를 받아 1998년 F-10이라는 이름의 시제품을 발표합니다. 그리고 MPman F-20을 시장에 선보이는데요. 하지만 IMF로 인해 마케팅을 거의 하지 못했고, 게다가 가격도 워크맨의 두 배가 넘는 250달러로 책정되어 대중의 외면을 받았죠.

이 실패로 디지털캐스트는 폐업 직전까지 갑니다. 그러던 중 미국의 그래픽 카드 업체인 다이아몬드 멀티미디어Diamond Multimedia에서 제안을 받습니다. 결국 디지털캐스트는 다이아몬드사의 투자를 받고 자신들이

아이팟 버튼의 레퍼런스였다는 Rio PMP 300

가진 특허권을 모두 넘기게 됩니다. 이후 다이아몬드사와 디지털

캐스트는 리오Rio라는 MP3 플레이어 브랜드를 만들어 전 세계적인 히트를 기록하죠. 참고로 이 리오 MP3 플레이어의 원형 조작 버튼을 보고 스티브 잡스가 아이팟의 영감을 받았다는 설도 있습니다.

Fig 3. 애플을 씹어 먹으려던 아이리버

2000년에는 전직 삼성전자 임원이 MP3 시장에 한 획을 그은 기념비적인 회사를 설립합니다. 바로 브랜드 아이리버로 더 유명한 레인콤이에요. 원래 MP3 플레이어는 말 그대로 MP3 파일을 재생하는 장치였습니다. 그런데 2000년 출시한 아이리버의 iMP-100은 CD 플레이어에 MP3, WMA, ASF 파일 등 여러 종류의 파일을 모두 재생할 수 있는 멀티 코덱 기술이 들어간 제품이었죠. 게다가 소프트웨어를 업데이트할 수 있는 펌웨어 방식을 채택해 주목을 받았습니다. 아이리버는 해외에서는 소닉블루와 OEM(Original Equipment Manufacturing, 주문자 상표 부착 생산) 계약을 통해 '리오볼트'라는 이름으로 판매되었어요. 리오볼트는 출시 6개월 만에 점유율 1위에 오릅니다.

2002년엔 iFP-100 프리즘이라 불리는 삼각기둥 형태의 MP3 플레이어를 출시합니다. 플래시 메모리, 라디오, 다이렉트 인코딩, 녹음 등의 기능을 탑재해 엄청난 히트를 치면서 세계 시장 1위 자리에 오릅니다. 아이리버 제품의 연이은 성공으로 3억

원의 자본금으로 시작한 레인콤은 불과 4년 뒤인 2004년 4,540
억 원의 매출을 기록하죠. 당시 아이리버가 세계 MP3 시장의
25%를 점유했다고 해요. 2005년 애플의 아이팟 나노가 등장했
을 때 사과를 썰어 먹으며 'Sweeter than apple'을 외칠 수 있었
던 패기는 바로 이런 이유 때문이었죠. 물론 그 후의 상황은 아쉽
게 되었지만요.

Fig 4. 다기능 MP3 등장! 근데 이제 256MB를 곁들인

초기 MP3 플레이어는 당연하게도 음원만 재생하는 기기였습니
다. 2001년 12월 코원(당시 거원)에서 보이스 레코더, FM 라디오 및
FM 라디오 녹음 기능 등을 추가한 CW200을 선보입니다. 당시
'All in One'이라는 슬로건을 내세운 CW200의 등장으로 다기능
MP3 플레이어의 시대가 시작되죠. 참고로 CW200은 플래시 메
모리를 탑재했고, 용량은 256MB였습니다. 음악만 채우기에도 모
자란 용량인데 녹음까지 하려니 저장 용량이 턱없이 부족했죠.
    반면 애플은 2001년 HDD를 탑재한 아이팟으로 MP3 플
레이어 시장에 진출하죠. 최초의 아이팟은 5GB 용량으로 1,000
여 곡을 저장할 수 있었습니다. 당시 타 기기들이 20~40 곡을 저
장할 수 있었던 것과 비교해 보면 차별화가 되었죠. 하지만 당시
HDD 기술은 불안정해 중간중간 꺼지는 경우가 있었으며, 2.5인
치 HDD를 이용해 크고 무겁다는 단점이 있었어요.

Fig 5. 아이팟 나노를 피할 피난처, PMP

세계 시장에 거대한 영향을 끼친 애플 기기를 꼽자면 2005년에 출시한 아이팟 나노_{iPod nano}도 세 손가락 안에 들어갈 것입니다. 아이팟 나노는 디자인도 예쁘고, 성능도 좋았으며 심지어 출시가가 199달러로 꽤 저렴했거든요. 당시 애플과 대적하던 아이리버는 아이팟 나노의 등장으로 무너지기 시작했고, 삼성을 제외한 전 세계 대부분의 MP3 플레이어 업체들이 문을 닫는 계기가 되었죠.

2002년 월드컵 이후 위성 DMB와 지상파 DMB 서비스가 시작되면서 영상 콘텐츠에 대한 수요와 공급이 급격하게 늘어났습니다. 그러던 차에 아이팟 나노가 시장을 독식하니 국내의 많은 업체는 PMP 시장으로 진출하죠. 코원도 MP3 플레이어 사업을 접고 PMP 시장에 집중합니다.

PMP는 2002년부터 등장합니다. 아코스_{Archos}에서 만든 주크박스 멀티미디어_{Jukebox Multimedia}가 그 주인공이에요. 컬러 스크린을 탑재하긴 했지만 1.5인치에 불과했죠. 그래도 다음 해에는 3.8인치 화면과 20GB HDD를 갖춘 AV300을 출시하며 제법 쓸 만한 모습을 보입니다. 같은 해, 도시바_{TOSHIBA}는 기가비트를 출시하고 델_{Dell}은 Dell DJ를 출시하면서 PMP 시장은 점점 커집니다.

2004년에 등장한 소니의 게임기 PSP에 동영상 재생 기능이 추가되면서 PMP 시장의 파이 일부분을 차지합니다. 얼마 지나지 않아 전자사전에도 동영상 재생 기능이 들어가면서 소니는 본격적으로 PMP 시장에 뛰어들죠. 때마침 인터넷 강의 콘텐츠도 폭발적으로 늘어나면서, 수요와 공급이 함께 커지고 모두가 사이 좋게 공생하는 것처럼 보였습니다. 애플이 이 시장에 등장하기 전 까지는 말이죠….

Fig 6. 결국 애플로 대동단결

이제 MP3 플레이어에는 음악 재생, 동영상 재생, 라디오, 녹음, DMB, 텍스트 뷰어, 전자사전, 간단한 게임 등의 기능이 들어갔 습니다. 들어갈 만한 것은 모두 들어간 것처럼 보였죠. 2007년 애 플은 아이폰과 아이팟 터치를 연이어 세상에 선보입니다. 아이팟 터치는 영상뿐만 아니라 무려 MP3 플레이어에서 인터넷이 가능 한 기기였죠. 사실 당시 휴대폰에서 인터넷이 되는 것은 그리 놀 라운 기능은 아니었습니다. 진짜 혁신은 Wi-Fi 탑재와 컴퓨터에 서 보이는 웹 화면이 그대로 휴대용 기기에 보인다는 것이었죠.

아무튼 아이폰을 시작으로 스마트폰의 시대로 이행하고, 스마트폰과 기능이 완전히 겹치는 MP3 플레이어는 소수 업체에 서 명맥만 겨우 이어 오고 있습니다. 2022년 아이팟 터치의 단종 을 끝으로 애플은 자신이 장악했던 MP3 플레이어 시장에서 완전 히 발을 빼게 되었습니다.

우산 쓰는 사람 = 차 못 사는 사람?

우산

—

우비의 하나.

펴고 접을 수 있어 비가 올 때에 펴서 손에 들고 머리 위를 가린다.

국립국어원 표준국어대사전

Fig 1. 막으라는 비는 안 막던 그 시절 우산

우산은 아주 오래 전부터 존재해 왔습니다. 기원전 500년경 페르시아 왕 크세르크세스 1세의 조각에서 파라솔의 모습을 찾아볼 수 있거든요. 중국에서도 기원전 25년 왕광의 무덤에서 접이식 파라솔이 발견됩니다. 고대의 우산은 실용적인 목적보다는 하늘, 권위, 죽음 등의 상징으로 이용되었어요. 우산은 신분을 드러내는 도구가 되기도 했습니다. 명나라

우산이 새겨져 있는
크세르크세스의 조각

시기 황제는 커다랗고 붉은 비단 우산 2개를 들고 다녔고, 고위직

은 붉은 비단으로 안감을 대고 주름 장식을 단 검은 우산, 양반은 조롱박 모양 주석 손잡이가 달린 붉은색 우산, 천민은 종이로 만든 우산을 사용했죠.

Fig 2. 프랑스는 호, 영국은 불호

비를 막는 실용적인 우산이 언제 처음 등장했는지 확인할 수 없지만, 유럽에서는 프랑스에서 처음 등장한 것으로 추정됩니다. 1680년 우산(Parapluie, 파라플뤼)이라는 단어가 프랑스어 사전에 등재되었거든요. 프랑스에서 우산이 본격적으로 사용된 것은 장 마리우스Jean Marius가 우산을 개량하면서부터입니다. 장 마리우스는 원래 고급 핸드백을 제작했어요. 특히 가방을 여닫는 금속 장치를 만드는 데 전문가였죠. 그는 자신의 기술을 우산에 접목해 1705년에 우산을 제작합니다. 1709년에는 접이 우산을 개발하기도 하죠. 이 우산은 지금도 박물관에 전시되어 있는데 오늘날의 우산과 크게 다르지 않습니다. 장 마리우스의 접이 우산은 루이 14세의 눈에 띄게 되었고, 1710년 루이 14세는 장 마리우스에게 5년 동안의 접이 우산 생산 독점권을 줍니다. 루이 14세와 왕립 과학원의 극찬, 성공적인 광고 등으로 인해 우산은 귀족들의 필수품이 되었죠.

　　반면 영국에서는 그로부터 50여 년이 지난 뒤 우산이 등장하는데 프랑스와 반응이 사뭇 달랐습니다. 조나스 한웨이Jonas Hanway라는 영국의 사업가는 1750년경 러시아와 중동을 여행한 뒤 영국으로 돌아오면서 진기한 물건들을 가지고 옵니다. 그중 하나가 페르시아에서 본 양산(우산)이었죠. 그는 영국에 와서도 옷이나 가발이 비에 젖는 것을 막기 위해 우산을 사용했는데 당시 런던 사람들은 그의 행동을 받아들이지 못하고 야유를 보냈습니다.

당시에는 우산을 들고 다니는 사람들을 하늘의 뜻을 거스르는 자, 건강을 지나치게 염려하는 자, 옷이 망가질까 봐 유난을 떠는 사람 혹은 마차를 소유하지 못한 사람으로 봤어요. 이러한 야유에도 불구하고 한웨이는 죽을 때까지 우산을 썼습니다.

사실 우산이 영국에서 받아들여지지 않았던 이유에는 사회적 인식 외에도 실질적인 문제가 있었어요. 보행로는 너무 좁아 한 명씩만 지나갈 수 있었고, 우산은 비싼 가격에 비해 질이 좋지 못했거든요. 초기 우산은 고래의 뼈로 만들어져서 무겁고 부러지기 쉬웠으며 천도 방수가 완벽하지 않아 젖기 일쑤였습니다.

Fig 3. 계급별로 다른 우산

19세기가 되어서야 우산은 유럽 전반에서 인기를 얻게 됩니다. 그러면서 다양한 우산이 등장합니다. 향수나 필기구를 담을 수 있도록 속이 파인 손잡이가 장착된 우산, 커버에 커튼을 친 우산, 손잡이에 병이 달려 있어 고인 빗물을 담을 수 있는 우산, 접으면 커버와 우산살이 우산대 안으로 들어가 지팡이가 되는 우산도 있었어요. 당시 우산은 수제로 제작되어 신분과 취향을 보여 주는 사치품이었습니다.

1830년대부터 유럽에 중산층이 자리 잡으면서 상대적으로 저렴한 고품질 유사품이 늘어나기 시작하고, 불필요한 기능은 점차 사라졌어요. 그럼에도 19세기까지 우산을 보고 그 사람의 계급을 가늠할 수 있었습니다. 실크 우산은 귀족의 전유물이었고, 낮은 계급의 사람들은 면으로 만든 우산을 썼거든요. 실크는 면보다 깔끔하게 말렸기 때문에 우산 마는 방식이 사회적 지위를 상징하기도 했죠.

우산의 수요가 늘자 공장형 생산 업체가 등장하기 시작했고, 기존 우산의 문제점들도 해결되기 시작합니다. 1848년 사무엘 폭스Samuel Fox가 강철 튜브로 만든 우산살을 도입해 고래 뼈 우산살의 무게와 내구성 문제를 해결했어요. 이 우산에 파라곤이라는 상표를 붙여 판매했죠. 1851년 런던에서 열린 만국 박람회에서는 윌리엄 생스터William Sangster가 알파카 직물을 사용한 우산을 선보여 수상했는데요. 알파카 천은 기존에 사용하던 실크나 면보다 훨씬 방수가 잘 되었죠. 사무엘 폭스와 윌리엄 생스터의 아이디어를 결합한 우산은 엄청난 인기를 얻으며 1855년에만 400만 개 가까이 팔립니다. 심지어는 나폴레옹 전쟁 당시 군인들이 전쟁터에도 가져갔다고 해요.

Fig 4. 양산은 여성의 전유물?

고대 로마와 그리스 시대 때부터 양산은 여성만 사용하는 물건이 었어요. 기원전 520년 아나크레온의 서정시에는 아르타몬이라는 사람이 등장하는데, 여성처럼 양산을 사용한다고 조롱받았죠. 우산이 유행해 다양한 모습으로 등장하던 19세기에도 양산만은 여성용이라는 인식이 강했어요. 특히 빅토리아 시대에 양산은 레이스와 자수, 보석 등으로 장식되어 여성 패션의 핵심 아이템이었죠. 20세기 초, 양산은 우스꽝스러울 정도로 화려해집니다. 심지어 양산 때문에 겁을 먹는 말이 생겨서 폴로 경기 전에는 양산을 숨기는 것이 예의일 정도였죠.

　1922년에는 개 양산이 인기를 끌었습니다. 본래 개 양산이라고 하면 손잡이에 개 머리 모양이 새겨진 양산을 의미하는 것이었는데요. 나중에는 정말 개가 사용하는 양산이 등장하면서 개를 위한 양산을 의미하게 됩니다. 하지만 이때쯤이 되면 하얀 피부보다 햇볕에 그을린 피부가 인기를 끌면서 양산은 구닥다리 물건으로 취급되었죠.

Fig 5. 3단 접이 우산

광산 평가원이었던 한스 하우프트Hans Haupt는 전쟁의 부상으로 지팡이가 필요했습니다. 지팡이와 일반 우산을 동시에 들 수 없었던 그는 자신이 사용할 수 있는 우산을 발명하고자 1916년부터 접이식 우산을 공부하고 관련 기술을 여러 차례 개발해 특허를 냈죠. 그리고 1930년 마침내 3단 접이 우산을 발명합니다. 그는 자신이 만든 우산을 가지고 회사 크닙스^{Knirps}를 설립했어요.

Fig 6. 우리나라에서의 우산

다른 나라와 마찬가지로 우리나라의 우산도 양산을 겸한 의례용으로 먼저 등장합니다. 고구려 벽화에서 시녀가 일산(_{우산})을 상전에게 씌워 주는 모습을 찾을 수 있죠. 고려 이후에는 장량항우산張良項羽傘이 있었는데 볕을 가리는 양산과 우산을 겸한 것으로 신분이 높은 사람만 사용했어요.

　반면 서민들은 우산을 사용할 수 없었습니다. 하늘에서 내리는 비를 우산으로 막는 것이 하늘의 뜻을 거스르는 행위라고 생각했기 때문이죠. 그래서 우산 대신 짚으로 만든 도롱이와 삿갓으로 비를 피했어요. 더 나아가서는 기름종이로 만든 전모와 갈모를 이용하기도 했죠. 갓이 컸던 조선 후기까지는 갈모도 커서 몸을 모두 가릴 수 있었으나 말기에는 갓이 작아지고 갈모도 좁아져서 머리만 비를 피하는 모습이었습니다.

　조선 중기 이후 양반층 부녀자들은 외출할 때 쓰개치마를 써서 얼굴을 가렸습니다. 이 쓰개치마를 기름종이로 만들어 비옷으로 사용하기도 했죠. 1911년 배화 학당에서는 쓰개치마를 교칙으로 금지합니다. 당시 이 교칙은 자퇴하는 학생이 생길 정도로 파격적이었죠. 그러자 배화 학당은 학생들에게 검은색 우산을 주어 얼굴을 가리게 했어요. 얼마 지나지 않아 이 우산은 다른 여성들 사이에서도 크게 유행합니다. 이 검은색 우산은 펼쳐진 모양이 마치 박쥐처럼 생겼다고 해서 박쥐우산 또는 편복산이라고 불렸죠.

조선 말기에는 지우산이 등장합니다. 지우산은 대나무 우산살에 종이를 붙여 만든 우산으로 중국에서부터 전해진 것이었죠. 지우산은 1960년대까지만 해도 우리나라에서 흔히 보였습니다. 1970년대부터 비닐우산이 대량으로 생산되기 시작하면서 대부분 사라졌습니다. 국내에는 윤규상 명인 홀로 지우산의 명맥을 이어 나가고 있죠.

현대적 우산이 우리나라에 들어온 시기는 확실하지 않습니다. 아마 선교사를 통해 우산이 보급되었을 것으로 추정되고 있어요. 하지만 앞서 이야기한 이유로 초기에는 우산에 대한 반감이 컸죠. 당시의 시대상을 보여 주는 매체 〈독립신문〉에서는 우산을 쓰고 거리에 나간 사람이 집단 폭행을 당했다는 기사를 찾을 수 있습니다.

Fig 7. **그 외 우산에 관한 TMI**

우산이 없어 곤란한 여성을 도와줘 사랑이 싹트기 시작했다는 클리셰는 이미 빅토리아 시대 잡지에서부터 자주 등장하는 소재였습니다. 1760년대 일본에서는 우산을 들고 높은 곳에서 뛰어내리는 여성을 그린 그림이 여럿 등장하는데, 이는 당시 우산을 들고 높은 곳에서 뛰어내린 뒤 무사히 착지하면 행복이 보장된다는 미신이 있었기 때문이죠.

Insight

우산의 역사에서 가장 흥미로운 지점은 18세기 프랑스와 영국의 상반된 반응인 것 같습니다. 사실 정확하게 말하면 우산에 우호적인 프랑스의 반응이죠. 대체로 우산은 하늘의 뜻을 거스르는 물건이라고 생각되어 처음 도입될 때는 수많은 반발과 마주합니다.

프랑스에서 우산이 긍정적인 이미지로 도입될 수 있었던 것은 루이 14세가 우산의 격렬한 우호자였기 때문일 것입니다. 당시 왕은 트렌드 리더이기도 했으니까요. 몇 년 전만 해도 한겨울이 되면 온라인에 '지드래곤이 군밤 장수 모자 쓰고 나와 줬으면 좋겠다' 하는 글이 올라오곤 했습니다. 다수의 사람들이 특정한 사람을 한 분야의 리더라고 판단하면 그 영향력이 정말 크다는 생각이 드네요. 그리고 루이 14세의 영향권인 프랑스에서만 우산이 유행한 것을 보아 딱 그 사람의 영향력 크기만큼 유행이 만들어지는 것 같습니다.

마스크

—

얼굴을 감추거나 달리 꾸미기 위하여

나무, 종이, 흙 따위로 만들어 얼굴에 쓰는 물건.

병균이나 먼지 따위를 막기 위하여 입과 코를 가리는 물건.

국립국어원 표준국어대사전

Fig 1. 최초의 마스크가 궁금해

마스크에 대한 가장 오래된 기록은 1세기 플리니우스Plinius가 쓴 백과사전《자연사Natural History》에 등장합니다. 납을 산화시킨 사산화 삼납을 다루던 사람들이 동물의 방광을 사용해서 얼굴을 가린다는 내용이에요. 방광막은 분진을 막아 주면서 앞은 볼 수 있게 해 주기 때문에 마스크처럼 이용했죠. 이 마스크는 1556년에 쓰인 게오르기우스 아그리콜라Georgius Agricola의《금속에 관하여De re metallica》에도 등장하는데요. 마이센 지방(오늘날의 독일)의 광부들이 사용한다는 묘사가 있습니다.

Fig 2. 악취를 막자!

17세기에는 흑사병 등의 전염병으로부터 의사를 보호하기 위한 복장이 등장합니다. 역병 의사라는 명칭으로 알려진 이 복장은 1619년 샤를르 드 로름Charles de L'Orme이 만들었죠. 처음에는 파리에서만 사용되다가 차츰 유럽 전역으로 퍼졌습니다.

역병 의사

이 복장은 새 부리 모양의 마스크가 특징입니다. 눈은 유리로 가리고, 마스크의 부리 부분에는 각종 허브와 밀짚을 넣어 나쁜 공기로부터 의사를 보호했습니다. 이는 당시 나쁜 공기(악취)가 병을 유발한다는 학설인 '미아즈마miasma'가 받아들여지고 있었기 때문이죠. 미아즈마 학설은 1800년대까지 이어집니다. 1860년대 아일랜드의 물리학자 존 틴들John Tyndall은 미아즈마로부터 소방관을 보호하기 위한 특수 호흡기를 만듭니다. 이 호흡기는 면 필터와 글리세린, 숯을 이용한 것이었죠.

Fig 3. 세균을 막자!

존 틴들이 소방관을 위한 호흡기를 만든 시기는 루이 파스퇴르Louis Pasteur가 부패와 질병의 원인이 세균에 있다는 학설을 제시한 시기와도 가깝습니다. 이 무렵부터 일부 과학자와 의사 사이에서 세균의 침투를 막는 도구에 대한 논의가 시작됩니다.

　　1879년 프랑스 의사 앙리 헨로Henri Henrot는 의사의 감염을 막기 위해 코와 입에 끼는 콘 형태의 도구를 제안합니다. 콘 안에 솜털이 있어 공기가 이 솜털을 통과하도록 하는 장치였죠. 비슷한 시기에 독일의 식물학자 칼 나겔리Carl Nägeli는 젖은 스폰지, 여러 겹의 젖은 천, 또는 글리세린을 사용하여 촉촉함을 유지할 수 있는 마스크 사용을 제안했죠. 물론 루이 파스퇴르도 마스크의 옹호자였습니다. 하지만 당시에는 전염은 물을 통해서만 이뤄진다고 믿는 사람들이 많았기 때문에 마스크를 쓸모없고 우스꽝스러운 것이라고 치부하며 조롱했다고 해요.

Fig 4. 의사를 보호하자!

독일 출신의 칼 플뤼게Carl Flügge는 결핵을 연구하는 세균학자였습니다. 그는 1897년 비말을 통해 호흡기로 박테리아가 전달된다는 사실을 증명했어요. 자신의 제자 요하네스 폰 미쿨리츠Johannes Von Mikulicz와 공동으로 출판한 연구서에서는 입에 붕대를 감고 수술하는 방법을 다루었죠. 여기서 미쿨리츠는 거즈로 만들어진 한 겹의 마스크를 소개합니다. 이후 미쿨리츠의 조수 휘브너Hübner는 비말이 퍼지지 않도록 거즈로 만들어진 두 겹의 입 보호 장치를 제작합니다. 이들의 노력에도 불구하고 1910년까지 병원에서 마스크를 착용하는 것은 흔하지 않았죠.

비슷한 시기 만주에서는 페페스트가 유행하고 있었습니다. 당시 페스트는 쥐를 통해 옮겨진다는 설이 우세했으나 중국의 의사 우롄더吳連德는 공기를 통해 전염된다고 확신했죠. 그는 반 전염병 마스크anti-plague mask를 제작하고, 1911년 4월 국제 페스트 회의를 개최해 의료 종사자들의 마스크 착용을 독려합니다. 그의 마스크는 미쿨리츠의 마스크와 비슷하지만 더 여러 겹으로 되어 있었고, 겨울철 만주의 열악한 야외 환경에서도 얼굴에 잘 고정되도록 설계되었죠.

Fig 5. 개인이 만들어 쓰던 마스크

우리나라에 마스크의 존재가 알려진 것은 1882년으로 추정됩니다. 조선 정부가 마스크에 대한 기록이 쓰여진 《화학 위생론》을 수입했다는 기록이 있기 때문이죠. 하지만 마스크가 중요하게 다뤄진 것은 그로부터 한참이 지난 뒤였습니다. 1910년대 폐결핵이 유행할 때에도 마스크에 대한 언급 없이 '기침을 할 때 천 조각으로 입을 막고 천 조각은 소독해 재사용하라'는 권고가 전부였죠.

마스크가 대중에 알려진 계기는 1918년부터 유행한 스페인 독감 때문이었습니다. 조선에서도 1919년부터 사람이 많은 곳으로 외출하거나 감염자를 간병하는 경우 '호흡 보호기'를 착용하라는 지침이 내려오죠. 하지만 '호흡 보호기'의 판매처가 거의 없어서 여학교 학생들이 '호흡 보호기'를 제작하고 개인 구매자들이 실비를 청구해야 했습니다.

Fig 6. 호흡 보호기, 레스피레이터, 마스크

스페인 독감 이후로 우리나라에서는 각종 호흡기 전염병이 유행할 때나 겨울철에 마스크 착용을 권장했습니다. 1930년대 중반에 이르면 겨울철에 마스크를 쓰지 않는 사람을 찾기가 힘들었죠. 그런데 당시 사람들이 쓰고 다닌 마스크는 오늘날 흔히 볼 수 있는 흰색 면 마스크가 아니었습니다. 위에서 말한 '호흡 보호기'는 마스크와 레스피레이터 두 가지를 묶어서 부르는 말이었습니다. 마스크는 오늘날 우리가 잘 알고 있는 거즈 마스크를 의미합니다. 1910년대 국제 페스트 회의에서 붙여진 이름이죠.

　　반면 레스피레이터는 1870년대부터 일본에서 쓰인 제프리스 호흡기를 변형한 일본식 호흡기입니다. 우리나라에서 널리 쓰인 레스피레이터는 겉면은 벨벳이나 가죽 혹은 털실로 만들고, 내부에는 솜이나 탈지면, 거즈 등을 넣은 마스크였죠. 레스피레이터는 착용자의 머리 모양에 따라 코와 입을 제대로 가리지 못하거나, 감염자의 비말을 제대로 차단할 수 있는지 연구가 되어 있지 않아 실제 효용성에 대해서는 부정적인 견해도 많았습니다.

미아즈마라는 학설은 틀린 것이었지만 미아즈마를 막기 위해 개발한 방법은 결과론적으로는 어느 정도 옳은 선택이었습니다. 이런 걸 보면 아무것도 하지 않는 것보다는 지금 있는 지식에서 최선을 하는 것이 좋은 것 같기도 합니다. 하지만 사람들은 위기가 진짜로 오기 전까지는 하지 않죠. 하지 않을 이유를 찾아가면서까지 말이에요. 파스퇴르의 마스크 옹호론을 비난할 때도, 스페인 독감이 발발했을 때도 마스크 반대론자들은 존재했습니다. 사실 위기가 닥쳐야 실행하는 것은 비단 마스크의 착용뿐만이 아닙니다. 마감이 다가와서야 글을 쓰는 저도 마찬가지죠.

에스컬레이터

—

사람이나 화물이 자동적으로 위아래 층으로
오르내릴 수 있도록 만든 계단 모양의 장치.

국립국어원 표준국어대사전

Fig 1. 대형 마트 에스컬레이터가 근본

1859년 미국에서 최초의 에스
컬레이터 특허가 등록됩니다.
나단 아메스Nathan Ames의 '회전하
는 계단Revolving Stairs'이었죠. 아메
스의 회전하는 계단은 오늘날
에스컬레이터처럼 끝부분에서
계단이 납작하게 들어가는 것
이 아니라 계단의 모양을 유지
하는 형태였습니다. 획기적인
아이디어였지만 회전하는 계단

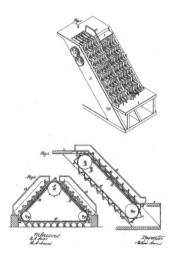

나단 아메스의 회전하는 계단

85

은 시제품으로 만들어지지 못합니다.

그리하여 최초의 에스컬레이터라는 영예는 1892년 제시 레노Jesse W. Reno의 '경사 엘리베이터Inclined Elevator'에게 돌아갑니다. 경사 엘리베이터는 1896년 뉴욕의 코니 아일랜드에 설치되며 놀이 기구처럼 체험할 수 있게 해 두었는데요. 2주 만에 7만 5천여 명의 사람들이 몰려들었다고 합니다. 이후 1899년 뉴욕의 블루밍데일스Bloomingdale's 백화점, 1900년 뉴욕의 전철역과 영국의 수정궁 등에 레노의 발명품이 설치되었죠.

Fig 2. 진짜 에스컬레이터

레노의 특허가 나온 지 몇 달 지나지 않아 조지 휠러George Wheeler라는 사람이 또 다른 에스컬레이터 특허를 취득합니다. 휠러의 발명품은 컨베이어 벨트식이 아닌 계단이 접히고 펴지는 진짜 에스컬레이터였죠. 하지만 휠러는 시제품을 만들지는 않았고, 1899년 찰스 시버거Charles D. Seeberger에게 이 발명품의 특허권을 팔아 버립니다.

찰스 시버거는 이 특허를 가지고 승강 설비 회사 오티스Otis에 들어간 뒤, 1900년 이 기계의 이름을 '에스컬레이터'로 상표 등록합니다. 에스컬레이터의 이름은 계단을 뜻하는 라틴어 스칼라Scala와 엘리베이터Elevator를 조합해 만든 것이었죠.

휠러의 에스컬레이터와 레노의 에스컬레이터는 파리 만국 박람회에서 만납니다. 이 자리에서 휠러의 에스컬레이터가 대상을 받으며 레노의 에스컬레이터보다 우수함을 인정받았죠. 결국 1911년 오티스 사가 레노의 회사를 인수하게 됩니다.

Fig 3. 무빙워크의 시작은 세계 박람회 입장용

최초의 무빙워크는 1893년 미국 시카고 세계 박람회에서 등장합니다. 미국의 건축가 조세프 라이먼 실스비Joseph Lyman Silsbee 가 제작한 것이었죠. 배를 타고 박람회장으로 오는 관람객들을 위하여 무빙워크는 부두에서

항구에 설치된 최초의 무빙워크

박람회장으로 연결되어 있었습니다. 당시 무빙워크에는 벤치도 마련되어 있었고 가격은 5센트였다고 해요. 하지만 빈번하게 고장이 났다고 합니다. 무빙워크는 이후 1900년 파리 박람회에서도 설치되었죠.

　여러 박람회에서 주목을 받았지만 무빙워크는 비용 문제로 바로 상용화되지 못했습니다. 1953년이 되어서야 미국 뉴저지의 한 기차역에 설치되죠. 이 무빙워크는 굿이어가 설치한 것으로 스피드워크라는 이름을 가지고 있었어요. 스피드워크는 84.5m 길이의 10도 경사길을 시속 2.4㎞로 운행했습니다. 현재는 역의 구조를 바꾸면서 철거되었죠.

Fig 4. 화물용 엘리베이터는 이집트에서부터

기중기처럼 물체를 들어 옮기는 기계 장치를 호이스트Hoist라고 부릅니다. 호이스트에 사물이나 사람이 탈 수 있는 칸이 있으면 리프트, 이 칸의 사방이 닫혀 있으면 엘리베이터로 구분할 수 있어요. 초기 호이스트는 피라미드를 건설할 때도 쓰였죠. 로마의 콜로세움에는 사자를 경기장으로 내보내기 위한 엘리베이터가 있었고요.

본격적으로 엘리베이터가 쓰인 건 19세기부터입니다. 1804년 영국 더비셔의 6층짜리 면화 공장에 엘리베이터가 설치되었고, 1830년대가 되면 유럽의 수많은 섬유 공장에 엘리베이터가 설치되죠. 산업화를 통해 물건을 대량으로 옮겨야 하는 공장, 그중에서도 적당한 무게를 다루는 섬유 공장에 엘리베이터가 가장 먼저 도입된 것으로 예상됩니다. 1834년에는 철제 케이블이 발명되면서 하중 용량이 커지고 광산에서도 레일을 이용한 화물용 엘리베이터가 설치되기 시작합니다.

Fig 5. 인력 → 증기 기관 → 유압

사람이 탑승한 최초의 엘리베이터는 1670년 수학자 에르하르트 웨겔Erhard Weigel의 7층짜리 집에 설치된 엘리베이터로 추정됩니다. 1830년대에는 제노바의 사르데냐 왕실 부부의 궁전에 6명이 탈

수 있는 엘리베이터가 있었다는 기록도 있고요.

이때까지는 사람의 힘으로 엘리베이터를 움직였다면 19세기 중반부터 증기 기관으로 움직이는 엘리베이터가 등장합니다. 1842년에 세워진 보스턴의 벙커 힐 기념탑에 6명의 승객이 탑승할 수 있는 증기식 엘리베이터가 설치된 것이죠. 당시 엘리베이터의 운행 속도가 느렸던 이유는 증기 기관으로 작동되었기 때문입니다. 이러한

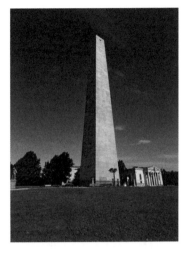

최초의 승객용 증기식 엘리베이터가 설치된 벙커 힐 기념탑

이유로 19세기 후반까지는 고층보다 저층이 비싼 층이었다고 하죠. 1870년대 유압 시스템이 등장하면서 엘리베이터는 비로소 제 몫을 하게 됩니다. 처음으로 유압 엘리베이터가 설치된 건물은 뉴욕의 보렐 빌딩Boreel Building으로 1878년에 건설되었죠. 이후에는 전기 모터가 들어서면서 점차 속도가 개선되었습니다.

Fig 6. 오티스 vs 오티스

엘리베이터에 안전장치가 설치되면서부터 승객용 엘리베이터가 상용화되기 시작합니다. 19세기 중반까지만 해도 엘리베이터의

줄이 끊어지는 사고가 빈번하게 발생했어요. 엘리베이터의 안전 장치에 대해 고민한 두 사람이 있었는데 공교롭게도 이름이 비슷합니다. 바로 엘리샤 오티스Elisha Otis와 오티스 터프스Otis Tufts죠.

엘리샤 오티스의 안전장치는 엘리베이터의 밧줄이 끊어지면 자동으로 브레이크가 걸리는 방식으로 안전 호이스트라고 불렸습니다. 엘리샤 오티스는 이 안전장치를 선보이기 위해 1853년 뉴욕 세계 박람회에서 15m 높이에서 엘리베이터

엘리샤 오티스의 안전 호이스트

밧줄을 자르는 퍼포먼스를 선보였고, 세간의 관심을 받기도 했죠.

반면 오티스 터프스는 줄 자체를 없애는 방식을 생각해 냅니다. 1859년 줄이 아닌 레일을 타고 오르내리는 엘리베이터를 개발한 것이죠. 그는 이 엘리베이터를 '수직 선로 엘리베이터Vertical Railway Elevator'라고 불렀습니다. 수직 선로 엘리베이터는 최초로 지붕과 자동문을 설치한 엘리베이터이기도 합니다.

오티스 터프스의 엘리베이터는 뉴욕의 한 7층짜리 호텔에 설치되어 15년간 아무런 문제없이 운행되었지만, 건물이 높아지면 높아질수록 줄을 이용한 엘리베이터에 비해 단가가 너무 높아졌기 때문에 오늘날에는 쓰이지 않습니다. 결국 엘리샤 오티스의 엘리베이터가 살아남아 지금까지 쓰이고 있죠.

옛날 자전거는 왜 앞바퀴만 큰 걸까?

자전거

—

사람이 타고 앉아 두 다리의 힘으로 바퀴를 돌려서 가게 된 탈것.

국립국어원 표준국어대사전

Fig 1. 최초의 자전거는 댄디의 필수 아이템

1815년 인도네시아 탐보라 화산이 폭발하면서 전 지구적인 기후 변화가 있었습니다. 이 대재앙으로 사료가 부족해져 말이 떼죽음을 당하자 독일의 카를 폰 드라이스Karl von Drais의 발명품이 주목받기 시작하죠. 1817년 드라이스는 달리는 기계Celerifere를 발명합니다. 이 기계는 철제 프레임에 핸들과 두 개의 바퀴를 앞뒤로 장착한 것으

댄디의 필수 아이템 드라이지네

로 발로 땅을 구르며 가는 형태였어요. 드라이스는 이 기계를 타고 우편 마차로 4시간이 걸리던 거리를 1시간이 안 되어 왕복하면서 명성을 얻기 시작했죠. 신문에서는 이를 드라이지네Draisine 혹은 '빠른 발'이라는 뜻의 벨로시페드Velocipede라고 불렀습니다.

　　달리는 기계의 주된 이용자는 댄디들이었어요. 어느 날 댄디이자 풍자 만화가였던 로버트 크룩생크Isaac Robert Cruikshank가 드라이지네를 타다 사고를 당합니다. 그는 이 사고 이후로 댄디를 풍자하는 캐리커처를 그렸고 드라이지네에 대한 대중의 인식이 부정적으로 바뀌게 됩니다. 엎친 데 덮친 격으로 몇몇 국가에서는 위험성 때문에 인도에서 자전거를 타지 못하게 단속하기 시작했고 드라이지네는 점점 사라지게 됩니다.

Fig 2. 페달 달린 자전거

드라이지네가 생긴 지 50여 년이 지난 후에야 페달이 장착됩니다. 그 시작에 대해서는 프랑스와 미국의 의견이 다른데요. 프랑스는 1861년 프랑스의 마차 수리공인 피에르 미쇼Pierre Michaux와 그의 아들 어니스트 미쇼Ernest Michaux가 손님이 맡긴 드라이지네를 수리하다 페달을 개발했다고 하고, 미국에서는 1866년 등록된 특허를 기반으로 이민자 피에르 랄르망Pierre Lallement이 만들었다고 보고 있습니다.

　　페달 달린 자전거 '크랭크 벨로시페드Crank Velocipede'를 홍보하기 위해 1868년 프랑스에서 자전거 경주가 시작됩니다. 덕분에 크랭크 벨로시페드는 큰 인기를 끌었고, 그 결과 전국에 자전거 교습 학교가 우후죽순으로 생겨났어요. 체조장이나 롤러스케이트장을 개조해 자전거 교습 공간을 마련했으며 이곳에서 자전거를 대여해 주기도 했습니다. 자전거는 노동자의 두세 달 월급과 맞먹는 금액이었는데 대여 시스템 덕분에 많은 사람이 유행에 동참할 수 있었죠.

Fig 3. 끝없이 커지는 자전거 바퀴

당시 자전거는 페달과 앞바퀴가 연결된 형태였습니다. 그러다 보니 앞바퀴가 크면 클수록 더 빠르게 달릴 수 있었죠. 게다가 자전거의 질량은 속도에 큰 영향을 주기 때문에 뒷바퀴는 점점 작아졌습니다. 이렇게 앞바퀴가 크고 뒷바퀴가 작은 자전거를 하이휠 바이시클High-Wheel Bicycle이라고 불렀어요.

당시에는 바퀴를 나무로 만들었습니다. 하지만 나무로는 앞바퀴를 크게 만드는 데 한계가 있었죠. 1869년 외젠 마이어 Eugène Meyer가 장력을 이용해 가벼운 강철 휠을 만들면서 지름 90cm였던 자전거 바퀴의 크기를 키울 수 있었습니다.

앞바퀴가 점점 더 커지자 문제가 발생하기도 했습니다. 하이휠 바이시클은 작은 돌부리에도 앞으로 엎어지기 쉬웠고, 타고 내리기도 어려웠죠. 이러한 이유 때문인지 1880년대부터 자전거의 인기는 시들해지기 시작했습니다. 게다가 도심에서는 여전히 자전거가 금지되었어요. 자전거를 타기 위해 라이더들은 협회를 결성해 근교로 떠나야 했습니다. 이들은 유니폼을 입고 선두에 선 리더의 나팔 신호를 따르며 라이딩을 즐겼어요. 이러한 라이딩 문화는 철도가 생기면서 손님을 잃은 시골 경제 활성화에 도움이 되었다고 합니다.

Fig 4. 안전한 자전거

이 시기에는 위험한 하이휠 바이시클을 대체하는 다양한 자전거가 탄생합니다. 세 바퀴, 네 바퀴가 달린 자전거, 사이드카와 비슷한 자전거 등이 있었죠. 그러다 사람들은 체인을 이용해 변속비를 키우면 바퀴의 크기를 줄일 수 있다는 사실을 깨닫습니다. 이러한 개념을 적용한 자전거는 1884년에 탄생한 이른바 '캥거루'인데요. 캥거루는 체인을 이용해 앞바퀴의 크기를 줄인 안전한 자전거였습니다. 게다가 뒷바퀴로도 구동할 수 있었고, 심지어 양쪽의 크랭크 드라이버를 뒷바퀴 앞쪽에서 하나로 모을 수도 있었죠. 자전거 경주에서 캥거루가 하이휠 바이시클의 기록까지 깨자 낮은 차체의 자전거가 인기를 얻게 됩니다.

1887년에는 공기 타이어가 도입됩니다. 아일랜드 더블린의 수의사 존 보이드 던롭John Boyd Dunlop이 개발했는데요. 이로써 낮은 차체의 자전거에서도 좋은 승차감을 유지할 수 있었죠. 1956년에는 알렉스 몰튼Alex Moulton이라는 기술자가 소형차인 모리스 미니의 고무 서스펜션을 자전거에 활용하자는 아이디어를 냅니다. 이 아이디어를 기반으로 1962년 몰튼 미니Moulton Mini가 탄생했고, 대성공을 거두었죠.

Fig 5. 세계 최대 자전거 대회는 정치 싸움에서 시작

한 달 동안 프랑스를 돌며 경주를 하는 '투르 드 프랑스Tour de France'의 탄생에는 드레퓌스 사건이 영향을 미쳤습니다. 드레퓌스 사건은 1894년 반역죄로 체포된 유대인 장교 드레퓌스를 두고 프랑스 전체가 드레퓌스의 무죄를 주장하는 드레퓌스파와 그 반대파로 나뉜 사건입니다.

당시 프랑스 스포츠 신문 〈르 벨로Le Vélo〉의 편집장은 드레퓌스파임을 고백했죠. 그러자 반대파인 드 디옹 부통de Dion Bouton 백작과 아돌프 클레망Adolphe Clément이 〈로토 벨로L'Auto-Vélo〉를 창간해 〈르 벨로〉의 독자와 광고를 빼앗아 드레퓌스파를 망칠 궁리를 했습니다. 그 궁리 하나가 자전거 경주 '투르 드 프랑스'였죠.

Fig 6. 장군님 자전거 타신다

우리나라에 최초로 자전거가 들어온 시기는 확실하지 않습니다.

미국 공사관 무관이었던 해군 장교 조지 클레이턴 포크George Clayton Foulk가 1884년 제물포에서 서울까지 자전거를 타고 왔다는 기록과 미국 선교사 다리지엘 벙커Dalziel A. Bunker가 1886년 자전거를 탄 기록이 전해지고 있죠. 당시 자전거는 '개화차' 혹은 가마꾼 없이 스스로 가는 수레라고 해서 '자행거'라고 불렸습니다.

　독립 협회 회장으로 유명한 윤치호는 자전거의 선구자였습니다. 그의 연설회장에는 연설이 아니라 자전거를 구경하러 오는 사람이 더 많았다는 소문이 퍼질 정도였죠. 윤치호는 축지법을 쓴다는 소문이 있었는데 이는 자전거를 탔기 때문에 생긴 일화인 듯합니다.

Fig 7. 자전차왕 엄복동

1903년 대한제국이 조정의 관리들을 위해 100대의 자전거를 도입하면서 자전거는 점점 사람들의 일상에 스며들기 시작합니다. 1906년에는 자전거 경주가 생기고, 1907년 이후 한일 선수들 간의 경주 대회가 열렸죠. 특히 1913년 서울 용산 연병장에서 열린 자전거 경주 대회에서는 10만 관중이 열광하는 가운데 엄복동과 황수복이 우승하면서 자전거 경주는 국민 스포츠 반열에 오릅니다.

　엄복동은 1920년 경성 시민 운동 대회에서 우승하면서 본격적으로 이름을 떨치기 시작합니다. 이후 '조일 일류 선수권 대회', '조선 일류 선두 책임 경주 대회', '일류 20바퀴 경주' 등에서 연승했어요. 1932년에는 최초의 한국인 주관 자전거 대회인 '전조선남녀자전거대회'에서 48세의 나이로 우승을 거두었죠. 일본인 심판들이 그의 우승을 막기 위해 경주를 중단시킨 적도 있었는데, 이에 화난 엄복동이 우승기를 꺾어 버려 일본인들에게 몰매를 맞기도 했습니다.

Fig 8. 국내 최초 자전거 생산 업체 삼천리

자전거의 바퀴를 만드는 것은 생각보다 어려운 작업이었습니다. 우리나라에서는 1947년부터 정부 지원 하에 자전거 자체 생산을 시도했지만 번번이 실패했어요. 그러다 6·25 전쟁이 한창이던 1952년 삼천리 자전거의 전신인 기아 산업 부산 공장에서 생산에 성공합니다. 시기의 영향을 받았기 때문인지 자전거의 명칭은 국토 통일의 뜻을 지닌 삼천리호가 되었어요.

Fig 9. 남부순환로와 강남대로에 있었던 자전거길

1950년대에는 기름 사정이 좋지 않아 정부에서 자전거 타기를 장려했어요. 1960년대 중반에는 새생활운동을 통해 자전거 타기가 전국으로 확산되었죠. 그럼에도 자동차의 확산세로 인해 자전거의 이용은 계속해서 줄고 있었습니다. 하지만 1970년대에 발생한 오일 쇼크의 여파로 다시 자전거 타기 캠페인이 벌어집니다. 1975년 영동지구 간선 도로에 이어 경수국도와 남부순환로에 자전거 전용 도로가 건설되었어요. 물론 자동차에 다시 밀려 1988년 남부순환로와 강남대로의 자전거 도로는 철거되었습니다.

Fig 10. 엄복동의 의지를 계승한 민족

20세기 중반까지 자전거는 고가품이었기 때문에 동서양을 막론하고 자전거 도둑이 흔했습니다. 하지만 자전거가 상대적으로 저렴해진 21세기에도 이들의 행각은 멈추지 않는데요. 대표적인 사례가 공유 자전거라고 할 수 있죠. 1999년 군포시에서 25대의 양심 자전거를 비치해 두었으나 한 달 만에 모두 사라지는 불명예스러운 기록을 남겼습니다. 2000년에는 충남대 내에서 운행하는 100대의 양심 자전거가, 2001년에는 400대의 청주 시민 자전거가 종적을 감췄죠.

Insight

새로운 기술이 나올 때 대중의 관심과 인식이 중요하다는 생각을 합니다. 사람들의 관심을 끄는 것으로는 스포츠만 한 게 없죠. 어떤 기술이 스포츠에 활용되면 안정성과 기능성에 대한 발전이 급속도로 이루어지는 것도 사실입니다.

자전거의 발전사도 이를 잘 보여 줍니다. 댄디들이 타는 패션 아이템일 때는 대중의 인식이 쉽게 변하고 기술의 발전도 없었는데, 자전거 경주로 인기를 얻게 되면서부터는 더 빠르고 안전하게 발전하면서 대중의 꾸준한 관심을 받을 수 있었죠.

09:00

오전 업무

사무실에 도착해 **선풍기, 공기 청정기, 에어컨**을 켠다.
자리에 앉아 **윈도우 OS**가 깔린 **노트북**을 켜고
마우스, 기계식 키보드와 연결해 오전 업무를 시작한다.

선풍기와 에어 서큘레이터 뭐가 다른 거죠?

선풍기

—

회전축에 붙은 날개를 전동기로 돌려 바람을 일으키는 장치.

국립국어원 표준국어대사전

Fig 1. 선풍기 이전에 하인이 있었다

어쩌면 최초의 선풍기 펑카

아랍과 인도 지역에는 8세기 무렵부터 관공서나 부잣집 천장에 거대한 부채가 설치되어 있었어요. 이 부채는 줄에 연결되어 있었고 줄을 당겨 부채질을 하는 형태였습니다. 이 장치를 펑카Punkah라고 불렀고, 줄을 움직이는 하인을 펑카왈라Punkah Wallah라고 불렀죠.

펑카왈라는 반복 작업으로 인해 조는 경우가 많았습니다. 이렇게 조는 펑카왈라를 보고 폭행하는 고용주가 많았고 심지어 펑카왈라가 사망하는 사건도 발생했어요. 1898년 열악한 노동 환경과 저임금으로 펑카왈라는 대규모 파업 시위를 벌입니다. 하지만 이 시위는 오히려 전기로 작동하는 펑카 개발을 촉진하는 계기가 되었죠.

Fig 2. 재봉틀로 만든 선풍기

천장에 매달려 회전하는 선풍기는 1860년대 미국에서 처음 등장합니다. 처음에는 전기가 아닌 증기 터빈 혹은 물레방아처럼 흐르는 물로 작동했어요. 1882년이 되면 전기로 돌아가는 천장 선풍기가 등장합니다. 필립 디엘Philip H. Diehl이 재봉틀의 전기 모터를 개조해서 만든 것이었죠.

최초의 전기 선풍기를 발명한 필립 디엘

이 천장 선풍기가 시장에서 좋은 반응을 얻자 디엘은 회사를 설립해 다양한 제품을 선보입니다. 그중에서 가장 성공한 제품은 1904년에 출시된 방향을 바꿀 수 있는 선풍기였죠. 천장 선풍

104

기는 1920년대 미국에 보편화되었고, 국제적으로 인기를 끌기 시작합니다. 하지만 1930년대 대공황, 1950년대 전기 에어컨의 도입으로 1960년대에는 거의 사용하지 않게 됩니다. 그렇게 사라질 것 같았던 천장 선풍기는 1970년대 오일 쇼크로 다시 널리 쓰이기 시작합니다. 그리고 부족한 인프라로 에어컨을 쓰기 힘든 인도 및 중동 국가에서도 쓰이고 있죠.

Fig 3. 진짜 최초의 선풍기

오늘날 선풍기의 원형이라고 할 수 있는
셔일러 휠러의 선풍기

우리가 흔히 쓰는 일반적인 선풍기는 1882년 셔일러 휠러 Schuyler S. Wheeler가 발명했습니다. 그는 22살에 첫 번째 선풍기를 발명했는데 날개는 2개뿐이었고 안전망도 없었죠. 1888년 휠러는 회사를 설립해서 더 많은 날개와 안전망이 달린 선풍기를

시장에 선보입니다.

제너럴 일렉트릭에서는 1920년대 후반, 날개를 겹치게 배치한 선풍기를 시장에 내놓습니다. 별것 아닌 것처럼 보이는 이 아이디어는 선풍기의 에너지 효율을 높이고 소음을 줄였다고 하네요.

Fig 4. 선풍기와 에어 서큘레이터 뭐가 다른 거죠?

최초의 에어 서큘레이터 보네이도

여러분은 선풍기와 에어 서큘레이터의 차이를 아시나요? 선풍기와 에어 서큘레이터는 바람을 내보낸다는 점에서 비슷해 보이지만 사실 목적부터 조금 다릅니다. 선풍기는 단순히 바람을 앞으로 내보내는 기계이지만, 에어 서큘레이터는 실내의 공기를 순환시키는 것이 목적이죠. 그래서 외관도 차이가 납니다. 선풍기는 넓고 얇은 모양이지만 에어 서큘레이터는 좁고 긴 원통형 구조로 되어 있죠. 에어 서큘레이터는 실내 공기를 순환시키기 위해 최대한 많은 양의 공기를 흡입해 강력한 바람을 내보내야 합니다. 이러한 이유로 프로펠러 뒤편의 공기 흡입구가 선풍기보다 큰 거예요.

에어 서큘레이터는 비행기 프로펠러를 개발하던 랄프 오더Ralph K. Odor와 오티스 서튼Ottis A. Sutton이 프로펠러 기술을 가정용 선풍기에도 적용할 수 있다는 것을 깨닫고 발명하게 됩니다. 이들은 회사를 설립하고 보네이도Vornado라는 이름으로 1945년 첫 번째 에어 서큘레이터를 생산합니다.

Fig 5. 날개 없는 선풍기 다이슨이 최초인 줄 알았죠?

2009년 다이슨에서 날개 없는 선풍기, 에어 멀티플라이어Air Multiplier
를 선보입니다. 에어 멀티플라이어는 바닥 부분에서 공기를 흡수
해 원형 링의 틈에서 공기를 내보내는 형태로, 독특한 디자인으로
시장에 큰 반향을 일으켰죠. 그래서 많은 사람들이 다이슨이 날
개 없는 선풍기를 개발했다고 생각합니다. 사실 다이슨보다 약 30
년 앞서 날개 없는 선풍기를 선보인 회사가 있었으니 바로 도시바
입니다.

　　도시바는 1981년에 날개 없는 선풍기에 대한 특허를 출원
합니다. 이 특허 때문에 다이슨은 특허 출원을 거부당하는 수모
를 겪기도 합니다. 영국 특허청이 다이슨의 특허가 1981년에 등
록된 도시바의 특허와 너무 비슷하다는 이유로 등록을 거부했거
든요.

Fig 6. 유서 깊은 선풍기 괴담

1927년 〈중외일보〉에서 선풍기 앞의 공기는 맴돌게 되어 일부 진
공이 생기므로 자칫 잘못하면 산소가 부족해진다는 내용을 내보
냅니다. 이게 점차 확대되어서 1930년에는 선풍기를 켜 놓고 잠들
면 죽을 수 있다는 설로 발전하죠. 그리고 1980년대 어느 여름밤
에 의문의 변사가 발생하자 TV 뉴스 앵커는 선풍기 바람을 원인

으로 지목하기도 합니다. 1980년대까지는 뭐 그럴 수 있다고 생각하지만 무려 2007년에도 골방에 모여 선풍기 바람으로 동반 자살을 시도한 사례도 있었다고 합니다.

참고로 국내 선풍기 생산은 1960년 금성사(현재 LG)에서 최초로 이루어집니다. 날개는 알루미늄 소재로 만들었고 몸통은 철로 만들었는데 1년 뒤 플라스틱 소재의 날개와 속도 조절 기능을 추가한 후속작 D-302를 내놓습니다. 하지만 당시 선풍기는 고가 제품으로 부유층만 소비할 수 있었고, 전력 공급이 어렵던 1960년대까지는 생산 규제 대상이 되기도 했죠.

공기 청정기

–

공기 속의 먼지나 세균 따위를 걸러 내어
공기를 깨끗하게 하는 장치를 통틀어 이르는 말.

국립국어원 표준국어대사전

Fig 0. 대기 오염에 관한 흥미로운 사실들

- 《삼국사기》에는 우리나라 최초의 황사가 기록되어 있습니다. 174년 신라 시대에 우토(雨土)라는 이름으로 등장하죠.
- 최근(2017년) 서울의 미세먼지(PM10)와 초미세먼지(PM2.5)는 1990년대에 비해 오히려 절반 가까이 줄어들었습니다.
- 놀랍게도 1970년대 중반까지만 해도 중국의 하늘은 맑았습니다. 제조업 기반의 급속한 경제 성장을 이루면서 에너지의 대부분을 석탄으로 충족했기 때문에 지금의 모습이 된 것이죠.
- 미국에서 대기 오염 규제법이 생기게 된 배경에는 1948년 발생한 도노라 스모그 사건이 있었습니다. 당시 주민 20명이 사망하고, 6천여 명이 이상 증상을 보였습니다. 도노라는 10년이 지난 후에

도 다른 지역에 비해 높은 사망률을 보였죠.

- 영국은 옛날부터 대기 오염이 심각했습니다. 1301년 대기 오염을 참다못한 에드워드 1세가 석탄 사용자를 사형하는 법을 제정했어요. 하지만 석탄 사용량은 줄지 않았습니다. 나무 땔감보다 석탄이 훨씬 저렴했기 때문이죠.

Fig 1. 최초의 공기 청정기는 화력 발전소 굴뚝 설치용

19세기 산업 혁명이 본격화되면서 수많은 공장이 생겨났습니다. 오늘날 공장은 정부에서 산업 단지로 조성한 곳에 모여 있는데요. 당시에는 원료 공급이 수월하거나 사람이 많은 곳에 그냥 공장을 세웠죠. 그러다 보니 자연스럽게 인구가 많고, 교통이 좋은 대도시에 수많은 공장이 들어섰습니다. 심지어 런던 버킹엄 궁전 옆에도 커다란 모직 공장이 생겼죠. 이때는 석탄으로 공장을 가동했기 때문에 대도시는 석탄 그을음 문제와 유독 가스가 섞인 매연 문제가 심각했습니다.

이 문제를 해결하기 위해 1912년 미국의 과학자 프레드릭 코트렐Frederick G. Cottrell 박사가 전기 집진기를 발명합니다. 전기 집진기는 화력 발전소 굴뚝에 부착하는 것으로, 정전기를 이용해 초고열의 미세한 연기 입자들을 걸러 낼 수 있었죠.

***Fig 2.* 방사능 분진도 정화하는 필터**

제1차 세계 대전이 끝난 뒤 미국과 일본, 유럽의 강대국들은 군비 경쟁에 열을 올렸습니다. 그중 미국은 소모적인 군비 경쟁을 단번에 해결할 수 있는 아주 강력한 무기의 필요성을 느꼈어요. 이것이 바로 원자 폭탄 개발을 논의한 맨해튼 프로젝트의 시작이 되었습니다.

하지만 맨해튼 프로젝트는 미국 내에서도 거센 반대에 부딪혔는데요. 혹시나 발생할 수 있는 원자력 사고와 방사능 분진에 대한 우려 때문이었습니다. 따라서 맨해튼 프로젝트를 수행하기 위해서는 무엇보다 방사능 관련 개발자들을 보호하기 위한 공기 정화 시스템이 필요했어요. 그렇게 해서 개발된 것이 바로 헤파 HEPA 필터입니다. 헤파는 '고효율 분진 공기 High Efficiency Particulate Air'의 앞 글자를 따 만든 용어예요. 수많은 주름 필터가 여러 겹을 이뤄 유해한 입자를 걸러 내는 원리로 작동하죠. 오늘날에도 헤파 필터는 많은 곳에 쓰이고 있습니다.

***Fig 3.* 일반 사람들을 위한 공기 청정기**

곧이어 산업 분야뿐만 아니라 일반 노동자들에게도 공기 정화의 필요성이 제기되었습니다. 고층 빌딩이 생기면서 하루 종일 좁고 밀폐된 공간에서 근무하는 사람들이 많아졌기 때문입니다. 때마침 1955년 미국에서는 대기 오염 규제법이 제정되어 공기 질에 대한 관심이 높아지기 시작했습니다.

공기 청정기에 대한 수요가 생겨나자 이미 개발되어 있던 전기 집진기와 헤파 필터를 이용해 사무용 공기 청정기가 만들어졌습니다. 초기 사무용 공기 청정기는 주로 건물 내부에 내장되어 건축 과정에서 함께 지어졌어요.

사무실에 공기 청정 시스템이 도입되자 일반 가정에서도 공기 청정에 대한 수요가 늘어났습니다. 가정용은 공업용, 사무용과 달리 하나의 가전제품으로 개발되기 시작했죠. 최초의 가정용 공기 청정기 특허는 1961년 알반 바락Alvan Barach이 낸 것으로 알려져 있습니다. 사실 알반 바락은 환자용 산소마스크를 개발한 것으로 더 유명합니다.

Fig 4. 삼성전자에서 시작된 국내 공기 청정기 시장

국내에서 최초로 개발된 공기 청정기는 1976년 삼성전자에서 나온 것으로 연구 기관이나 병원 등 특수 시설을 위한 장비였죠. 가정용 공기 청정기는 1980년대부터 본격적으로 개발되었습니다. 1981년 한우전자에서 음이온 공기 청정기를 개발한 것을 시작으로, 1987년 금성의 에어 클리닉, 1989년 삼성전자에서 공기 청정기를 출시했어요. 가정용 공기 청정기는 1980년대에는 새집 증후군, 2000년대에는 황사, 2010년대에는 미세 먼지가 국민 관심사가 되면서 점차 시장을 키워 왔습니다.

에어컨디셔너

—

여름에 실내 공기의 온도, 습도를 조절하는 장치.
국립국어원 표준국어대사전

Fig 1. 에어컨의 기원도 이집트

원시적인 형태의 에어컨은 고대 이집트에서 시작됩니다. 고대 이집트에서는 꺾은 갈대를 물에 적셔서 집 창문에 걸어 두었다고 해요. 밖에서 불어오는 건조한 바람이 갈대 적신 물을 증발시켰고, 기화된 물이 주변의 열을 빼앗아 주변 공기가 시원해졌다고 합니다.

약 3천 년 전 고대 페르시아에는 윈드캐처Windcatcher라고 하는 타워형 구조물이 있었습니다. 공기의 대류 현상을 이용해 건물 내부를 환기하고 냉각하는 방식을 지녔죠. 이 구조물은 북아프리카와 페르시아만 주변 국가에서 쉽게 볼 수 있는데, 오늘날에도 전력 소비량을 줄이기 위해서 설치하기 때문이죠.

Fig 2. 하라는 말라리아 치료는 안 하고!

말라리아Malaria는 '나쁜 공기'를 뜻하는 이탈리아어인 Mala Aria에서 이름을 얻었다고 합니다. 왜 갑자기 말라리아 이야기를 하느냐고요? 1850년 말라리아에 관해서 연구하던 의사 존 고리John B. Gorrie가 찬 기후에서는 말라리아가 없다는 사실을 깨닫고 냉방 장치를 발명하거든요.

그가 개발한 냉방 장치는 소금물에 담긴 실린더와 피스톤, 그리고 피스톤을 작동시키기 위한 증기 기관으로 구성되어 있습니다. 압축 기술을 사용해 냉각하는 원리였죠. 존 고리의 냉방 장치는 너무 잘 작동해서 물이 얼어붙기도 했어요. 기계가 잘 작동했던 것과 별개

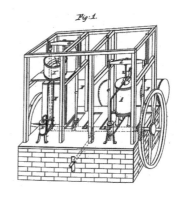

존 고리의 냉방 장치

로 말라리아는 모기를 통해 전파되는 병이라 존 고리의 장치와 상관이 없었습니다. 그래도 괜찮았습니다. 이제 존 고리에게는 말라리아가 문제가 아니었거든요. 존 고리는 의사를 그만두고 미국 최초의 냉각 기술 특허를 얻어 얼음 사업을 시작합니다. 하지만 그가 만든 얼음은 천연 얼음에 비해 너무 비쌌기 때문에 사업은 실패했어요.

Fig 3. 생각보다 더 대단한 윌리스 캐리어 님

20세기 초까지 인쇄소는 여름이 되면 고심에 빠졌습니다. 습한 날에는 용지가 늘어나고, 건조한 날에는 용지가 줄어들어 인쇄를 균일하게 하기 힘들었거든요. 특히 습한 날에는 잉크까지 잘 마르지 않아 문제가 더 컸습니다.

에어컨 발명가 윌리스 캐리어

뉴욕의 한 인쇄소도 골치를 앓다가 버팔로 포지 컴퍼니Buffalo Forge Company에 이 문제를 해결해 줄 것을 의뢰합니다. 의뢰를 받은 버팔로 포지 컴퍼니는 온도와 습도를 동시에 조절할 수 있는 기계를 제작해야 했죠. 이 프로젝트의 담당자가 바로 윌리스 캐리어Willis Carrier였고, 캐리어는 '공기 처리 장치' 그러니까 에어컨을 발명합니다.

많은 사람이 윌리스 캐리어가 더위를 해결해 주었기 때문에 위대하다고 하는데요. 사실 생각보다 더 대단한 인물입니다. 기존에도 실내를 시원하게 하는 장치는 있었습니다. 문제는 시원해지면 습도도 같이 높아진다는 것이었어요. 그런데 윌리스 캐리어가 발명한 장치는 냉방과 제습이 동시에 가능했습니다. 심지어 난방과 가습도 가능했어요.

이걸 가능하게 한 그의 아이디어도 혁신적이었습니다. 윌리스 캐리어의 '공기 처리 장치'는 분사한 물 사이로 공기를 통과시켜 공기의 이슬점을 제어하는 원리였습니다. 그러니까 습기를 제

116

거하기 위해서 오히려 물을 이용하는 것이었죠. 이를 토대로 캐리어는 상대 습도, 절대 습도 및 이슬점 등의 상관관계에 대한 논문을 발표했고, 이 연구는 후대에 큰 영향을 미쳤어요. '공기 처리 장치'로 캐리어는 1906년 특허를 취득하고 2년 후에 회사 동료들과 캐리어 에어 컨디셔닝 컴퍼니 오브 아메리카Carrier Air Conditioning Company of America를 설립합니다.

Fig 4. 에어컨이라는 이름은 캐리어가 붙인 게 아니다

앞서 윌리스 캐리어의 장치를 에어컨이라고 하지 않고 굳이 '공기 처리 장치'라고 지칭했는데요. 에어컨이라는 명칭은 캐리어가 붙인 것이 아니기 때문입니다. 에어컨(정확히는 에어컨디셔너)이라는 이름을 최초로 사용한 사람은 스튜어트 크래이머Stuart

에어컨이라는 명칭을 처음 붙인 스튜어트 크래이머

Cramer입니다. 섬유 공장 엔지니어였던 그는 1906년 습도와 환기를 제어하는 장치를 개발하는데 이것을 에어컨이라 불렀죠.

***Fig 5.* 이제 집에도 에어컨 설치됩니다! 1.5억만 내세요**

이처럼 에어컨은 병원, 제지 및 섬유 산업에서 가장 먼저 사용되었고, 1924년 디트로이트의 허드슨 백화점과 1925년 뉴욕 티볼리 극장을 시작으로 백화점과 극장에도 설치됩니다. 1929년에는 백악관에도 에어컨이 진출하면서 정부 기관과 사무실에 에어컨이 보급되기 시작하죠.

최초의 가정용 에어컨은 1914년 찰스 길버트 게이츠Charles Gilbert Gates의 집에 설치되었습니다. 높이 약 2m, 너비 1.8m, 길이 6m의 무지막지한 크기로 알려져 있죠. 그런데 게이트가 1913년에 사망하면서 한 번도 사용된 적이 없을 것으로 추정됩니다. 아쉽지만 이 에어컨의 모습도 찾을 수 없는 것 같네요.

1931년에는 창문 설치형 에어컨이 등장합니다. 슐츠Schultz와 셔먼Sherman이 개발한 이 장치는 현재 가격으로 약 12~60만 달러였다고 합니다. 높은 가격으로 알 수 있듯 에어컨은 아직 일반인을 위한 기계는 아니었죠. 에어컨이 진짜 일반 가정에 들어가게 된 것은 제2차 세계 대전 이후입니다. 1955년 미국의 건설업자 윌리엄 레빗William Jaird Levitt이 주택에 에어컨을 기본 옵션으로 채택하면서 빠르게 확산되었죠.

Fig 6. 우리나라 최초의 에어컨은 부처님 전용

국내에서 최초로 에어컨을 사용한 곳은 석굴암입니다. 석굴암은 원래 환기구를 통해 공기를 유통하면서 내부의 온도와 습도를 조절했어요. 하지만 일제 강점기에 석굴암을 해체하고 재조립하는 과정에서 시멘트로 공사하면서 결로 현상이 나타났죠. 이를 해결하기 위해 1960년대 다시 복원 공사를 했지만, 문제를 해결하지 못했습니다. 결국 습도 조절을 위해 에어컨을 수입해 석굴암에 설치한 것이죠. 청와대에도 에어컨이 설치되지 않았을 때라고 하니 얼마나 심각한 문제였는지 알 수 있습니다.

국내 에어컨의 역사는 1960년대 범양상선이 일본 다이킨 Daikin에서 에어컨을 수입 판매하면서 시작되었습니다. 1960년대 말에는 청계천의 경원 기계 공업이 미군 부대의 고물을 수리해 판매하면서 '센추리' 에어컨이 탄생했죠.

제대로 된 에어컨 생산은 1968년 금성사에서 시작됩니다. 하지만 금성사 역시 다른 나라 업체의 기술을 응용해 제품을 개발하는 방식에 불과했어요. 1986년이 되어서야 자체 기술로 에어컨을 개발하고, 미국에 수출까지 하게 됩니다.

윈도우 11이 출시되기까지

윈도우

–

마이크로소프트사에서 개발한 그래픽 기반의 운영 체제.

한글글꼴용어사전

Fig 1. 시작은 IBM 컴퓨터 전용

윈도우의 역사는 MS-DOS(Disk Operating System)에서부터 시작합니다. MS-DOS는 IBM PC용으로 개발되어 1981년에 처음으로 출시되었죠. 첫 MS-DOS는 8KB의 메모리를 사용했고, 4000줄의 어셈블리 언어 소스 코드로 제작되었어요.

2년 뒤 1983년에는 IBM의 새로운 PC XT에 맞춰 DOS 2.0을 출시했습니다. 메모리 용량이 24KB로 증가했고, 하드 디스크를 지원했으며 계층적 디렉터리를 제공했어요. 이게 무슨 말이냐 하면 이전까지의 컴퓨터는 하드 디스크 없이 플로피 디스크를 이용했고, 최대 64개의 파일을 넣을 수 있는 하나의 폴더만 이용할 수 있었는데, 계층적 디렉터리를 통해 오늘날처럼 하드 디스크를 이용할 수 있고 폴더 안에 폴더를 넣을 수 있게 된 거예요.

MS-DOS는 IBM이 신제품을 발표할 때마다 새로운 버전을 내놓습니다. 점차 메모리 용량이 늘어나고, 키보드 및 하드 디스크 주변 장치를 지원하고, PC 네트워킹을 지원하는 등 계속해서 업데이트를 하죠. MS-DOS는 이후에도 IBM과 상관없이 계속 출시되었습니다.

Fig 2. 애플에 질 수 없다! GUI 윈도우의 시작

1980년대 초 마이크로소프트는 DOS와 별개로 매킨토시에 대응해서 그래픽 사용자 인터페이스(Graphical User Interface, GUI) 개발을 시작합니다. 그것이 바로 1985년에 출시한 Windows OS예요. Windows 1.0은 DOS에서는 불가능했던 멀티태스킹(소프트웨어 창을 여러 개 띄우는 것)을 지원했는데, 창끼리 겹쳐지지는 않았어요. 해당 기능이 애플의 특허였기 때문이죠. 이 문제는 애플과의 협의를 통해 Windows 2.0에서 해결됩니다. 이 외에도 창 최소화, 창 최대화가 추가되었고 처음으로 제어판이 등장했어요. 이후 1992년까지 Windows 3.0, 3.1이 출시됩니다. 하지만 이때까지 Windows는 DOS를 설치하고 그 위에서 실행해야 하는 응용 프로그램이었죠. 그래서 DOS에 비해 낮은 안정성, 느린 성능을 가지고 있었고 소프트웨어도 부족했기 때문에 성공하지 못했습니다.

Fig 3. **MS-DOS와 이별 준비**

마이크로소프트는 IBM과 결별하고 독자적으로 OS를 개발하기 시작합니다. 그 결과물이 1993년 출시한 Windows NT 3.1이죠. NT는 New Technology의 약자로, Windows 3.1과 비슷한 GUI를 사용했지만 더 이상 MS-DOS 위에서 돌아가는 응용 프로그램이 아닌 독자적인 OS로서 기능했습니다. 이 같은 특성 때문에 NT는 DOS 기반 Windows와 구분합니다. DOS의 계보를 잇는 것은 Windows 95, 98, ME로 주시스템을 끄고 DOS만 따로 실행할 수 있는 것이 특징이에요. NT는 초기에는 주로 기업용으로 출시되었지만 Windows 2000을 기점으로 개인용과 별다른 구분이 없어졌습니다. NT의 계보를 잇는 것으로는 Windows 2000, XP, Vista, 7, 8, 10이 있죠.

Fig 4. **DOS 기반 윈도우의 흥망성쇠**

Windows 95는 DOS 없이 자체적 GUI 환경으로 부팅이 가능했습니다. 이러한 이유로 DOS 명령어를 공부하지 않아도 컴퓨터를 사용할 수 있었죠. 이 외에도 편리한 기능이 굉장히 많이 추가되었습니다. 전화 접속 네트워킹, 마우스 오른쪽 클릭, 플러그 앤드 플레이 등의 기능이 이때 추가되었어요. 게다가 탐색기와 시작 메뉴, 작업 표시줄, 바탕 화면, 폴더, 바로 가기 개념을 도입했죠.

Windows 95는 그야말로 전 세계적인 히트를 쳤고, 운영 체제의 대명사가 되었습니다. Windows 95는 최초의 32bit 운영 체제였는데 호환성 문제로 16bit도 혼용했죠. 이는 블루스크린이 자주 나타나는 원인이 되기도 했습니다.

Windows 98은 Windows 95에서 인터넷 기능을 강화한 버전입니다. Windows 98에는 인터넷 익스플로러가 기본으로 탑재되어 있었죠. Windows 98 SE(Second Edition)에서는 안정성 향상에 집중했습니다. 특히 Y2K 이슈를 해결하는 데 심혈을 기울였죠.

2000년에는 문제의 작품 Windows ME가 발표됩니다. 빠른 시스템 시동을 위해 MS-DOS의 접근을 어느 정도 제한했는데 이것이 말썽을 일으킵니다. DOS를 실행해야 하는 프로그램이 작동되지 않았고, 메모리 누수 현상까지 발생하면서 DOS 기반의 Windows는 막을 내리게 됩니다.

Fig 5. 윈도우의 두 번째 역작 XP

DOS 기반의 Windows와 별개로 업데이트되고 있던 Windows NT는 NT라는 이름을 버리고 Windows 2000으로 등장해요. 기업용으로 출시되었지만 Windows ME의 낮은 안정성과 상반되는 높은 안정성으로 개인 사용자들도 많이 이용합니다.

2001년 출시된 Windows XP는 개인 사용자들을 위해 만들어졌습니다. XP는 Windows 95, 98, ME의 지원 중단으로 넘어온 사용자와 2006년 출시된 Vista의 호환성 문제로 다운그레이드한 사용자까지 수용하면서 오랜 기간 동안 많은 사람이 사용한 Windows로 알려져 있습니다.

Fig 6. 실패와 성공의 반복

Vista는 Intel x86 및 AMD x64 아키텍처를 지원하고 이전 Windows UI와 많은 변화를 보였습니다. 무엇보다 보안에 신경을 많이 쓴 운영 체제였지만 앞서 말한 호환성 문제가 있었죠.

2009년 출시된 Windows 7은 이러한 호환성 문제를 해결한 운영 체제로 XP 모드까지 지원하며 많은 호평을 받았습니다. 2012년 출시된 Windows 8은 ME에 버금가는 문제의 작품이었어요. 호환성과 안정성도 Windows 7보다 못한 수준이었고 윈도우 로고 모양의 시작 버튼과 시작 메뉴가 없어져 사용자들에게 혼란을 주었죠. 결국 출시 4년 만에 지원이 종료되어 최단 기간 지원된 Windows라는 기록을 가지게 되었습니다. Windows 10은 이전의 뼈아픈 교훈을 바탕으로 시작 버튼을 다시 넣었고, Windows 7과 Windows 8 사용자 모두가 적응하기 쉬운 UI로 제작되었죠. 하지만 Windows의 이러한 행보는 오히려 일관성이 없다는 혹평을 받는 이유로 작용하기도 합니다.

노트북

—

일상적으로 휴대하여 사용하기 편하도록
공책 크기로 만든 경량 컴퓨터.

국립국어원 표준국어대사전

Fig 1. 랩톱과 노트북의 차이를 아십니까?

본격적으로 노트북의 역사를 알아보기 전에 궁금한 게 하나 있었
습니다. 해외에서는 노트북을 랩톱이라고 하잖아요? 그래서 무슨
차이가 있는지 궁금했습니다. 마침 HP 공식 홈페이지에 노트북
과 랩톱의 차이에 대해 설명이 되어 있었습니다.

　　결론을 말하자면 랩톱은 '10인치 이상의 고사양 휴대용 컴
퓨터', 노트북은 '15인치 이하의 랩톱보다는 저사양 휴대용 컴퓨
터'를 의미했죠. 하지만 컴퓨터 성능이 상향 평준화되면서 차이가
없어지고 있다는 설명이 덧붙여져 있었습니다. 대표적으로 맥북
프로는 15인치 이하의 고사양 노트북이죠.

Fig 2. 제품이 잘 팔렸지만 파산한 회사(a.k.a. 오스본 효과)

○ IBM 5100, 1975년

최초의 휴대용 컴퓨터는 1975년 등장한 IBM 5100입니다. 휴대용에 걸맞는 무게 22*kg*이었죠. 하지만 무게보다 더 큰 문제가 있었습니다. 바로 내장 배터리가 없어 코드를 꽂아야만 작동하는 '휴대용' 컴퓨터였습니다. 그래도 IBM 5100은 혁신적인 제품이었기 때문에 1300만 원 이상의 가격을 자랑했습니다.

○ 오스본 1, 1982년

IBM 5100의 가격과 무게를 보면 알 수 있듯 일반인을 대상으로 한 휴대용 컴퓨터는 아니었습니다. 1982년이 되어서야 대중을 위한 휴대용 컴퓨터 오스본 1이 등장합니다. 무게는 IBM 5100보다 절반이나 가벼워진 11*kg*, 가격도 절반 넘게 저렴해진 544만 원이었죠. 물론 코드를 꽂아야만 작동하는 노트북이었습니다. 그래도 출시 8개월 만에 1만 1천 대가 팔리는 폭발적인 반응을 얻었습니다.

오스본 1의 성공에 힘입어 오스본Osborne은 차기 모델을 사전 공개합니다. 회사의 의도는 '우리 회사에서 곧 혁신적인 제품이 나오니까 다른 회사 제품 사지 마세요'였겠지만, 소비자들은 '오스본의 다음 제품이 나올 때까지 그 어떤 노트북도 사면 안 되겠다'로 받아들였죠. 그래서 오스본 1도 잘 안 팔리게 되었습니다. 그 결과 오스본은 파산의 길로 접어듭니다. 이처럼 판매할 준비가 되지 않은 차기작을 미리 발표해 소비자로 하여금 현재 판매 중인 제품의 구매를 중단하게 만드는 것을 오스본 효과라고 부르죠.

Fig 3. 전완근을 살리느냐, 시각을 살리느냐 그것이 문제로다

○ HX-20, 1982년

진짜로 휴대할 수 있는 노트북이 등장한 건 1982년이었습니다. 엡손Epson의 HX-20이 그 주인공인데요. HX-20은 A4용지만한 크기에 키보드와 내장 배터리가 있었고, 실제로 들 수 있는 무게 1.6㎏이었죠. 하지만 동시대 다른 제품에 비해서 성능이 좋지 않았고, 자체 OS를 가지고 있어 소프트웨어나 주변 기기와의 호환성이 최악이었습니다. 그리고 무엇보다 모니터가 가로로 20자 4줄, 그러니까 총 80자만 출력할 수 있었죠. 이러한 사양에도 불구하고 지금과 비교해도 양호한 무게와 크기를 가지고 있었기 때문에 극찬을 받았습니다.

○ 컴팩 포터블, 1982년

같은 해 출시된 컴팩 포터블Compaq Portable은 HX-20에 비해 월등한 성능을 가졌습니다. 9인치 CRT 모니터와 인텔 8088 CPU, CGA 그래픽 카드도 탑재되어 있었죠. 무엇보다 당시 PC와 같은 구조를 가지고 있어 부품 호환성이 좋았고, MS-DOS도 탑재했습니다. 물론 무게는 13㎏이었습니다.

○ T1100, 1985년

이처럼 당시 소비자들은 시각을 포기할 것인지, 전완근을 포기할 것인지 고민해야 했어요. 1985년 이들의 고민을 한 큐에 날린 제품이 출시되었으니, 바로 도시바의 T1100입니다. 드디어 진짜 노트북다운 노트북이 세상에 공개되었어요. 접을 수 있는 외형부터 시작해 전완근을 적당히 단련할 무게 4kg, 512KB 램을 가지고 있었죠. 약 490만 원이라는 다소 비싼 가격에도 반년 만에 6000대가 팔리며 큰 인기를 끌었습니다.

Fig 4. **대기업의 고군분투기**

○ PC 컴패터블, 1986년

도시바의 성공을 보고 PC 시장의 강자 애플과 IBM도 노트북 시장에 눈독을 들이기 시작합니다. 1986년 IBM에서 PC 컴패터블Compatible을 출시하죠. 무엇보다 이 노트북에는 혁신적인 기능이 있었어요. 바로 노트북의 모니터를 분리해서 본체를 다른 모니터에 연결할 수 있다는 것이었습니다. 오늘날 도킹 스테이션의 원조라고 볼 수 있죠.

○ 매킨토시 포터블, 1989년 / 파워북 100, 1991년

1989년에는 애플의 첫 번째 노트북 매킨토시 포터블Macintosh Portable이 출시됩니다. 애플다운 가격 1500만 원과 7kg이라는 무게

로 소비자들의 외면을 받았고, 출시 1년 만에 단종되었습니다. 애플이 다시 정신 차리고 만든 제품이 파워북 100입니다. 250만 원이라는 비교적 저렴한 가격으로, 트랙 볼이 키보드 하단에 위치한 최초의 노트북이기도 하죠.

○ 씽크패드 700, 1992년

1992년에는 IBM에서 씽크패드_{ThinkPad} 700을 출시합니다. 씽크패드 700에는 내장 카메라가 탑재되어 있었고 씽크패드의 상징인 빨콩(트랙 포인트. 씽크패드 키보드 가운데에 위치한 마우스 입력 장치에 대한 별칭)이 박혀 있었죠. 씽크패드는 안정적인 시스템과 성능 때문에 좋은 평가를 받았지만, 비싼 가격으로 매출은 좋지 않았습니다. 결국 2005년 IBM은 씽크패드를 레노버에 매각하죠.

Fig 5. 크기를 줄이고, 성능도 줄이고

○ 리브레또 20, 1996년

노트북은 점점 작아지고 가벼워졌습니다. 1996년에는 A4 용지 1/3만 한 크기에 840g짜리 컴퓨터가 등장합니다. 바로 도시바의 리브레또 20이에요. 리브레또 20은 당시 PDA(Personal Digital Assistant)보다 작았지만 Windows 95가 돌아가는 기기였습니다. 하나하나 누르기도 힘들고 인식마저 제대로 되지 않는 PDA의 자판을 생각해 보면 리브레또 20은 혁신적인 제품이었죠. 이 제품은 특허 일본에서 엄청난 인기를 끌었는데, 그 이유가 전철에서 다른 사람에게 민폐를 끼치지 않고 사용할 수 있었기 때문이라는 이야기가 있습니다. 리브레또 20처럼 7인치 이하의 디스플레이를 장착한 x86 호환 PC를 UMPC라고 하는데요. 이후에도 여러 가지 UMPC 제품이 나오지만 2008년 넷북이 유행하면서 시장에서 사라집니다.

○ Eee PC, 2007년

넷북은 인텔의 저전력 CPU인 아톰 프로세서를 사용한 노트북으로 싸고 가볍다는 특징이 있습니다. 2007년 아수스ASUS에서 출시된 Eee PC의 흥행을 시작으로 여러 제조사에서 넷북을 출시했습니다. 하지만 넷북은 단가를 맞추기 위해 성능을 대폭 낮춘 제품이었기 때문에 간단한 문서 작업이나 웹 서핑밖에 할 수 없었죠. 물론 당시는 유튜브도 없던 시대였기 때문에 낮은 사양으로도 충분히 수요가 있었습니다.

○ 맥북 에어, 2008년

그리고 바로 다음 해, 스티브 잡스가 서류 봉투에서 노트북을 꺼내 듭니다. 바로 맥북 에어MacBook Air의 등장이었죠. 이후로 넷북은 자취를 감추고 저전력 CPU를 탑재한 얇은 울트라북의 시대가 시작됩니다. 흥미로운 것은 맥북 에어는 울트라북의 시작을 연 제품이지만 울트라북으로 분류되지 않는다는 사실입니다. 울트라북은 인텔에서 분류한 구분인데 애플 제품은 인텔의 인증을 굳이 받지 않기 때문이죠. 〈뉴욕타임스〉의 한 칼럼니스트는 다음과 같이 말하기도 했습니다. '울트라북은 Windows가 돌아가는 맥북 에어. 인텔 빼고 모두가 그렇게 생각함'.

이제는 기술의 발전으로 얇으면서도 성능이 우수한 노트북이 등장하고 있고, 울트라북과의 구분도 모호해지고 있습니다. 특히 애플의 M1 칩의 등장으로 울트라북과 맥북의 구분이 더욱 의미가 없어지게 된 것 같습니다.

마우스

—

컴퓨터 입력 장치의 하나.

책상 위 따위에서 움직이면 그에 따라 화면에 나타난 커서가 움직이며,

위에 있는 버튼을 눌러 명령어를 선택하거나 프로그램을 실행한다.

국립국어원 표준국어대사전

Fig 1. 마우스 이전에 볼링공이 있었다

최초의 컴퓨터 입력 장치는 1946년 영국 해군에서 발명한 것으로, CDS(Comprehensive Display System)로 불렸습니다. CDS는 함정에 설치된 군사용 레이더 시스템에 탑재된 장치였죠. 이 장치는 볼을 굴려서 조작하는 형태로 최초의 트랙 볼이라고 할 수 있습니다.

또 다른 트랙 볼은 1949년 캐나다의 엔지니어인 톰 크랜스톤Tom Cranston과 프레드 롱스태프Fred Longstaff에 의해 발명되었습니다. 이 역시 군사용 레이더에 들어가는 장치였죠. 재밌는 건 볼링공을 이용해서 제작했다는 점이었어요.

132

Fig 2. 마우스의 원래 이름은?

(좌) 최초의 마우스 XY포지션 인디케이터
(우) 텔레푼켄의 RKS 100-86

오늘날 흔히 사용하는 마우스 형태는 1962년에 등장합니다. 바로 스탠퍼드 연구소(SRI)에서 일하던 더글러스 엥겔바트Douglas C. Engelbart 가 만든 XY포지션 인디케이터예요. 위아래로 움직이는 바퀴와 좌우로 움직이는 바퀴가 달려 있어 이 바퀴의 움직임을 계산하는 장치였죠. 문제는 볼이 아닌 바퀴였기 때문에 대각선으로 움직일 수 없다는 점이었습니다. 그럼에도 NASA 우주 비행사들을 대상 으로 한 실험에서 XY포지션 인디케이터가 가장 편리한 장치로 선 택받게 되죠. 그리고 당시 실험 참가자들이 쥐와 닮은 XY포지션 인디케이터의 외형을 보고 마우스라는 별명을 붙였다고 합니다.

볼을 넣은 최초의 마우스는 1968년 독일 텔레푼켄Telefunken 에서 개발된 RKS 100-86입니다. '트랙 볼을 뒤집자!'라는 아이디 어로 만들어졌다고 해요. 이 마우스는 상용화되기도 했지만 그 시 기가 확실하지 않아서 아쉽게도 최초의 상용화 마우스라는 타이 틀을 거머쥘 수는 없었습니다.

Fig 3. 로지텍, 애플, MS. 마우스 시장의 첫 승자는?

(좌) 제록스 마우스
(우) 로지텍 P4 마우스

1973년 최초의 GUI 컴퓨터 제록스 알토Xerox Alto가 개발되면서 마우스는 개인용 컴퓨터에서도 사용되기 시작합니다. 하지만 이 컴퓨터를 제작한 제록스 파크Xerox PARC는 연구용 컴퓨터를 주로 만들었기 때문에 컴퓨터 가격이 2만 달러로 비쌌어요. 이러한 이유로 마우스는 보편화될 수 없었습니다.

로지텍의 첫 번째 마우스 P4도 1982년 등장하지만, 당시 로지텍은 일반 소비자를 위한 제품을 생산하던 업체가 아니라 OEM 납품을 하는 업체였기 때문에 대중에 알려지지 않기는 마찬가지였습니다.

1983년 애플이 설계한 최초의 상업용 개인 컴퓨터 리사LISA에도 마우스가 사용됩니다. 리사는 애플이 제록스 파크에게서 판권을 구매해 제작한 컴퓨터였죠. 하지만 상업용 개인 컴퓨터라고는 생각할 수 없는 가격 9,995달러(오늘날 기준 약 3천만 원) 때문인지 대중의 외면을 받았고 마우스도 함께 사라졌습니다.

리사보다는 1983년 마이크로소프트에서 출시한 200달러짜리 '마이크로소프트 마우스Microsoft Mouse'가 더 성공적이었어요. 하지만 이 제품 역시 대중화에 성공했다고 보기는 어렵습니다. 마우스가 대중의 인식에 자리 잡은 것은 1984년

마이크로소프트 마우스

매킨토시가 출시되면서부터입니다. 당시 건축이나 디자인을 하는 사람들이 마우스를 주로 사용하기는 했지만 컴퓨터의 필수품이라는 인식은 없었어요. Windows 95가 국민 OS, 아니 세계 OS가 되면서 마우스는 PC의 필수품이 됩니다.

Fig 4. 광마우스, 전용 패드가 있어야 쓸 수 있을 뻔?

광마우스가 등장한 시기는 1980년대로 볼마우스의 등장 시기와 큰 차이가 없었습니다. 하지만 반짝이는 표면이나 빛이 통과하는 유리 위에서 제대로 움직이지 않는 기술적인 문제와 비싼 가격으로 널리 쓰이지 않았죠. 재밌는 건 1980년대에 두 가지 방식의 광마우스가 등장했다는 점입니다. 하나는 MIT의 스티브 커쉬Steve Kirsch와 마우스 시스템 코퍼레이션Mouse Systems Corporation이 발명한 것으로 전용 마우스 패드 위에서 작동하는 광마우스였어요. 마우스가 패

드에 그려진 좌표를 인식하는 방식이었죠.

또 하나는 제록스의 리차드 라이언_{Richard F. Lyon}이 발명한 것으로 마우스 내부에 모션 감지 기능이 있어 전용 패드가 필요 없었죠. 물론 광반사를 위해 마우스 패드를 써야 적당한 인식률을 보이긴 했습니다. 아무튼 현재의 광마우스는 리차드 라이언의 방식을 따르고 있어요.

광마우스 기술은 점차 발전했고 2000년대부터 마우스 패드 없이 사용할 수 있는 광마우스가 등장합니다. 이때부터 파장이 긴 붉은색 가시광선을 사용하는 광마우스뿐만 아니라 파란색 파장을 이용하는 광마우스, 적외선 레이저를 이용하는 광마우스 등이 개발되었죠. 이후로도 정확도와 반응 속도는 점차 높아지지만, 기반이 되는 기술은 크게 변하지 않고 현재에 이르고 있습니다.

Fig 5. 무선 마우스에 진심인 로지텍

최초의 무선 마우스는 1984년 등장한 로지텍 메타포_{Metaphor}입니다. 이 제품은 메타포 컴퓨터 시스템즈_{Metaphor Computer Systems}에서 만든 워크 스테이션 패키지의 일부였어요. 적외선 통신 방식을 이용한 마우스로 로지텍에서 OEM으로 개발 및 생산한 것이었죠.

RF(Radio Frequency. 라디오 주파수 방식) 통신 장치 도입과 함께 무선 마우스가 본격적으로 보급되기 시작합니다. 1991년 RF 방식 무선 마우스를 최초로 출시한 것도 로지텍으로 코드리스 마우스맨

Cordless MouseMan이라는 제품이었죠. 이후 RF 방식은 무선 마우스의 표준 규격이 되었습니다.

Fig 6. 버티컬 마우스, 까짓것 직접 만들면 되지

최근 많은 사람이 쓰고 있는 버티컬 마우스는 미국의 잭 로Jack Lo가 제작합니다. 그는 1994년부터 버티컬 마우스에 대한 아이디어를 가지고 마이크로소프트와 로지텍 등 마우스 회사에 찾아갔다고 해요. 하지만 버티컬 마우스가 손목에 좋다는 과학적 근거가 빈약하다는 이유로 그의 제안은 받아들여지지 않습니다.

결국 그는 회사 에볼루언트Evoluent를 설립해 디자인, 제작, 마케팅을 홀로 해 가며 2002년 버티컬 마우스를 출시합니다. 현재도 판매되고 있는 에볼루언트의 마우스는 모두 잭 로가 직접 디자인한다고 해요. 에볼루언트의 버티컬 마우스는 가격이 저렴하지 않지만 전문가들 사이에서 평이 좋다고 합니다.

기계식 키보드

—

각각의 키를 눌렀을 때 복원되는 반발력을
고무 따위가 아닌 스프링을 통해 실현한 키보드.

국립국어원 우리말샘

Fig 1. 기계식 키보드, 그 시끄러운 거 왜 써요?

기계식 키보드를 사용하는 사람들은 컴퓨터 게임을 할 때 타격감
이 좋아서 쓴다고 말합니다. 그런데 기계식 키보드는 컴퓨터 게임
이 발달하기 전부터 존재했어요. 기계식 키보드가 등장한 이유는
바로 기계식 타자기의 키감을 재현하기 위해서였습니다.

초기 기계식 타자기는 자판을 손으로 누르면 그 힘이 그대
로 활자 해머에 전달되어 종이를 때리는 형태였어요. 기계식 타자
기는 전 세계적으로 널리 쓰였고, 타이피스트typist라는 직업도 생
겨났죠.

20세기 초가 되자 전자 공학이 발전함에 따라 타자기도 전
자식으로 발전했습니다. 더는 무겁고 내구성이 떨어지는 기계 장

치가 필요 없었어요. 전자식 타자기는 자판을 손으로 누르면 전기 신호가 발생하는 원리로 작동했습니다. 도트 매트릭스 방식(잉크 카트리지가 오가는 프린터 원리)으로 종이에 글씨가 써졌죠.

문제는 기계 장치를 최소화하자 자판이 눌린 건지 눌리지 않은 건지 구분하기가 힘들어졌다는 점이었어요. 전문 타이피스트에게는 치명적인 문제였죠. 타이피스트의 불만을 해결하기 위해 1961년 IBM에서는 인쇄 장치에 입력되는 순간 소리가 나는 전자식 타자기를 개발했습니다. 이 전자식 타자기의 이름은 셀렉트릭Selectric으로, 셀렉트릭은 출시와 동시에 전 세계적인 인기를 끌며 전자식 타자기의 표준이 되었죠.

하지만 1970년대 워드프로세서의 등장으로 키보드와 인쇄 장치가 분리되면서 인쇄 장치에서 소리를 내는 셀렉트릭의 방식으로는 더 이상 기존의 문제를 해결할 수 없었어요. 그래서 키보드에 소리를 내는 장치를 추가하게 되었고, 이게 바로 기계식 키보드입니다.

Fig 2. 청축, 갈축, 적축? 정리해 드림!

기계식 키보드의 스위치를 '축'이라고 부릅니다. 축의 색상에 따라 특징이 달라져요. 가장 유명한 기계식 키보드 업체는 체리Cherry입니다. 1953년 월터 체리Walter Cherry가 설립한 곳으로 원래 기계용 스위치를 생산하는 자동차 부품 회사였습니다. 1967년이 되어서야 키보드를 만들기 시작했고, 기계식 키보드는 1984년부터 만들기 시작했어요.

○ **흑축**

체리에서 최초로 출시한 기계식 키보드인 메커니컬 X-포인트 스위치는 흑축입니다. 나중에 등장할 청축, 갈축과 비교해 보면 걸쇠 부분에 걸리는 것이 없죠. 이렇게 걸쇠가 없는 것을 리니어 방식이라고 부릅니다. 걸쇠가 없어서 구분감이 없지만 내구성이 좋고 연타에는 유리하다는 장점이 있습니다.

○ **청축**

흑축이 출시되고 3년 뒤에는 청축이 등장합니다. 청축은 걸쇠 부분이 클릭하듯이 내려가기 때문에 클릭 방식이라고도 불립니다. 클릭 방식은 흑축과 반대로 연타에는 불리하지만 구분감이 좋아 타자의 정확성이 높다는 장점이 있죠. 이러한 이유로 최근에는 정확한 타이밍에 키를 눌러야 하는 리듬 게임 및 격투 게임 유저들에게 인기가 많습니다.

○ **갈축**

갈축은 인체 공학 키보드 제조사 키네시스Kinesis가 체리에 요청해 만들어졌습니다. 1992년 에르고 소프트Ergo Soft라는 이름으로 출시되었죠. 갈축은 흑축과 청축을 적절히 혼합한 축이에요. 걸쇠가 있기 때문에 흑축처럼 구분감이 없지 않았고, 청축처럼 클릭하지 않아 소리가 요란하지 않았죠.

○ **적축**

기계식 키보드는 타자기의 키감에 익숙한 수요층이 뒷받침
되었기 때문에 존재할 수 있었습니다. 하지만 점차 타자기에 익숙
한 사람들이 줄어들고, 멤브레인Membrane 방식이라고 불리는 저렴한
키보드가 시장을 잠식하면서 기계식 키보드 제조업체는 대부분
사라졌습니다.

그런데 2000년대 말부터 컴퓨터 게임 시장의 급격한 성장
으로 기계식 키보드의 수요가 다시 늘어났습니다. 게임에서는 키
가 제대로 눌렸는지 알 수 있는 구분감이 중요했기 때문이죠. 체
리는 발 빠르게 이들의 수요에 맞춘 적축을 출시합니다. 적축은
연타에 적합하도록 걸쇠를 없앴고, 스프링을 약하게 설정해 누르
는 피로감을 줄였죠. 체리의 예상은 적중했고 적축은 가장 잘 팔
리는 축이 되었습니다.

Fig 3. 체리보다 먼저 유행했던 기계식 키보드

체리의 키보드보다 먼저 만들어지고, 먼저 유행했던 기계식 키보
드가 있습니다. 1983년 알파스 일렉트릭Alps Electric에서 출시된 ALPS
스위치 방식의 키보드입니다. 체리와의 가장 큰 차이점은 압력 변
화를 만드는 스프링이 2개나 있다는 것이었습니다. 그래서 키압도

체리보다 강하고 키압 변화가 심해 구분감도 컸어요. 즉, 손맛이
더 좋다는 것입니다.

ALPS 스위치도 클릭, 논
클릭, 리니어가 존재하는데요.
그 안에서도 종류가 상당히 많
습니다. 가장 유명한 것은 논클
릭 오렌지축과 논클릭 핑크축입
니다. 논클릭 오렌지축은 애플
키보드에 사용된 적이 있고, 논

ALPS 스위치

클릭 핑크축은 델의 AT101 구형 키보드에 사용되었죠. 하지만 멤
브레인 키보드가 시장을 장악하자 알파스 일렉트릭은 키보드 사
업을 철수합니다.

Fig 4. 호불호가 명확하게 나뉘는 키보드

1977년 IBM에서는 버클링 스
프링 스위치를 출시합니다. 이
키보드는 수직으로 키가 눌리
는 구조가 아니라, 스프링이
구부러지면서 키가 눌리는 구

IBM model F 키보드

조예요. 요즘 출시되는 제품에서는 느낄 수 없는 키감으로 몇몇
이 찾고 있지만, 청축보다 소리가 커서 호불호가 명확하게 갈리

는 제품입니다. 참고로 이 축을 사용해 보려면 IBM Model F나 Model M을 구입해야 하는데요. 지금은 생산을 멈췄기 때문에 중고로 구입해야 합니다.

Insight

타자기의 키감을 그리워하는 사람들이 주로 구매했던 기계식 키보드가 게임 혹은 코딩하는 사람들의 사랑을 받게 될 줄 누가 알았을까요? 심지어 기계식 키보드가 처음 개발되었을 때는 컴퓨터 게임이 없던 시기였는데 말이죠. 새로운 시장이 그 제품을 소비해 줄 수 있을 때 진정으로 승리하는 것이 아닐까 싶습니다.

12:00

점심시간

점심 메뉴는 **돈가스**. **포크**로 먹는다.

동료들과 **증권, 복권, MBTI**에 대한 이야기를 나눈다.

카페에서 커피를 주문하고 **진동벨**을 받는다.

사무실로 돌아와 **안마기**를 켜고 잠시 쉰다.

돈가스

—

빵가루를 묻힌 돼지고기를 기름에 튀긴 서양 요리.

국립국어원 표준국어대사전

Fig 1. 돈가스는 사실 프랑스에서 왔거든요

돈가스는 프랑스의 코틀레트Côtelette에서 유래되었어요. 코틀레트는 양의 등살을 갈비뼈와 함께 도려낸 고기를 뜻하는 단어입니다. 이 것을 가지고 만든 요리를 통칭해서 코틀레트라고 불렀다고 해요. 코틀레트는 주로 빵가루나 계란 노른자를 입힌 다음 프라이팬에서 버터로 굽는 방식으로 요리되었죠. 독일에서는 슈니첼Schnitzel, 이탈 리아는 코톨레타Cotoletta, 영어권에서는 커틀릿cutlet으로 불렸습니다.

　커틀릿은 1700년대에 일본에 소개되었어요. 1787년 모리 시마 주료가 쓴 《홍모잡화》라는 책에 네덜란드인의 요리로 닭고 기를 종이에 싸서 구운 커틀릿을 소개했죠. 그로부터 약 100년이 지난 1872년 가나가키 로분이 쓴 《서양요리통》에 의해 커틀릿을 만드는 방법이 일본에 널리 알려집니다. 일본에서는 커틀릿을 가

쓰레쓰라고 불렀어요.

Fig 2. 일본도 왕돈가스가 먼저

1895년에 기타 겐지로가 렌가테이라는 가게에서 처음으로 '돼지고기 가쓰레쓰'를 팔기 시작합니다. 돼지고기 가쓰레쓰는 기름에 튀겨 내는 방식으로 만든 요리로 우리가 아는 일본식 돈가스가 아닌 경양식 왕돈가스에 가까운 형태였죠.

우스터 소스나 돈가스 소스 대신 간장에 향신료를 섞어서 직접 만드는 데미글라스풍의 소스를 사용했습니다. 초기에는 곁들이는 채소로 완두콩, 녹두콩, 푸른 잎 채소, 당근, 사과 등을 썼는데 점차 삶은 감자, 튀긴 감자, 으깬 감자, 채소 샐러드, 파슬리 등으로 변경되었죠. 렌가테이가 있는 긴자는 외국인 주거지와 가까웠습니다. 렌가테이의 가쓰레쓰는 외국에는 없는 서양 요리라고 해서 외국인 손님에게도 인기가 좋았다고 해요. 렌가테이는 아직도 긴자에서 운영 중이라고 합니다.

Fig 3. 돈가스의 탄생

오늘날 우리가 아는 돈가스는 1929년이 되어서야 탄생합니다. 도쿄에 있는 폰치켄이라는 가게에서 시마다 신지로가 처음 팔기 시작했다고 알려져 있죠. 시마다는 궁내청에서 서양 요리를 담당하는 동안 고기를 속까지 익힐 수 있는 가열 조리법을 고안했습니다. 그 덕분에 돼지고기의 두께는 2.5~3㎝로 두꺼워질 수 있었죠. 게다가 칼로 고기를 미리 썰어 놓아 나이프와 포크 대신 젓가락을 사용해 일식처럼 먹을 수 있게 만들었습니다. 그리고 양배추도 곁들여서 내기 시작했죠. 이렇게 개량된 포크가쓰레쓰를 돈가스라고 부르면서 드디어 우리가 아는 일본식 돈가스가 등장합니다.

Fig 4. 이외의 사실들

- 돈가스는 일본어 표기법에 따라 적으면 '돈카쓰(とんかつ)', 우리나라 외래어 표기법에 따라 적으면 '돈가스'입니다. 하지만 1990년대 이전부터 '돈가스'와 '돈까스'를 혼용해 왔어요.
- '가쓰(カツ)'가 '이기다'라는 뜻의 일본어 '가쓰(勝つ)'와 발음이 같아서 수험생들이 시험 전에 먹기도 한다고 합니다.
- 1918년 도쿄의 가와킨에서는 가쓰레쓰에 카레를 얹어 먹는 가쓰카레를 처음으로 팔기 시작했어요.
- 돈가스 덮밥인 가츠동의 탄생에는 다양한 설이 있는데요. ① 1921년 당시 고등학생이던 나카니시 게이지로가 만들었다는 설, ② 1913년 고등학생이던 다카하타 마스타로가 '소스 돈가스 덮밥'을 팔기 시작했다는 설, ③ 등산가가 만들었다는 설 등이 있어요.

포크

—

양식에서, 고기·생선·과일 따위를
찍어 먹거나 얹어 먹는 식탁 용구.

국립국어원 표준국어대사전

Fig 1. 양손 나이프가 국룰

포크가 등장하기 전까지 유럽에서는 보통 손으로 식사를 했습니다. 나이프를 양손에 들고 먹는 것은 귀족들에게만 허락된 가장 세련된 식사법이었죠. 1530년 네덜란드의 신학자 데시데리우스 에라스무스Desiderius Erasmus는 예의범절에 관한 책을 출판합니다. 그 책에는 '음식을 먹을 때 최대 세 손가락만 사용하고, 이것저것 만지작거리지 않는다면 냄비에 손가락을 넣더라도 예절에 어긋나지 않는다'라는 내용이 수록되어 있었죠.

　포크가 처음 도입된 건 7세기 초 중동의 왕실이었고, 11세기가 되어서야 이탈리아로 전해졌습니다. 고대 이집트, 그리스, 로마에서도 포크가 사용된 경우가 확인되었지만 이는 극히 일부에

불과했죠. 11세기 이탈리아의 포크는 두 개의 갈퀴를 가진 형태
였습니다. 주로 부엌에서 고기를 썰고 나누는 데 사용되었어요.
갈퀴가 두 개였기 때문에 고기를 썰 때 움직이거나 뒤틀리지 않
도록 고정할 수 있었죠.

Fig 2. 귀족의 전유물 또는 조롱의 대상

14세기까지는 포크가 널리 사용되지 않았습니다. 14세기 프랑스
의 왕이었던 샤를 5세의 물품 목록에 은과 금으로 된 포크가 있
었지만 포크는 손가락을 더럽히는 음식을 먹을 때만 사용했다고
해요. 식사용 포크는 이탈리아 메디치 가문의 카트린 드 메디치가
1533년에 앙리 2세와 결혼하면서 프랑스로 전해졌습니다. 그러나
아직도 장식 정도로 여겨졌죠. 17세기 초까지도 영국에서는 손과
나이프로 고기를 먹는 것이 일반적이었고, 포크를 이용하는 것은
남자답지 못한 것으로 치부되어 놀림거리가 되었습니다.

Fig 3. 포크 모양의 변천사

17세기 말부터 포크는 점점 대중적인 인기를 얻게 됩니다. 대중의
사랑을 받으며 모양에도 변화가 생겨요. 원래 포크의 두 갈퀴는 일
직선으로 곧게 뻗어 있었습니다. 긴 갈퀴로는 음식을 먹기가 불편

했기 때문에 점점 갈퀴의 길이가 짧아지고 가늘어졌어요. 또한 당시 포크는 음식이 쉽게 빠져 떨어진다는 단점이 있었는데 이를 보완하기 위해 갈퀴의 숫자도 늘어나게 됩니다. 18세기 초 독일에는 네 갈퀴 포크가 등장해 오늘날과 모양이 같아졌죠. 5~6개의 갈퀴를 단 포크도 나왔으나 네 갈퀴 포크가 표준으로 굳어졌어요.

18세기 식사법은 나이프로 음식을 썰고, 그것을 포크 위에 얹어 먹는 방식이었습니다. 앞서 이야기했듯 초기의 포크는 굽어 있지 않아 음식을 먹을 때 떨어트리지 않으려면 포크를 수평 상태로 유지해야 했어요. 게다가 일직선으로 뻗은 갈퀴가 입천장을 찌르는 일도 있었죠. 이 때문에 18세기 중반 무렵 포크의 표준 모양은 아치형의 곡선으로 발전합니다.

Fig 4. 포크만 77가지 사용하던 브리저튼 가문

19세기 빅토리아 시대가 되면 포크를 사용하는 것이 트렌드가 돼요. 심지어는 나이프를 이용하는 것이 몰상식하다는 인식까지 퍼지면서, 나이프 겸용 포크가 등장합니다. 1869년 은식기 제조 회사 리드앤바턴Reed&Barton은 자르는 포크의 특허를 냅니다. 처음에는 만찬용과 디저트 포크를 출시했고 이어서 파이 포크, 구운 과자 포크로 영역을 확장했죠. 그리고 얼마 지나지 않아 샐러드 포크, 레몬 포크, 피클 포크, 아스파라거스 포크, 정어리 포크 등 온갖 종류의 포크가 등장합니다.

20세기 중반 사회는 속도와 효율을 중시하게 되었고 일반적인 집의 크기가 작아지면서 온갖 종류의 포크는 유행에서 밀려납니다. 리드앤바턴의 식기 세트는 1907년 무려 77가지 품목에서 1965년 10가지 품목으로 대폭 줄어들었죠.

100년 전에도 슈퍼 개미가?

증권 시장

–

증권의 발행·매매·유통 따위가 이루어지는 시장.

좁은 뜻으로는 증권 거래소를 이른다.

국립국어원 표준국어대사전

Fig 1. 쌀 선물 거래가 3·1 운동의 원인?

우리나라 증권 시장의 역사는 1896년 일본인에 의해 인천에 미두취인소가 세워지면서 시작됩니다. 미두취인소는 일제가 우리나라의 쌀값 안정과 품질 향상을 명목으로 설립했지만, 실제로는 쌀 수탈을 위한 합법적 통로 역할을 했죠.

1910년 한일 합병 이후 조선의 미곡과 대두의 수출이 급증하자 거래량도 늘면서 인천 미두취인소는 조선과 일본을 통틀어 도쿄와 오사카 다음가는 미두거래시장으로 성장했습니다. 미두취인소의 특징은 쌀과 돈을 거래하는 것이 아니라, 중간중간 반대 매매로 차익을 실현하는 청산 거래 방식이라는 점이었어요. 증거금으로 거래금의 10%만 있으면 되었기 때문에 투기가 쉽게 일어났죠.

게다가 제1차 세계 대전의 전쟁 특수로 축적된 일본의 잉여 자본이 인천 미두취인소에까지 들어와 쌀값이 폭등했어요. 엎친 데 덮친 격으로 1918년에는 국내에서 스페인 독감으로 14만 명이 사망합니다. 이에 일제 항거 시위가 들불처럼 번졌고, 경성 시내 전차 파업 등이 일어났으며 3·1 운동으로까지 이어집니다. 3·1 운동으로 인해 1919년 3~4월 인천 미두취인소는 일시 폐장을 합니다.

Fig 2. 천억을 번 1910년대 전설의 투자자

1910~20년대에도 투자로 부자가 된 한국인이 있었습니다. 바로 반복창이라는 사람이죠. 그는 인천에서 가장 큰 정미소인 역무정미소에서 일을 했어요. 당시 정미소는 쌀 투기를 했습니다. 당일 최종 시세는 오사카에 있는 당도취인소에서 결정되는 가격을 기준으로 삼았으므로 오사카 시세를 누가 먼저 아느냐에 따라 이익과 손실이 결정되었죠. 반복창의 역할은 바로 이 정보를 전보로 받아 사장에게 전달하는 일이었어요.

이후 반복창은 중개점에서 일을 합니다. 그가 조언하는 대로 투자한 사람들의 수익이 높아지자 그의 인기도 덩달아 높아졌죠. 이윽고 그는 직접 쌀 거래에 참여해 큰 수익을 올렸고, 1920년 80만 원(현재 가치로 천억 원)에 이르는 막대한 재산을 모읍니다.

그가 시장의 큰손이 된 것을 못마땅해하던 일본인들은 그를 몰락시킬 기회를 엿봅니다. 반복창이 쌀을 대량 매수한다는 정보를 입수한 일본인들이 담합해서 반복창과 반대로 매도를 시작했죠. 마침 일본의 벼농사가 풍작이라 조선에서 쌀을 수입하지 않을 것이라는 예측이 나오고 있었지만, 반복창은 그 정보를 알지 못했습니다. 그런 상황에서 반복창은 전 재산으로 매수했는데, 결국 쌀 시세가 급락했고 반복창은 전 재산을 날렸죠. 끝내 재기에 실패한 그는 1938년 세상을 떠났고, 그해 미두시장도 사라졌어요.

Fig 3. 충무로 분점에서 시작된 주식 거래

인천 미두취인소는 미곡과 대두를 거래하는 선물 거래소였고, 주식 거래는 1908년 다나카라는 일본 상인이 충무로에 '유가증권 현물문옥'을 세우면서 시작됩니다. 이곳은 오사카 증권 시장의 서울 지점이라고 볼 수 있어요. 1905년 을사늑약이 체결되면서 일본 주식을 국내에서 현금으로 환전하기 위한 수요가 늘어나자 이를 파악하고 설립한 것이었죠.

1910년 한일 합병 이후 주식회사가 급증했고, 이에 따라 '유가증권 현물문옥'도 크게 늘어 1911년에는 '경성 유가증권 현물문옥 조합'이 결성되었습니다. 이때부터 특정 시간과 장소에서 주식 거래가 이루어졌어요. 시세는 오사카 거래소를 기준으로 삼았고, 처음으로 주식 시세표를 작성해 배포했습니다.

3·1 운동 후 일제는 문화 통치로 정책을 전환합니다. 이 과정에서 1920년 '경성 유가증권 현물문옥 조합'은 공식 허가를 받은 '경성주식현물취인시장'으로 대체되었죠. '경성주식현물취인시장'에는 일본의 인기주와 국내 회사 30여 개 종목이 상장되어 있었습니다. 1932년에는 우리나라 최초로 법적 근거를 갖는 증권 거래소인 조선취인소가 개설되어 인천 미두취인소는 문을 닫습니다.

Fig 4. 6·25와 함께 요동치는 국채와 지가 증권

해방 후 미군정을 거쳐 1948년에 대한민국 정부가 수립되었지만, 국가 경영 자금이 턱없이 부족했습니다. 이를 해결하기 위해 정부는 건국 국채를 발행했어요. 동시에 소작인에게 농지를 주고, 지주에게 토지 보상금을 지가 증권으로 주는 농지 개혁법을 실시합니다. 하지만 건국 국채를 발행한 지 5개월, 농지 개혁법을 시행한 지 3개월 만에 6·25 전쟁이 발발합니다.

당장 내일 나라가 어떻게 될지 모르는 전쟁 통에 채권은 액면가의 10%까지 떨어졌고, 일부에서는 벽지나 창호지 대용으로 사용했다고 합니다. 정부는 이러한 상황에서 국채를 반강제적으로 팔았는데 무역 업체들이 수출입 통관을 할 때 일정량의 국채를 의무적으로 사도록 했어요. 지가 증권도 당장의 생계가 급한 지주들에 의해 헐값에 팔렸고 가격은 폭락했죠.

전쟁이 끝날 무렵 지가 증권은 일본인 귀속 재산 매각 대금으로 사용할 수 있게 되면서 가격이 4~5배로 폭등합니다. 이때 지가 증권으로 일본인 재산을 사들인 기업 중에는 SK, 두산, 한화가 있어요. 전쟁이 끝나고 정부에서 국채를 액면가 그대로 정부 기관 입찰 보증금이나 통관 보증금으로 사용할 수 있게 하자 가격이 상승하고 거래량도 많아졌다고 합니다.

Fig 5. 국채 변동성이 250%?

1957년 정부는 국회에 180억 환 규모의 국채 발행 계획안과 예상 세수익이 153억 환에 이르는 외환 특별세 법안을 제출합니다. 시장에서는 두 법안 모두 정부 세수입을 늘리는 것이 목적이므로 둘 중 하나만 통과하리라 예측했죠. 외환 특별세 법안이 통과할 것이라 예측한 사람은 국채를 매수했고, 국채 발행 계획안만 통과할 것이라 예측한 사람은 국채를 매도했어요.

이러한 상황에서 1957년 12월 국회에서 국채 삭감안을 발표했고, 국채 가격이 250% 급등합니다. 그런데 12월 말에 국채 발행 계획안이 국회를 통과했고, 국채 가격은 50% 가까이 폭락했죠. 폭락에 당황한 매수측은 하락세를 멈추려고 시세보다 높은 가격으로 대량으로 매수해 가격을 밀어 올렸어요. 이 과정에서 매도측과 매수측 모두 청산 자금과 매매 증거금 납부로 심한 어려움을 겪었죠.

결국 거래소는 1월 17일 오전장을 중단하고 16일 건옥⁽ᵐᵉᵐᵉ

하기로 약속은 되어 있으나 결제는 되지 않은 증권)에 대해 약정 대금의 50%에 해당하는 매매 증거금을 납입하도록 조치합니다. 그러나 대부분의 증권 회사가 추가 증거금을 납부하지 못했죠. 이렇게 되자 결국 정부는 16일에 거래된 국채 매매분을 전부 무효화합니다. 매수 세력을 주도했던 4개 증권 회사에 대해 증권업 면허를 취소하고, 거래소에도 책임을 물어 초대 이사장이 물러나고 전체 임원이 경질되었죠.

Fig 6. 국내 최초의 주식 큰손

1961년 박정희 대통령이 2년 후 정권을 민간에 이양하겠다고 발표했어요. 발표 직후 당시 증권계의 이름난 투기꾼이었던 윤응상은 중앙정보부 정책연구실 행정관인 강성원 소령과 뒷거래를 합니다. 7억 환을 주면 군정에서 민정으로 정권을 이양할 때 필요한 1백억 환의 정치 자금을 마련해 주겠다는 거래였죠. 중앙정보부 관리관 실장인 정지원까지 합세해 세 사람은 1962년 자본금 5억 환 규모의 통일 증권을 설립했고, 이윽고 일흥 증권까지 설립합니다.

윤응상은 사보이호텔에 작전 본부를 차려 놓고 주가 조작을 시작했죠. 첫 번째 작전인 대증주 매수 포지션과 두 번째 작전인 한전주 헐값 매입에 성공합니다. 그리고 5월 윤응상의 통일 증권과 일흥 증권은 대증주 매수 작전을 시작하는데 태양 증권을 중심으로 한 매도 세력과 부딪힙니다. 두 세력은 일주일 동안 대립하다가 결국 매수 세력이 밀리게 됩니다. 당시는 대부분 투자 금액의 10% 증거금으로 거래했기 때문에 대규모 결제 불이행 사태가 발생하게 되었죠. 이를 대증주 파동이라고 부릅니다. 대증주 파동으로 인해 윤응상은 주가 조작 혐의로 재판을 받지만, 무혐의 판결을 받습니다. 윤응상은 이후에도 큰손으로서 시장에 영향력을 끼쳤죠.

Fig 7. 경남 아저씨, 건설로 흥하고 건설로 망하다

1962년 대증주 파동의 영향으로 1970년대 초반까지만 해도 증권 투자는 패가망신이라는 인식이 있었습니다. 1970년대 중반 공모주로 돈을 벌었다는 사람이 많아지면서 개인 투자자가 다시 주식 시장에 모여들었죠. 당시 정부에서 공모주 청약을 유도하기 위해 증권사에게 6개월 동안 공모가 이상으로 주가를 유지할 의무를 부여했고, 공개 기업의 주가는 상장되자마자 1.5~3배로 형성되었습니다.

공모주 청약으로 주식 투자를 시작한 사람 중에는 김영진도 있었습니다. 공모주로 재미를 붙인 그는 1976년부터는 직장을 그만두고 본격적으로 주식 투자에 뛰어들었어요. 그는 경남 기업을 집중적으로 단기 매매하며 목돈을 만들었는데 이 때문에 '경남 아저씨'라고도 불렸습니다. 이후 김영진은 신문 기자 1명, 증권사 직원 1명, 중견 건설회사 임원 1명 등을 모아 투자 클럽을 만들었어요. 이들은 자금을 조성한 뒤 정보를 수집했습니다.

1976년 8월 클럽 멤버 중 한 명이 동아 건설이 큰 폭의 유무상 증자를 검토 중이라는 정보를 가져왔어요. 게다가 동아 건설 임원으로부터 '확정되지는 않았지만, 조만간 증자해야 할 상황'이라는 사실도 확인합니다. 클럽 멤버들은 동아 건설 주식을 3만 원 선에서 매입했고, 6만 원대에 전량 매도해 수익을 냈어요.

1978년 3월에는 '건설 산업이 사우디에서 대규모 수주를 딸 것'이라는 정보를 가져와 매입을 시작했죠. 하지만 당시 100% 유상 증자설이 돌았는데 막상 발표된 내용은 50% 유상 증자였고, 시장에 떠돌던 사우디 공사 수주설도 근거가 없는 것으로 밝혀집니다. 결국 주가는 급락해 건설 산업은 1980년 부도를 낸 뒤 다음 해에 거래소에서 퇴출되었죠. 김영진은 보유 주식이 모두 반대 매매 당하고 집과 상가 주택까지 처분해야 했습니다.

Fig 8. 큰손에 손실 입힌 큰손

1982년 침체된 건설업에 갑자기 생기가 돌기 시작합니다. 바로 큰손 장영자가 움직인 것이었죠. 그녀는 국회 의원과 안기부 차장을 지낸 이철희의 부인이었습니다. 장영자는 자금난에 빠진 기업에 접근해 사채를 빌려주고 대여액의 2~9배에 달하는 어음을 받아 사채 시장에서 할인하는 방법을 반복해 총 7,111억 원의 어음을 유통시켰죠. 물론 이는 불법이고, 1982년 5월 장영자는 구속

됩니다.

한편 그녀는 약 2천억 원을 증권에 투자하면서 큰손으로 등장합니다. 주로 건설주를 매수했어요. 폭락한 건설주의 주가가 움직이기 시작하면 높았던 주가를 기억하는 개인 투자자들도 따라올 것이라는 계산이었죠. 실제로 장영자가 주식을 매수하기 시작하자 6개월만에 약 3.5배까지 주가가 올라갔습니다. 하지만 건설업 경기는 계속 악화되고 있는 상황에서 인위적으로 끌어올린 주가에는 한계가 있었고, 결국 건설주는 다시 폭락하게 되었죠.

장영자 파동으로 큰 손실을 입은 또 다른 큰손이 있었습니다. 바로 광화문 곰, 고성일 회장이었죠. 그는 1985년 기준 주식시장에서 건설주를 가장 많이 가진 개인 투자자로 이름을 날렸습니다. 시세판에 게시되어 있는 건설주를 맨 위에서부터 맨 아래까지 10만 주씩 매수하라고 지시한 일화가 있어요. 1985년 그가 가지고 있던 건설주의 시가는 200억 원이 넘었다고 합니다. 건설주 다음으로 많이 가지고 있는 종목은 유공(현 SK이노베이션)으로, 120만 주를 보유했어요.

Fig 9. 시황을 흔든 '피스톨 박'과 IMF가 낳은 슈퍼 개미

1990년대 외국인은 우리나라 주식의 소수 핵심주, 즉 블루칩만 골라 집중 매수했어요. 국내 기관들도 외국인을 추종해 자사 운용 펀드를 운용했죠. 그중에서도 제일은행 신탁운용부에서 주식

운용을 책임지던 박 차장이 유명했습니다. 그는 특정 블루칩을 선정해 무차별 매수한다고 해서 피스톨 박이라고 불렸죠. 심지어 그가 무슨 종목을 사느냐에 따라 시황이 달라질 정도였어요.

1997년 상황은 급변합니다. 차입에 의존해 몸집을 불렸던 대기업이 단기 차입금을 상환하지 못해 부도를 내기 시작했고 결국 IMF 외환 위기가 찾아옵니다. 외인 자금은 한국을 떠났죠. 하지만 위기는 슈퍼 개미들이 탄생한 계기가 되었습니다. 대표적인 사례는 강방천 회장으로 그는 IMF 때 증권주를 매수해 20배의 수익을 냈죠.

복권

–

번호나 그림 따위의 특정 표시를 기입한 표.

추첨 따위를 통하여 일치하는 표에 대해서 상금이나 상품을 준다.

국립국어원 표준국어대사전

Fig 1. 진시황이 싼 똥, 복권으로 치운다

복권과 비슷한 유물이 고대 이집트 유적에서 발견되기도 했지만, 기록상 가장 오래된 복권은 기원전 1세기경 중국의 한나라에서 등장합니다. 이 복권은 키노Keno라고 불렸습니다. 키노는 120개 글자 중에서 10개를 맞추면 되는 형식으로 오늘날의 로또와 비슷했어요. 오히려 45개 숫자 중에서 6개를 맞추는 로또보다 훨씬 낮은 당첨 확률을 가지고 있었죠.

키노의 등장 배경은 한나라의 탄생과 관련이 있습니다. 한나라는 진나라가 멸망하고 세워졌어요. 새로운 나라를 세우는 만큼 체제와 영토를 정비해야 했고, 진나라 때 벌여 놓은 만리장성 건설 등을 마무리 지어야 했기 때문에 많은 돈이 필요했습니다.

하지만 전쟁 직후의 국가 재정으로는 무리였어요. 재정을 확보할 방법을 찾다가 고안해 낸 것이 복권이었습니다. 키노는 한나라가 멸망하면서 자취를 감추었다가 19세기 미국 대륙 횡단 철도 건설을 하던 중국 이민자들에 의해 부활했어요. 키노의 120개 한자는 80개의 숫자로 대체되었고, 지금도 미국 카지노에서 차이니즈 로터리Chinese Lottery라는 이름으로 존재합니다.

Fig 2. 클래스가 다른 로마의 복권 경품

유럽에서는 기원전 1세기 로마의 초대 황제 아우구스투스, 5대 황제 네로가 복권을 발행했습니다. 아우구스투스는 로마의 첫 황제로서 수도를 건설하기 위해서, 네로는 대화재로 불탄 로마를 재건하기 위해서 발행한 것으로 추정하고 있어요. 당시 아우구스투스의 복권은 음식 계산서 영수증을 추첨해 선물을 나눠 주는 형태였고, 네로는 귀족과 부유층을 상대로 노예, 배 등의 경품을 걸었죠.

Fig 3. 복권으로 세운 아이비리그

16세기 초 제노바 공화국에서는 90명의 후보자 중에서 5명의 의원을 뽑았습니다. 이 방식을 차용해 90개의 숫자 중에서 5개 숫자를 추첨하는 복권이 만들어졌어요. 이것이 로또Lotto의 시초입니다. 얼마 지나지 않아 피렌체에서도 도시 정비 비용을 마련하기 위한 복권이 등장했는데 이 복권은 당첨자에게 현금을 제공했기 때문에 현대식 복권의 시작으로 보기도 합니다.

16세기 후반부터는 유럽 각국에서 복권 제도가 국가사업에 이용되었습니다. 독일에서는 쾰른 대성당을 재건하기 위해 사용되었고, 영국에서는 미국 식민지 개발에 사용되었어요. 하버드, 예일, 콜롬비아, 프

19세기 초 런던의 복권 추첨

린스턴 등의 아이비리그 대학들이 복권 수익금으로 세워졌습니다. 미국의 경우 프렌치 인디언 전쟁과 독립 전쟁에서 복권을 이용해 군수 자금을 마련했어요.

Fig 4. 막아 봐야 다시 활성화되는 복권

1800년대 중반부터 미국 내에서는 복권에 대한 열기가 굉장히 뜨거워지기 시작했습니다. 1900년대 초 복권 발행 금지령이 내려질 정도였어요. 하지만 복권을 금지하자 불법 내기와 도박 등이 성행해 결국 뉴햄프셔 주는 1964년 합법적인 복권 발행을 승인합니다.

영국에서도 복권 제도가 도박이라는 인식이 확산되면서 1826년 일시적으로 복권 발행이 중단되기도 합니다. 하지만 복권의 이익을 공공사업에 사용하면서 복권에 대한 긍정적인 인식이 생기자, 1990년대에 국가 복권 제도를 다시 도입하죠.

Fig 5. **복권으로 산 올림픽행 티켓**

우리나라 복권의 시초는 정확하지는 않지만 조선 후기에 유행했던 '계'로 추정합니다. 계원들의 이름이나 숫자를 적은 알을 통 속에 넣고 돌리다 밖으로 빠져나온 알로 당첨자를 정하는 산통계가 대표적이죠. 그 외에도 일정 번호를 붙인 표를 100명, 1000명, 1만 명 단위로 판매한 뒤, 추첨해 매출액의 80%를 복채로 주는 작백계도 인기가 있었습니다.

근대적 복권은 1945년에 등장합니다. 일본 정부는 군수 자금을 조달하기 위해 승찰이라는 복권을 발행했죠. 승찰은 10원짜리 복권으로 당첨금은 10만 원이었습니다. 하지만 제2차 세계 대전이 종전되면서 사라지게 됩니다.

우리나라에서 발행된 최초의 복권은 대한민국 정부가 수립되기도 전인 1947년에 등장합니다. 제2차 세계 대전 직후 1948년에 열린 런던 올림픽 대회의 참가 경비를 마련하기 위해 복권을 발행한 것입니다. 액면 금액 100원, 1등 상금 100만 원이었던 이 복권은 140만 장이 발행되었고, 당첨자는 모두 21명이었죠. 이 복권으로 마련된 경비로 축구, 농구, 육상, 역도, 복싱, 레슬링, 사이클 7개 종목 선수 50명과 임원 17명으로 구성된 선수단이 런던 올림픽에 참가할 수 있었습니다.

1948년은 대한민국 정부가 수립된 해이기도 하지만 그해 7월에는 이례적인 수해 피해가 있던 해이기도 합니다. 수천 명의 사상자와 수십만 명의 이재민이 발생했죠. 이재민 구호 기금 마련을 위해 1949년 10월부터 1950년 6월까지 세 차례 후생 복표가 발행되었고, 6·25 전쟁이 발발하면서 발행이 중단되었습니다.

6·25 전쟁 뒤인 1956년에는 전쟁 복구에 들어가는 산업 자금과 사회 복지 재원을 마련하기 위해 매달 애국 복권을 발행했어요. 매달 1회씩 총 10회까지 운영된 이 복권은 100환짜리와 200환짜리로 발행되었습니다. 그 후 국가적인 이벤트가 있을 때마다 복권이 등장합니다. 1962년 산업박람회복표, 1968년 무역 박람회복표 등이 발행되었죠.

Fig 6. **준비하시고 쏘세요!**

1969년에 주택 복권이 발행되기 시작하면서 정기적으로 발행되는 복권의 시대가 열렸습니다. 주택 복권은 무주택 군·경 유가족, 국가유공자, 파월 장병의 주택 기금을 마련하기 위해 발행되었죠. 처음에는 서울에서만 발행되었지만 2회부터는 전국으로 확대되었고, 인기가 늘어남에 따라 월 1회 추첨이 주 1회 추첨으로 바뀌었어요. 1등 당첨금도 1978년 천만 원, 1981년 3천만 원, 1983년 1억 원, 2004년 5억 원으로 점차 증가했습니다. 특히 1981년부터 TV를 통해 방송되면서 '준비하시고 쏘세요!'라는 멘트와 다트 형식의 추첨 방식이 유명해졌죠.

하지만 찬란했던 영광은 2002년 12월에 등장한 로또로 인해 몰락합니다. 2002년에는 1,851억 원에 달하던 연간 판매액이 2005년에는 318억 원으로 급감하고, 마침내 2006년 복권위원회에서 인쇄 복권의 상품 수를 줄이기 위한 목적으로 폐지되었어요.

Fig 7. 앞으로 절대 없을 전설의 레전드 407억

2002년 국내에 등장한 로또가 선풍적인 인기를 끌 수 있었던 요인은 무엇보다 당첨금 이월 규정 때문이었습니다. 운이 좋게도 초기에 연달아서 당첨 금액이 이월되면서 19회 차 로또의 1등 당첨금이 407억 2200만 원이 되었죠. 전설의 19회 차 당첨자는 지방 경찰서 경사로 혼자 당첨금을 거머쥐었습니다.

이후 높은 당첨금으로 사행성 논란이 일면서 이월 당첨금을 2번으로 제한하고, 구매액도 2천 원에서 천 원으로 낮춰 다시는 수백 억에 달하는 당첨금을 볼 수 없게 되었습니다.

심리 검사

—

개인의 심리적 특성을 측정하여 평가하는 검사.

지능 검사, 성격 검사 따위가 있다.

국립국어원 표준국어대사전

Fig 1. 조수는 억울하다

개인차를 심리학적으로 측정
하려 했던 첫 번째 시도는 천체
관측소에서 일어납니다. 1795
년 왕립 그리니치 천문대의 천
문학자 니콜라스 매스켈린Nicholas
Maskelyne은 별이 천체를 통과하는
시간을 측정했는데 자신의 조
수가 측정한 것과 자신이 측정
한 것에 0.5초 차이가 있는 것
을 발견합니다. 조수가 다시 측

천문학자 프리드리히 베셀

정했지만 오차는 줄어들지 않았죠. 1796년에는 오차가 0.8초까지 커져서 결국 조수는 해고되었어요.

20년 후 독일의 천문학자인 프리드리히 베셀Friedrich Bessel은 이 사건을 우연히 발견합니다. 그는 오차가 조수의 실수 때문이 아니라 어쩔 수 없는 개인차 때문에 발생했다고 생각했어요. 그래서 자신과 여러 사람의 관찰을 비교해 이러한 생각을 증명했죠.

Fig 2. 우생학이 지능 검사의 시작

우생학의 아버지 프랜시스 골턴

지적 능력의 개인차를 처음 체계적으로 연구한 인물은 프랜시스 골턴Francis Galton입니다. 찰스 다윈Charles Darwin의 삼촌이기도 한 그는 진화론에 영감을 받아 우생학을 처음으로 이야기했죠. 그는 감각 능력이 곧 지능과 관련 있다고 생각했어요.

그는 1884년 국제 박람회에서 중량 구분 능력, 음역 구분 능력과 신장, 체중, 머리둘레 등 신체적 특징을 측정했는데 이것을 최초의 지능 검사라고 보기도 합니다. 하지만 이 심리 검사는 우생학의 중요성을 내세우기 위한 수단으로 이용되었어요.

Fig 3. 본격 IQ 검사의 등장

한편 프랑스의 심리학자 알프레드 비네Alfred Binet는 감각보단 기억, 상상력, 이해 등의 복잡한 정신 과정을 검사하고자 했죠. 1905년에 학생들의 정신 지체를 진단하기 위한 비네-시몬Binet-Simon 검사를 개발합니다. 이 검사는 난이도 순으로 배열된 30개의 객관식 문항으로 구성되어 있었죠.

심리학자 알프레드 비네

비네-시몬 검사는 곧 미국, 벨기에, 영국, 이탈리아, 독일에서도 사용하게 되었고 1916년 스탠포드의 루이스 터만Lewis Terman에 의해 개선되어 스탠포드-비네Stanford-Binet 검사로 발전합니다. 이 검사는 지능 지수(IQ)를 이용한 검사로 전 세계적인 인정을 받았죠.

Fig 4. PTSD를 막기 위한 군인용 심리 검사

제1차 세계 대전, 전장의 군인들은 전투 스트레스로 인해 정상적인 사고나 행동에 장애가 오는 경우가 종종 있었습니다. 이를 셀 쇼크Shell Shock라고 부르는데 미국심리학협회는 셀 쇼크로 손실되는 병력을 최소화할 방법을 찾고자 했습니다. 이렇게 해서 1919년 로버트 우드워드Robert Woodward의 개인 데이터 시트Personal Data Sheet(PDS)가 탄생하죠.

이 검사는 예 또는 아니오로 대답하는 질문 116개로 구성되어 있습니다. 개인 데이터 시트는 훈련소 중 한 곳에서 수천 명의 신병들을 대상으로 시도되었으나 곧 전쟁이 끝나면서 제대로 사용되지 못했습니다.

Fig 5. 성격 테스트가 된 조현병 진단 검사

로르샤흐 잉크 반점 검사

개인 데이터 시트 이후 수많은 심리 검사가 탄생합니다. 데칼코마니 모양을 보고 심리 검사를 하는 로르샤흐 잉크 반점 검사도 그중 하나죠. 로르샤흐 잉크 반점 검사는 잉크 얼룩에 대한 피험자의 반응을 분석하는 검사예요. 스위스의 심리학자 헤르만 로르샤흐Hermann Rorschach의 이름에서 따왔습니다.

로르샤흐가 1921년 개발한 이 검사는 원래 조현병을 진단하기 위한 것이었죠. 그가 사망하고 17년이 지난 1939년부터 성격 테스트로 사용되었습니다.

Fig 6. 미국 공작원도 쓰던 MBTI

MBTI의 정식 명칭은 마이어스-브릭스 유형 지표Myers-Briggs Type Indicator입니다. 1940년대 평범한 주부였던 캐서린 쿡 브릭스 Katharine C. Briggs와 그의 딸 이자벨 브릭스 마이어스Isabel B. Myers가 만들었죠. 캐서린 브릭스는 초기에 양육을 돕기 위한 검사를 개발했습니다. 이후 칼 융의 이론을 접목하고, 그녀의 딸 이자벨이

MBTI를 만든 캐서린 쿡 브릭스와 그의 딸 이자벨 브릭스 마이어스

개개인에게 적합한 직무를 찾도록 하는 검사로 발전시켰죠.

MBTI 검사를 최초로 구입한 곳은 전략사무국이었습니다. 이곳에서는 제2차 세계 대전 시 공작원에게 적합한 임무를 매칭하기 위해 MBTI를 사용했죠. 1950년대 후반에는 버클리와 스와스모어 대학교에서 구입해 입학 절차에 활용하기도 했어요. 이후

복지 기관, 병원, 기업에서 사용하기 시작했습니다. MBTI는 오늘날에도 가장 유명한 심리 검사지만 신뢰도와 타당도 측면에서 많은 논란이 존재해요.

Fig 7. 동년배들은 다 MMPI2로 심리 검사한다

MMPI Minnesota Multiphasic Personality Inventory 는 1943년 미국 미네소타 대학 출판부에서 발행된 것으로 정신 질환을 진단하기 위해 만들어졌어요. 건강 염려증, 우울증, 히스테리, 반사회성, 남성성-여성성, 편집증, 강박증, 정신 분열증, 경조증, 사회적 내향성을 구분해 낼 수 있습니다. 총 566개의 참/거짓 항목으로 이루어져 있어 검사에만 1~2시간이 걸린다고 해요.

MMPI는 1989년에 개정되어 MMPI2가 발행됩니다. 기존의 MMPI는 미네소타주의 사람들을 표준으로 잡은 것에 비해 MMPI2는 미국 전체 사람을 표준으로 잡고 만들었습니다. MMPI는 현재 가장 널리 쓰이는 심리 검사로, 우리나라를 제외한 많은 나라에서 징병할 때 사용한다고 합니다.

무선 호출기

—

호출 전용의 소형 휴대용 수신기.

국립국어원 표준국어대사전

Fig 1. 반도체가 들어간 최초의 제품

무선 호출기 그러니까 삐삐는 1928년 보스턴의 순찰차에 장착된 것이 최초라고 알려져 있습니다. 그로부터 약 20년 뒤인 1949년 알프레드 그로스Alfred J. Gross의 특허에서 삐삐의 모습을 볼 수 있고, 바로 1년 뒤에는 상용화도 됩니다. 뉴욕에 있는 리브사운드 컴퍼니Reevesound Company에서 의사들을 위한 무선 호출기를 판매했죠.

1962년에는 벨 시스템Bell System이 시애틀 세계 박람회에서 벨 보이 무선 호출 시스템을 선보입니다. 이 장치는 트랜지스터, 즉 반도체가 소비자 제품에 들어간 최초의 장치이기도 했어요. 무선 호출기는 1964년 모토로라Motorola에서 페이지보이 ⌈Pageboy⌋이라는 이름으로 본격적으로 판매되기 시작합니다. 한때 핸드폰으로 유명했던 블랙베리BlackBerry도 1990년대 삐삐를 만들던 회사였습니다. (당시에는 리서치 인 모션Research In Motion이었죠.) 그때도 쿼티QWERTY 키보드가 달린 제품으로 유명했습니다.

Fig 2. KT의 첫 제품, 삐삐

국내 삐삐의 역사는 KT의 역사와 함께 시작됩니다. 1982년 체신부(정보 통신부의 이전 명칭)에서 통신 서비스를 담당하는 한국전기통신공사(KT의 전신)를 분리하게 되는데 그해 바로 한국전기통신공사에서 삐삐 250대를 도입합니다.

초기 삐삐는 수신자가 서울에 있어야만 작동했습니다. 단말기 가격은 15만 원, 월 사용료는 1만 2천 원으로 당시 물가로 상당히 비싼 편이었어요. 그럼에도 불구하고 청약에 1,500여 명이 몰리며 약 8대 1의 경쟁률을 보였습니다.

처음에는 주로 관공서나 국회, 병원, IT 기업 등에서 사용했습니다. 한 기업에서는 삐삐를 장착한 고객 서비스 팀을 꾸려서 빠른 AS를 제공했고, 외무부는 국장급 이상 간부들을 대상으로 삐삐를 의무적으로 소지하도록 제도화했죠.

Fig 3. 삐삐가 없었으면 SKT도 없었다?

초기 삐삐는 디스플레이가 없었기 때문에 어디서 왜 보냈는지는

177

알 수 없었어요. 그래서 미리 정해 놓은 호출 대상에게만 신호를 보낼 수 있도록 했죠. 1986년이 되어서야 화면이 생겼고 화면에 호출한 사람의 번호가 표시되어 누구나 메시지를 보낼 수 있었습니다.

화면이 추가되어 기기 값이 더 비싸졌음에도 불구하고 판매량은 급증했고, 많은 사람들이 삐삐를 사용합니다. 1987년 서울과 부산에서만 서비스되던 삐삐는 1988년 서울 올림픽을 전후로 전국적으로 서비스되기 시작하죠.

이전까지 한국전기통신공사에서 직접 판매 및 서비스하던 삐삐는 1988년부터 제조업체에서 자체 공급망을 활용해 판매할 수 있게 됩니다. 이로써 현대 전자와 맥슨 전자, 삼성 반도체 통신, 금성 반도체, 한국 모토로라 등 다양한 업체가 시장에 뛰어듭니다. 하지만 한국 모토로라의 점유율이 65%로 압도적이었죠.

1982년에 보급된 삐삐는 1986년 3만 8천 명, 1988년 10만 명의 가입자를 돌파하게 됩니다. 이렇게 사용자가 급격하게 늘어나자 정부는 이동 통신 서비스에 민간 업체를 참여시킵니다. 동부, 쌍용, 코오롱, 동양 그룹, 포항 제철, 선경의 치열한 경쟁 끝에 최종적으로 선경이 이동 통신 사업자로 선정됩니다. 바로 SKT의 탄생이었죠.

Fig 4. 012, 015 그리고 시티폰

1991년에는 가입자 수용량을 늘리기 위해 무선 호출 전용망을 구축합니다. 이때 별도 식별 번호 012를 부여합니다. 이제 지역 번호 없이 012만 누르면 곧바로 호출할 수 있게 된 거죠. 한국 이동 통신의 012와 더불어 1993년에는 제주 이동 통신, 충남 이동 통신, 전북 이동 통신, 수도권의 나래 이동 통신과 서울 이동 통신, 부산과 경남에 부일 이동 통신, 충북의 우주 이동 통신, 대구와 경북은 세림 이동 통신이 015 식별 번호를 부여받으면서 등장합니다.

삐삐의 전성기는 시티폰이 등장한 1997년부터입니다. 시티폰은 발신만 가능한 휴대용 전화기로, 삐삐로 호출을 받으면 시티폰으로 전화하는 식으로 많이 사용했죠. 나중에는 삐삐 기능이 포함된 시티폰도 출시되었습니다. 이 시티폰은 City Phone으로 국내에 알려졌는데 사실 유럽에서 처음 등장했을 때 CT-2(Cordless Telephone)라는 명칭을 가지고 있었기 때문에 CT폰이었다고 하네요.

잘나가던 삐삐는 1990년대 말 휴대폰이 대중화되기 시작하면서 시티폰과 함께 몰락합니다. 삐삐 가입자는 1997년 1천 500만 명에서 1999년 300만 명으로 줄어들죠. 게다가 IMF까지 겹쳐 대부분의 삐삐 관련 사업은 폐업 절차를 밟았고, 2009년 리얼 텔레콤이 폐업하면서 012 번호도 사라지게 됩니다.

***Fig 5.* 진동벨로 부활**

그렇게 완전히 사라질 것 같았던 삐삐는 의외의 곳에서 부활합니다. 바로 식당 및 카페에서 사용하는 진동벨로 말이죠. 진동벨은 1990년대 초 대기 손님의 이탈을 막기 위해서 개발되었습니다.

국내에서는 2004년 아웃백을 시작으로 베니건스, 롯데리아 등에서 리텍leetek의 진동벨을 도입하기 시작했습니다. 2006년에는 카페에서도 널리 쓰이게 됩니다. 리텍은 1998년에 설립된 회사로 원래 삐삐를 제조하던 회사였습니다. 리텍의 이종철 대표가 미국의 진동벨을 보고 개발에 나선 것이죠. 2017년 기준 리텍은 국내 시장 점유율 80%, 세계 시장 점유율 20%로 세계 3위 진동벨 업체입니다.

마사지 기계의 시초는 바이브레이터?

안마기

–

안마로써 피로를 풀거나 병을 치료하도록 만든 기구.

국립국어원 표준국어대사전

Fig 1. 마사지 기계의 시초는 바이브레이터?

최초의 안마기 펄소콘

최초의 마사지 기계는 제럴드 마카우라 박사Dr. Gerald Macaura에 의해 발명된 펄소콘Pulsocon이라고 볼 수 있습니다. 이 기계는 크랭크를 돌리면 분당 최대 5,000번의 진동이 발생하는 장치로 1869년 혈액 순환기로 특허를 받았어요.

이 장치에 대해서는 여러 주장이 있는데, 그중 하나는 빅토리아 시대 여성의 억압된 성적 충동을 풀어 주기 위한 장치라는 주장입니다. 당시에는 여성이 겪는 정신적인 문제가 여성의 생식기에서 비롯된다고 규정지으며 히스테리라고 명명했고 많은 의사

181

가 히스테리에 대한 치료법으로 생식기 마사지를 추천했어요. 하지만 이러한 주장은 최근 역사학자들 사이에서 부정되고 있다고 합니다.

마카우라 박사는 자신이 발명한 장치가 여성 문제와 함께 암, 결핵, 청각 장애, 변비, 불안, 천식, 치질 같은 수많은 질병을 치료할 수 있다고 선전했습니다. 결국 마카우라 박사는 사기죄를 선고받아 1년 동안 감옥에 갇히게 됩니다. 그럼에도 불구하고 펄소콘은 날개 돋친 듯 팔려 그가 감옥에 있는 동안에만 7만 5천 달러의 돈을 벌어다 줬다고 합니다. 펄소콘의 성공으로 이후 비슷한 제품이 우후죽순처럼 등장했다고 해요.

1900년대 초반에는 펄소콘이 체육관에서 근육을 자극하기 위한 장치로 사용되었다고 합니다. 오늘날 마사지 건의 기능과 크게 다르지 않았죠.

조지 테일러의 골반 마사지 장치

비슷한 시기 마사지에 진심인 미국 의사 조지 테일러George H. Taylor가 있었습니다. 그는 재활 운동 치료 연구소를 설립하고, 운동 치료와 관련된 책을 출판하고, 마사지 기계를 만들었죠. 그가 만든 마사지 기계는 증기로 작동하는 골반 마사지 장치였습니다. 이 장치도 여성의 히스테리를 치료하기 위해 쓰였다고 해요.

***Fig 2.* 켈로그, 시리얼만 만든 줄 알았지?**

시리얼을 만든 것으로 유명한 존 하비 켈로그John Harvey Kellogg는《마사지의 예술The Art of Massage》이라는 책을 집필할 정도로 마사지에도 관심이 많았습니다. 마사지와 관련된 수많은 기계를 만들어 내기도 했어요.

켈로그는 약한 전류를 피부에 직접 자극하는 것이 납 중독, 결핵, 비만, 심지어는 시력에 도움이 된다고 믿었습니다. 그 믿음으로 전기 근육 자극기를 발명하는데, 오늘날 물리 치료를 위해 사용되는 전극 패드의 시초라고 볼 수 있어요.

켈로그는 1900년경 일종의 안마 의자, 진동 의자를 발명합니다. 딱딱한 나무 의자 전체를 진동시키는 장치였어요. 그는 사람에게 진동을 주면 장운동이 활발해져 건강에 도움이 된다고 믿었습니다. 동일한 논리로 전기로 작동하는 마카우라 박사의 펄소콘과 같은 장치를 만들어 내기도 합니다. 이 장치들은 요양원에서 사용되었다고 해요.

1920년대에는 전기로 작동하는 승마기를 만들기도 했습니다. 이 승마기는 미국 30대 대통령 캘빈 쿨리지Calvin Coolidge를 위해 만들어진 것으로 하루에 세 번 백악관에 보내졌다고 해요.

Fig 3. 안마 의자는 목욕탕에서 해야 제맛

피로를 푸는 데 목적을 둔 마사지 기계는 1954년에 등장합니다. 공중목욕탕에서 청소 용품을 팔아 생계를 이어 가던 후지모토 노부오藤本信夫라는 사람이 있었는데요. 후지모토는 목욕탕 탈의실에서 사람들의 피로를 풀어 주는 수단을 생각하다가 쓰레기 더미에서 소프트볼, 자전거 체인, 자동차 손잡이 등을 수집해 최초의 안마 의자를 제작합니다.

첫 제품은 의자 측면에 있는 손잡이를 돌리면 마사지 볼이 상하로 움직이는 방식이었습니다. 마사지 볼은 주무르는 동작을 반복했다고 해요. 1975년이 되어서야 볼을 위아래로 움직이는 손잡이가 사라지면서 스위치 방식으로 바뀌었고, 1979년에는 볼이 의자 내부로 들어갔죠.

1995년에 출시한 제품에는 에어백에 공기를 넣었다 빼면서 마사지하는 기능이 등장합니다. 이 제품에는 에어 마사지 기능뿐만 아니라 종아리, 허벅지 마사지 기능도 최초로 도입되었어요. 2004년 출시한 제품에 어깨와 발바닥 마사지 기능이 추가되면서 오늘날 마사지 의자의 표준이 완성됩니다.

Fig 4. 재활 치료 가기 귀찮아 만든 마사지 건

1974년에는 전문적인 마사지 기구가 등장합니다. 캐나다의 지압

사였던 라이먼 존슨Lyman Johnson이 환자에게 쓰기 위해서 만든 비브로토너Vibrotoner가 바로 그 주인공이죠. 비브로토너는 발전을 거듭해 현재 맥시 프로 안마기Maxi Pro Massager라는 이름으로 판매되며 물리 치료 시 자주 사용된다고 합니다.

하지만 맥시 프로 안마기 같은 전문 기구는 비싼 데에다가 크고 무거워 혼자 사용하기에는 어려웠어요. 병원 같은 곳에서는 괜찮았지만 일반인이 사용하기에는 장벽이 있는 제품이었다고 합니다.

2007년 제이슨 베르셀란드Jason Wersland는 대학 시험을 치르러 가던 길에 오토바이 사고를 당합니다. 이 사고로 허리 통증을 겪게 되죠. 재활 치료를 위해 매번 병원에 가는 것이 힘들었던 그는 휴대용 안마기를 개발합니다. 그렇게 해서 최초의 마사지 건 테라 건 G1TheraGuns G1이 탄생하죠.

13:00

오후 업무

인터넷 연결을 확인하고 오후 업무를 시작한다.

심심한 입을 **초콜릿**으로 달랜다.

회의 자료를 **프린터**로 인쇄해 **연필**로 체크한다.

문제가 없음을 확인하고 자료를 서랍장에 넣어 **열쇠**로 잠근다.

국제 통신

—

나라 밖의 사람들과 유선 또는 무선으로 주고받는 통신.

국립국어원 표준국어대사전

Fig 1. 스타링크가 위성 인터넷이면, 우리가 쓰는 인터넷은 뭐지?

2022년 일론 머스크Elon Musk가 스타링크로 우크라이나의 인터넷 서비스를 지원한 사실이 이슈가 되었습니다. 이게 가능했던 이유는 보통 유선 케이블로 연결되는 인터넷망과 달리, 스타링크는 저고도에 수많은 위성을 띄워서 인터넷을 연결하기 때문이에요.

위성 인터넷은 유선 케이블이 손상되거나 설치할 수 없는 상황에서 아직도 유용하게 사용됩니다. 실제로 남극은 빙하와 수온 때문에 케이블이 버티지 못해 위성 인터넷을 사용하고, 바다 위를 떠다니는 크루즈나 인구가 적어 케이블이 깔리지 않는 오지 같은 곳에서도 위성 인터넷이 거의 유일한 대안이죠.

위성 인터넷의 대표적인 사업자는 스페이스X의 스타링크입니다. 2018년부터 위성을 쏘기 시작해 2023년 기준 약 4,000

여 기의 위성을 궤도에 올렸죠. 원웹이라는 회사도 같은 사업을 하고 있는데요. 2023년 기준 약 400여 기의 위성을 쏘아 올렸습니다. 위성 인터넷과 비슷하지만 조금 다른 기술도 있습니다. 열기구를 이용하는 구글의 룬 프로젝트, 드론을 이용하는 페이스북의 테더 테나가 있지만, 둘 다 수익성 문제로 사업을 접었습니다.

일론 머스크가 이끄는 스타링크는 언뜻 좋아 보이지만 그래도 위성을 이용한 인터넷은 유선에 비해 느리고 비쌉니다. 그래서 아직 우리는 유선으로 인터넷을 이용하는 것이지요.

Fig 2. 튜토리얼: 도버-칼레 해저 케이블

1837년 모스Samuel Morse가 전신기를 발명하고, 1844년 전신선이 상용화되면서 본격적으로 전신으로 정보를 전달하게 되었습니다. 전선은 사람이 직접 정보를 전달하는 방법보다 훨씬 빨랐기 때문에 급속도로 확산되었습니다. 하지만 문제가 하나 있었어요. 바로 전선의 연결을 가로막는 강이었습니다.

그렇지만 19세기는 발명의 세기 아니겠습니까? 때마침 1843년에 패러데이가 고무나무에서 구타페르카라고 불리는 절연체를 만들어 냅니다. 이를 이용해 1847년 프러시아의 장교 윌리엄 지멘스William Siemens는 라인강을 가로지르는 최초의 수중 전선을 설치하는 데 성공하죠. 불과 3년 뒤에는 존 브레트John Watkins Brett가 영국의 도버와 프랑스의 칼레를 잇는 도버-칼레 해협에 수중 케이블을 설치하는 데 성공합니다. 하지만 곧바로 어선 닻에 절단되고 말았죠. 마침 독일에서 광산용 엘리베이터를 설치하기 위해 철로 된 와이어 로프 기술이 개발되었습니다. 브레트는 이 와이어를 케이블의 외장재로 사용하면서 1851년 도버-칼레 해협의 수중 케이블 실용화에 성공합니다.

Fig 3. 본 게임: 영국-미국 해저 케이블

○ 1트, 필드

도버-칼레 해협을 잇는 튜토리얼에 성공하자 곧이어 미국과 유럽을 잇는 대서양 횡단 해저 케이블을 설치하는 본 게임이 시작됩니다. 대륙 횡단 해저 케이블은 차원이 다른 대사업이었어요. 당시에는 바벨탑을 세우는 일에 버금가는 사업이라는 말이 나왔을 정도였습니다. 대서양 횡단 해저 케이블은 1854년 영국의 사업가 필드Cyrus W. Field가 처음으로 구상했는데 현실적으로 크게 세 가지 문제가 있었습니다.

첫 번째는 자금이었습니다. 근데 이 문제는 의외로 쉽게 해결됩니다. 필드가 영국의 부유한 상인들을 찾아가 아이디어를 보여 주고 도움을 요청했을 뿐인데, 곧바로 자본금 53,000파운드(현재 가치로 약 60억 원)가 모입니다. 이게 얼마나 국가적 관심을 끈 사업이었는지 알 수 있죠.

두 번째 문제는 해저 케이블을 운반하고 설치할 선박이었

습니다. 어마어마한 길이의 전선을 운반해야 해서 보통 선박으로
는 힘든 일이었거든요. 다행히 영국 정부가 당시 가장 큰 전함의
하나인 HMS 아가멤논 호를 빌려주었고, 미국 정부도 5,000톤급
USS 나이아가라 호를 빌려주었습니다.

마지막 문제는 케이블이었습니다. 대서양을 횡단하기 위해
서는 5,900㎞짜리 케이블이 필요했어요. 그러니까 서울에서 부산
을 91번 왕복할 수 있는 전선을 만들어야 하는 것이었습니다. 게다
가 전파를 전달해야 하니 작은 틈 하나도 있어서는 안 되었어요.

필드의 해저 케이블은 구리선 7줄을 꼬아 한 가닥으로 만
들고 3겹의 구타페르카로 절연하고, 그 위에 철선 7줄을 꼬아 한
가닥으로 만든 선 18줄을 꼬아 만든 해저 케이블을 사용했습니
다. 그리고 드디어 1858년 8월 13일, 영국의 빅토리아 여왕이 미
국 15대 대통령 제임스 뷰캐넌James Buchanan에게 최초의 대륙 통신을
보냅니다. 가는 데 17시간이나 걸린 모스 부호의 첫 문장은 이러
했습니다. *"영국 여왕은 매우 깊은 관심으로 이 위대하고 국제적
인 업적을 이루어 낸 미국 대통령께 축하하는 마음을 전합니다."*

이 역사적인 사건에 티파니앤코Tiffany&Co에서는 케이블 설치
성공 기념으로 잔여 케이블을 구입해 우산 손잡이 및 지팡이로
만들어 판매하기도 했죠. 하지만 이 케이블은 불과 2달 뒤에 케이
블의 단열재 열화로 고장나면서 더 이상 사용할 수 없게 됩니다.

○ **2트, 톰슨**
제대로 된 대서양 횡단 해저 케이블이 등장한 것은 1866년

이었습니다. 이번엔 고품질 구리선과 구타페르카 4겹, 그 위에 철선 10줄로 보호한 케이블로 설치에 성공합니다. 톰슨William Thompson이 성공할 수 있었던 데에는 케이블도 한몫했지만, 무엇보다 어디서 전선이 망가졌는지 확인할 수 있는 검류계를 만들어 낸 것이 결정적이었어요. 이젠 망가져도 보수할 수 있게 된 것이죠. 그는 자석과 거울을 철사 코일 속에 장착해 검류계를 개발했습니다.

그런데 톰슨이 만든 검류계에는 자동 알람 기능이 있었어요. 검류계에 연동되는 전신도 함께 개발해 검류계의 변화를 주기적으로 기록되도록 만들었죠. 톰슨의 이런 발명으로 인해 해저 케이블은 실용화되고, 19세기 말까지 대서양에 총 15개의 해저 케이블이 부설됩니다.

Fig 4. 무선 통신 등장으로 해저 케이블 멸망?

1895년 이탈리아의 굴리엘모 마르코니Guglielmo Marconi가 무선 통신 기술을 개발합니다. 1900년대 초에는 무려 대서양 횡단 무선 통신에 성공합니다. 막대한 해저 케이블 설치 비용을 생각해 보면 무선이 주류가 되는 것

무선 통신으로 노벨 물리학상까지 받은 마르코니

은 당연해 보였습니다. 그래서 1924년 대양 횡단 케이블을 마지

막으로 해저 케이블은 더 이상 설치되지 않았죠. 그렇게 해저 케이블의 시대가 끝나는 듯했는데, 제2차 세계 대전 이후 국가 간의 통신이 활발해지면서 사용할 수 있는 주파수가 제한되었고, 혼선이 일어나는 등 무선 통신의 문제가 부각되기 시작합니다. 사람들은 다시 유선을 찾아 개선 방법을 고민하죠.

그렇게 해서 발명된 것이 동축 케이블입니다. 중심의 도체와 바깥쪽 도체의 축이 같아서 '동축 케이블'이라고 부릅니다. 1956년 이 동축 케이블을 가지고 대서양 횡단 제1케이블(TAT-1)을 설치합니다. 1980년대까지 동축 케이블로 해저 케이블을 설치했으나, 국제 통신량이 많아지면서 동축 케이블도 역부족이었습니다.

그래서 개발된 것이 광케이블입니다. 광케이블은 사실 1970년대 이미 발명되어 내륙에서는 상용화된 기술이었어요. 해저 케이블은 그 길이가 너무 길어 신호가 점차 유실된다는 문제가 있었는데 1986년에 광증폭기가 개발되면서 해결됩니다. 드디어 광섬유 케이블을 해저 케이블에 이용할 수 있게 되었죠. 그리고 1989년 태평양 횡단 해저 광케이블 TPC-3/HAW-4의 개통을 시작으로 해저 광케이블의 시대가 열립니다.

Fig 5. **남들이 멋대로 설치한 조선의 해저 케이블**

국내에서 오래된 해저 케이블로 잘 알려진 것은 1885년 영국군이 거문도를 불법 점거하면서 설치한 것입니다. 영국 동양함대 사령부의 주둔지였던 상하이까지 연결된 것이었죠. 당시 조선은 섬이 점령되었다는 사실도 한 달 동안 몰랐고, 해저 케이블이 설치되었다는 사실도 몰랐습니다. 영국 해군도 해저 케이블을 설치한 뒤 청나라를 통해 우리나라에 허가를 받았죠. 이 해저 케이블은 2년 뒤 영국군이 철군하면서 폐기되었어요.

그런데 이 해저 케이블이 설치되기 전에 이미 조선에 설치된 해저 케이블이 있었습니다. 바로 1884년 설치된 부산과 나가사키를 잇는 해저 케이블입니다. 강화도 조약 이후 일본은 조선에 통신 수단 개설을 요구합니다. 문제는 당시 조선에는 해저 케이블을 설치할 기술도 자본도 없었다는 것이었죠. 그래서 덴마크의 대북전신회사The Great Northern Telegraph Company가 이 케이블을 설치하게 됩니다. 이 회사는 영국, 러시아, 덴마크의 국가 자본으로 설립된 회사인데요. 이미 유럽과 아시아를 잇는 전선을 설치해 본 경험이 있는 회사였죠.

조선은 당시 덴마크와 수교하지 않은 상태였으므로 대북전신회사와 계약하기 위해서는 일본의 중재가 필요했습니다. 이걸 빌미로 1883년 조선 정부는 일본과 해저 전신망 부설에 관한 조일해저전선부설조약을 맺게 됩니다. 이 조약에는 일본이 25년간 운영권을 보장하고, 전선 업무는 일본 정부가 담당하며, 부산-나가사키 선과 경쟁하는 전신선 가설을 제3국에 승인할 수 없다는 독소 조항이 있었어요. 그리고 해외 전보선일 경우 반드시 부산에 있는 일본 전신국과 연결해야 한다는 속박 조항도 있었죠.

Fig 6. 번외: 해저 케이블 설치와 수리는 어떻게 하나

① 설치

지진대, 화산대를 피해 설치할 장소를 찾습니다. 케이블을 설치할 곳이 정해지면 해저 탐사가 시작되고, 주변의 청소 작업을 거쳐 케이블을 바닥에 묻습니다. 이때 수심이 얕은 곳은 잠수부와 케이블 매설기가 설치를 돕고, 수심이 30m 이상일 경우 원격 조종차량(ROV)과 수중 로봇 등을 이용해 매설하죠. 그보다 더 깊은 수심 1000m이상의 바다는 어선이나 어망이 해저 케이블에 접촉할 가능성이 적기 때문에 매설하지 않고 가라앉힙니다.

케이블 설치는 보통 먼 바다에서 시작해 해안을 향하며 진행됩니다. 보통 국가간 영역을 나눠 부설과 유지 보수 작업을 맡아요. 주요 지점에 연결해야 할 케이블을 부표를 이용해 띄워 두면 부설선 위로 끌어올려 연결한 뒤 가라앉히면서 해안을 향해 작업을 해 나갑니다.

② 고장

해저 케이블의 고장은 대부분 수심 200m 이내의 얕은 바다에서 선박이나 어업(漁業)에 의해 발생합니다. 수심 1000m 이상의 심해에서는 지진 등의 자연재해가 고장의 주된 원인이고, 가끔 상어가 공격하는 등 바다 생물에 의한 훼손도 일어난다고 합니다. 실제로 1983년 대서양 횡단 해저 케이블이 상어의 공격을 받아 일부 훼손되기도 했습니다.

③ 수리

해저 케이블이 끊어지면 지상에서 전파를 이용해 끊어진 위치를 찾아내고, 수리선이 출동합니다. 손상 부위의 한쪽을 먼저 고쳐 부표를 달아 바다에 띄워 두고, 손상된 다른 한쪽을 바닷속에서 끄집어내 수리한 뒤, 배 위에서 양쪽을 연결해 다시 가라앉힙니다.

초콜릿

–

카카오나무 열매의 씨를 볶아 만든 가루에
우유, 설탕, 향료 따위를 섞어 만든 것.
국립국어원 표준국어대사전

Fig 1. 코코아 말고 초콜릿

초콜릿을 코코아와 같은 액체가 아닌 고체 형태로 먹은 최초의
기록은 1730년에 등장합니다. 사실 이 기록은 코코아를 만들 시
간이 없을 때 코코아 덩어리를 베어 물고 액체를 마시는 엉터리
방식을 담고 있어요. 진짜 초콜릿이 만들어지려면 조금 더 시간이
필요합니다.

초콜릿이 등장한 배경을 알기 위해서는 코코아가 만들어
지는 과정을 알 필요가 있습니다. 기존의 코코아는 카카오닙스를
볶은 뒤 갈아 으깨 만든 카카오매스를 마시는 것이었습니다. 이때
추출한 카카오매스에는 지방분이 너무 많아서 표면에 뜬 기름을
걷어 내고 마셨죠.

1828년이 되어서는 단순히 표면에 뜬 기름을 걷어 내는 것이 아닌 압축기에 넣어 지방분을 짜내는 기술이 등장합니다. 네덜란드의 반 하우턴Van Houten이 압착기를 만들어 낸 것이죠. 압착기로 짜낸 지방분은 카카오버터라고 부릅니다. 코코아에는 50% 이상의 카카오버터가 함유되어 있었는데 하우턴의 압착기를 이용하면 27%까지 낮출 수 있었죠. 지방분 함량이 줄어 건조해진 덩어리는 고운 가루로 만드는 것이 가능했습니다. 즉, 오늘날과 같은 코코아 가루를 만들 수 있게 된 것이죠.

19세기 초, 약용으로 코코아를 제조하던 프라이가의 조지프 프라이Joseph Fry가 하우턴이 빼낸 카카오버터를 다시 카카오매스에 추가합니다. 카카오버터의 양을 늘리자 더 많은 설탕을 녹일 수 있었고, 그 결과 쓴맛은 줄고 단맛이 강해졌죠. 이를 잘 섞어 응고하자 드디어 초콜릿이 탄생합니다. 참고로 반 하우턴에게 압착기를 구매했던 초콜릿 제조업자 중에는 캐드버리Cadbury 형제도 있었습니다. 캐드버리는 오늘날에도 초콜릿으로 유명한 기업이죠.

Fig 2. 초콜릿 부드러워져라, 얍!

초콜릿이 등장하긴 했지만 당시의 초콜릿은 입자가 굵어서 입에 넣으면 까끌까끌했습니다. 그래서 사람들은 여전히 코코아를 더 선호했죠. 이를 해결하기 위해 처음 등장한 것이 밀크 초콜릿입니다. 밀크 초콜릿은 1876년 스위스의 약사 앙리 네슬레Henri Nestlé와 코코아 제조를 하던 다니엘 페터Daniel Peter에 의해 만들어지죠. 앙리 네슬레가 유아용 분유를 개발하던 중 페터에게 분유를 초콜릿에 넣어 볼 것을 제안합니다. 비싼 카카오 원두 대신 분유를 섞으면서 가격을 낮출 수 있었고, 식감도 매끈하게 개선할 수 있었습니다. 참고로 앙리 네슬레와 다니엘 페터는 오늘날에도 유명한 네슬레 기업의 창업자입니다.

초콜릿이 부드러워지는 데에는 루돌프 린트Rudolf Lindt의 공도 있었습니다. 1879년 그는 콘칭Conching이라는 제조 방법을 고안해 냅니다. 콘칭은 재료를 혼합하는 기계를 이용해 카카오매스, 카카오버터, 설탕, 우유 등을 장시간 섞는 방법을 가리킵니다. 콘칭을 거치면 초콜릿 입자가 작아져 부드러워지고 풍미도 훨씬 살아나죠. 이것이 현재 우리가 먹고 있는 초콜릿과 거의 흡사합니다.

Fig 3. 초콜릿처럼 달콤한 직장

20세기로 접어들면서 초콜릿이 대량 생산되기 시작합니다. 그러면서 몇몇 초콜릿 생산 기업은 대기업으로 성장하죠. 가장 주목할 만한 기업은 킷캣으로 유명한 론트리Rowntree's입니다. 론트리의 직원은 1899년에 1,500명을 넘겼고 1920년대에는 5,000명 규모가 됩니다.

론트리는 직원 복지에 관련된 여러 제도를 도입해 규모만 대기업이 아님을 증명합니다. 이는 론트리 가문이 퀘이커교 집안이었기 때문에 가능한 것이었죠. 론트리가 행한 복지는 지금 봐도 혁신적인 것들이 많습니다. 몇 가지 소개하면 다음과 같습니다.

우선 론트리가 최초로 도입한 노동자 보장 제도는 주거 대책과 퇴직 연금이었습니다. 1904년 공장 인근 지역에 전원 도시를 건설해 노동자들에게 제공했고, 1906년 사업 초창기부터 근무한 직원이 퇴직할 시기가 되자 고령 연금 제도를 실시하죠. 1920년대에는 14~15세 여자아이들이 자신의 적성을 찾아 이직을 많이 한다는 사실을 발견합니다. 이에 일이 끝난 뒤에 공부할 수 있도록 가정 수업, 요리 수업 등이 열렸고, 교실, 도서관, 모임장 등을 만들어 높은 이직률을 개선하죠.

추가로 일에 지장을 주지 않는다면 작업 중 담소를 나누는 것과 노래를 부르는 것도 허용되었고, 공장에서 각종 대회와 댄스 파티가 자주 열렸습니다. 그 외에도 스포츠, 댄스, 연극, 목공 등의 동아리 활동을 격려했으며 직원들끼리 소풍이나 짧은 여행을 다녀오게 만들어 이를 사보에 싣기도 했죠.

임금도 프리미엄 보너스 제도라고 해서 기본급을 보장하고, 시간을 아껴서 작업을 많이 하면 그 작업에 대해 추가 급료를 지급했습니다. 1922년에는 근무 환경 개선을 위해 산업 심리학자가 정식 사원으로 채용되었고, 심리 테스트를 적용해 직원을 어느 부서에 배치할지도 고려했죠. 이게 모두 1920~50년대의 일이라는 것이 상당히 파격적입니다.

앞서 언급한 캐드버리도 퀘이커교 집안에서 시작되어 현재에도 사회적 기업의 모델이 되곤 합니다. 안타깝게도 지금은 다국적 기업 자본의 공격적인 세계화 과정에 편입되고 말았지만요.

Fig 4. 유명한 초콜릿들의 탄생

○ **킷캣 Kitkat**

론트리는 1935년 킷캣을 출시합니다. 처음에는 킷캣이 아니라 초콜릿 크리스프라는 이름이었어요. 킷캣은 여러 겹의 웨이퍼 사이에 크림을 넣고, 초콜릿 코팅을 해 만든 초콜릿 가공 과자입니다. 쉽게 잘라 먹을 수 있는 홈이 나 있는 것이 특징이죠. 이홈은 바쁘게 일하는 노동자가 잠깐 쉴 때 빠르게 먹을 수 있도록 고안된 것이라고 합니다. 킷캣이라는 이름은 퀘이커교가 지지하는 런던의 휘그당 모임명(킷캣클럽)에서 따왔다고 합니다.

○ **허쉬 Hershey**

미국 초콜릿 산업은 허쉬Hershey에서 시작한다고 볼 수 있습니다. 밀턴 스네이블리 허쉬Milton Snavely Hershey는 원래 캐러멜과 과자 등을 만들어 팔았다고 해요. 그는 1893년 시카고 세계 박람회에서 초콜릿 제조 기계를 발견하고, 이 기계를 구매해 캐러멜에 초콜릿을 입힌 과자를 판매하기 시작합니다. 본격적으로 초콜릿 제조에 뛰어든 것이죠. 이후 허쉬는 컨베이어 벨트를 갖춘 공장에서 제품을 대량 생산하게 되고, 1907년 키세스Kisses가 큰 인기를 얻으며 미국 전역에서 가장 유명한 초콜릿 회사 중 하나가 되죠.

○ 앰엔앰즈 M&M's

포레스트 마스Forrest E. Mars는 스페인 내전에서 단단한 설탕 껍질에 싸인 초콜릿을 보게 됩니다. 그는 이때의 경험을 바탕으로 1932년부터 영국에서 전투 식량으로 쓰일 초콜릿을 제조하기 시작합니다.

미국에 들어온 마스는 제2차 세계 대전 중 초콜릿과 설탕이 부족할 것을 예상해 이를 공급받을 수 있도록 허쉬와 손을 잡아요. 그래서 회사명을 허쉬의 사장 윌리엄 머리William F.R. Murrie와 본인의 이름 마스의 앞 글자를 따 M&M's로 명명하게 됩니다. 그리고 1941년 첫 제품을 출시하죠.

M&M's의 초콜릿은 애초에 전투 식량으로 만든 것이기 때문에 극한의 환경에 가져가기 좋았습니다. 1981년에는 NASA의 첫 우주 왕복선인 콜롬비아호에 M&M's 초콜릿이 실리면서 우주에 간 최초의 초콜릿 타이틀을 얻게 되었습니다.

Fig 5. 밸런타인데이에는 왜 여성이 남성에게 초콜릿을 주는 걸까?

3세기 로마의 황제였던 클라우디우스 2세는 미혼 남자를 더 많이 입대시키기 위해 결혼을 금지합니다. 성 밸런타인 주교가 이를 어기고 혼인을 집례했다가 처형을 당하죠. 처형이 집행된 날이 2월 14일이기 때문에 밸런타인 주교를 기리기 위해 사랑하는 사람에게 선물을 주는 밸런타인데이가 시작되었다고 알려져 있습니다. 그런데 언제부터 선물이 초콜릿으로 굳어지고, 왜 하필 여성이 남성에게 주는 날로 변한 걸까요?

밸런타인데이에 초콜릿을 선물하자고 처음 제안한 곳은 1936년 일본 고베의 모로조프 제과입니다. 당시 일본에서는 선교사를 비롯한 서양인들에 의해 밸런타인데이가 자리 잡고 있었습니다. 이를 본 모로조프 제과에서는 "고마운 분들에게 감사의 마음을 담아서 밸런타인 초콜릿을 전합시다"라는 이벤트를 합니다. 하지만 그 당시에는 그다지 성공하지 못했다고 합니다.

전쟁 이후인 1958년 도쿄의 메리스 초콜릿에서 또다시 밸런타인데이를 노리고 초콜릿을 판촉하는 이벤트를 진행합니다. 당시 메리스 초콜릿에서는 주로 남자가 선물하고 여자가 받는 상황을 역발상해 "밸런타인데이에는 여성이 남성에게 초콜릿을 선물해요"라는 캠페인을 진행합니다. 하지만 이 캠페인도 크게 성공하지는 못했죠. 1960년에는 대기업인 모리나가 제과에서 밸런타인데이 판촉 행사를 하지만 이 역시 크게 성공하지는 못했습니다.

본격적으로 여성이 남성에게 초콜릿을 선물하게 된 계기는 페미니즘과 관련이 있습니다. 남녀 차별이 심하고 가부장적인 사회였던 일본에 1963년부터 페미니즘이 널리 퍼지기 시작합니다. 그리고 이들 사이에서 여자도 적극적으로 남자에게 선물을 주고 고백할 권리가 있다는 관점으로 밸런타인 초콜릿이 유행하게 되죠.

Fig6. 고종 때 처음 들어온 초콜릿

우리나라에 처음 초콜릿이 들어오게 된 데에는 몇 가지 설이 있습니다. 아관파천 때 독일인 통역사인 손탁이 고종에게 초콜릿을 전해 줬다는 설과 러시아 외교관 부인이 명성황후에게 화장품과 함께 초콜릿을 전해 줬다는 설 등이 있습니다. 물론 일반인이 초콜릿을 처음 접한 건 6·25 전쟁 때 미군에 의해서죠.

1967년이 되어서야 해태제과에서 나하나 초콜릿을 직접 제조합니다. 1970년 전후로 수많은 초콜릿이 등장하는데 1968년에는 오리온에서 넘버원 초콜릿, 1975년 롯데에서 가나 초콜릿 등이 출시되었죠.

Insight

초콜릿의 역사를 살펴보면 퀘이커교도가 운영하는 초콜릿 사업체가 많았다는 것을 알 수 있습니다. 캐드버리와 론트리가 대표적이죠. 종교적 이유로 금지된 술을 대체하기 위해서 코코아를 사용했던 것이 시대의 흐름과 맞아 사업 아이템이 된 것입니다. 그리고 이들이 대기업이 되면서 복지 등의 측면에서 사회적으로 좋은 영향을 끼쳤습니다.

그러고 보면 창업자의 사상이 기업의 방향이나 복지에 얼마나 많은 영향을 끼치는지 알 수 있습니다. 재밌는 것은 창업자가 그런 사상을 가지고 있던 당시의 시대적 배경과는 별개로 계속해서 적용된다는 점이죠. 론트리 창업자가 퀘이커교도적 마인드를 갖게 된 당시 시대적 배경과 이유가 있었을 테지만, 그 시기가 지나고 퀘이커교도적 마인드를 유지할 이유가 사라졌음에도 론트리 회사의 사상은 유지되었다는 것입니다.

우리나라 기업에 대입해 본다면 고도 성장기에 '하면 된다'라는 식의 정신으로 기업을 창업해 성장시킨 창업자의 마인드가 국가적 성장이 끝난 시기에도 회사 구성원들에게 강요된다는 것이죠.

프린터

—

인쇄하는 데 쓰는 기계.

국립국어원 표준국어대사전

우선 용어 정리를 하고 가겠습니다. 원래 프린터는 인쇄하는 데 쓰이는 기계를 모두 일컫는데요. 그러다가는 구텐베르크 활자, 직지심체요절, 타자기, 3D 프린터 모두 다뤄야 할 판이라서 여기서는 컴퓨터에 연결해 종이에 인쇄하는 프린터, 즉 오늘날 우리가 흔히 볼 수 있는 프린터로 한정을 지어 이야기하겠습니다.

Fig 1. 178년 만에 완성된 최초의 프린터

최초의 프린터 제작 시도는 1822년에 있었습니다. 왕립천문학회의 창립 멤버였던 찰스 배비지Charles Babbage가 삼각 함수까지 계산할 수 있는 차분기관Difference Engine을 설계하면서 그 장치의 일부로 프린터도 설계했거든요. 컴퓨터의 조상님쯤 되는 이 기계는 영국 정부의 지원을 받아 제작되었지만 1831년 비용 문제로 제작이 중단됩니다.

　　만들다 만 기계는 옥스포드 과학사 박물관에 남아 있었는데 1989년 배비지 탄생 200주년을 기념해 다시 제작하기 시작해서 2000년에는 프린터까지 완성되었습니다. 이 프린터는 4,000개의 부품으로 이

컴퓨터의 할아버지 차분기관, 왼쪽에 서랍장처럼 생긴 것이 프린터

루어져 있고 무게는 무려 2.5톤에 육박한다고 해요. 최초의 프린터임에도 행간과 자간을 조절하는 기능도 있다고 합니다.

유니박, 가운데에 커다란 프린터가 보인다

　　실제로 사용된 최초의 컴퓨터 프린터는 1953년 레밍턴 랜드Remington Rand에서 제작됩니다. 유니박UNIVAC에 사용된 프린터로 자기 테이프를 읽어 분당 600줄을 인쇄하는 고속 프린터였죠. 총과 타자기를 만드는 것으로 유명한 레밍턴이 컴퓨터용 프린터를 만들었다는 것이 의아할 수도 있습니다. 레밍턴이 유니박을 만든 회사인 에커트-모클리 컴퓨터 코퍼레이션Eckert-Mauchly Computer Corporation을 인수했기 때문에 가능한 일이었죠.

Fig 2. 프린터로 그림도 그릴 수 있다고요?

타자기가 정해진 활자만 인쇄할 수 있는 반면 프린터는 어떤 형태든 인쇄할 수 있습니다. 이를 최초로 구현한 것이 잉크를 픽셀처럼 찍는 도트 매트릭스 방식 프린터였죠. 도트 매트릭스 기술은 1925년 루돌프 헬Rudolf Hell이 만든 전신 타자기, 헬슈라이버Hellschreiber에 처음 사용됩니다. 제2차 세계 대전 당시 독일의 통신 시스템에도 쓰였죠.

    이 기술의 초기 형태는 타자기에 결합된 방식이었습니다. 1968년에 출시한 오키OKI의 와이어닷 프린터Wiredot printer가 그 주인공이죠. 이 프린터는 문자를 7X5 도트로 구성해 총 128개의 문자를 표현할 수 있었습니다. 강판을 통해 35(7X5)개의 와이어에 잉크를 묻히고 와이어의 끝을 종이에 찍어 글자를 표현하는 형태였죠.

Fig 3. 지진계에서 프린터로

오늘날 가정에서 가장 널리 쓰이는 프린터는 잉크젯 프린터입니다. 잉크젯 프린터는 미세한 노즐로 잉크를 분사하는 원리로 작동하죠. 방식에 따라 잉크를 계속 흘려보내되 잉크가

사이폰 레코더, 지진계 같은 그래프를 해석해 텍스트로 변환한다

나오는 방향을 조절해서 프린트하는 CIJ(연속식 잉크젯, Continuous Inkjet) 방식과 한 방울씩 필요한 시간에만 잉크가 나오는 DOD(Drop-on-demand) 방식으로 나뉩니다.

가장 먼저 등장한 것은 CIJ 방식으로 1867년 윌리엄 톰슨 William Thomson이 만든 사이폰 레코더Syphon Recorder에 사용됩니다. 사이폰 레코더는 진동에 따라 바늘이 움직이는 지진계처럼 전기 신호에 따라 바늘이 움직이는 기계로 해저 케이블의 수신기로 쓰였습니다. 사이폰 레코더에 사용된 초보적인 형태의 CIJ는 선이 끊임없이 연결되어 문자를 인쇄할 수 없었어요. 1951년 잉크의 흐름을 방울로 바꾸는 방법이 개발되자 지금도 널리 쓰이는 CIJ 방식의 프린터가 등장합니다.

Fig 4. 출력 방식이 뭐가 중요해, 돈 되는 게 중요하지

잉크를 계속 흘려보내는 CIJ와 달리 필요한 때에만 잉크 방울을 떨어트리는 DOD 방식은 1972년 졸탄Zoltan에 의해 발명됩니다. 졸탄의 방식은 전기 신호가 들어오면 변형되는 피에조 소자를 이용해 압력을 주어 잉크를 떨어트리는 방식으로 피에조 DOD 혹은 압전 DOD라고 부르죠. 그로부터 5년 뒤 1977년에는 압전 DOD를 이용한 프린터 Siemens PT 80이 등장합니다.

압전 DOD 말고도 열을 이용한 Thermal DOD 방식도 있습니다. 1981년 캐논과 HP에서 거의 동시에 개발하죠. 이 방식은

210

노즐에 열을 가해 수증기 거품을 만들고 거품이 터지면서 잉크 방울이 떨어지는 원리였어요. 이 때문에 버블젯 방식이라고 부르기도 합니다.

1984년 HP에서 버블젯 방식을 이용해 저렴한 프린터를 만들어 내는데 이것이 바로 ThinkJet 프린터입니다. ThinkJet 프린터는 버블젯을 사용했다는 것보다 훨씬 더 중요한 특징이 있었어요. 바로 잉크젯 헤드를 아예 갈아 끼우는 잉크 카트리지 개념을 최초로 도입했다는 것이죠. 잉크 카트리지는 오늘날 프린터 회사의 중요한 수입원 중 하나가 됩니다.

잉크 카트리지 개념을 도입한 HP의 ThinkJet

Fig 5. 복사기 회사에서 프린터를 외치다

1959년 출시한 복사기로 크게 성공한 제록스는 뒤이어 팩스 속도를 개선하는 연구에 한창이었습니다. 이때 나온 아이디어 중 하나가 레이저였죠. 이 프로젝트에 참여 중이던 게리 스타크웨더Gary Starkweather는 레이저 기술을 팩스가 아닌 프린터에 접목하는 것이 더 나을 것 같다고 제안합니다. 그런 그에게 돌아온 것은 프로젝트 하차와 제록스 파크 연구소로의 전근이었어요. 다행히 좋은 의미의 전근이었던 것 같습니다. 그곳에서 그는 9개월 만에 레이저 프린터를 만들어 내거든요.

레이저 프린터는 레이저로 종이에 정전기를 일으키고, 분말 형태의 토너가 레이저를 쏜 자리에 달라붙으면 열로 고정하는 원리입니다. 스타크웨더의 레이저 프린터는 초당 1페이지를 인쇄할 수 있었어요. 이 시제품은 1977년 Xerox 9700 레이저 프린터라는 이름으로 출시되고 제록스 역사상 가장 성공적인 제품 중 하나로 자리 잡았죠.

참고로 제록스 파크 연구소에서는 이 레이저 프린터를 활용할 수 있는 컴퓨터도 개발합니다. 이것이 바로 최초의 GUI 컴퓨터 제록스 알토Xerox Alto였어요. 그러니까 레이저 프린터는 상업적인 성과뿐만 아니라 기술적으로도 엄청난 영향을 끼친 거죠. 하지만 Xerox 9700이 최초의 상업용 레이저 프린터는 아니었습니다. IBM이 1년 앞서 데이터 센터의 컴퓨터 주변 기기로 레이저 프린터 IBM 3800을 제공했거든요.

Fig 6. 애플이 왜 거기서 나와?

연구용이 아닌 최초의 데스크톱 전용 레이저 프린터는 1979년 캐논에서 출시한 LBP-10입니다. 최초의 사무용 보급형 레이저 프린터에는 HP LaserJet 등이 있죠. 하지만 무엇보다 가장 인상 깊은 것은 애플입니다. "프린터 이야기하는데 애플이 왜 나와?"라고 생각할 수도 있을 것입니다. 하지만 1990년대까지 애플은 프린터를 만들었어요. 스티브 잡스가 애플에 복귀하면서 정리되었지만요. 어찌 되었든 애플도 프린터의 역사에 한 획을 긋습니다. 1995년 최초의 컬러 레이저 프린터인 12/600PS를 출시하거든요. 물론 애플다운 가격 7,000달러였습니다.

연필

–

필기도구의 하나.

흑연과 점토의 혼합물을 구워 만든 가느다란 심을 속에 넣고,

겉은 나무로 둘러싸서 만든다.

국립국어원 표준국어대사전

Fig 1. 고품질 흑연의 발견

흑연은 기원전 이집트 유물에서도 발견되었을 만큼 오래된 물질입니다. 하지만 그때 사용되던 흑연은 필기구로 적합하지 않았어요. 연필의 재료로 적합한 흑연은 영국의 보로데일Borrowdale 지방에서 16세기가 되어서야 발견됩니다. 고품질의 흑연이 발견된 지 얼마 지나지 않은 1610년, 런던 거리에서 흑연을 파는 것은 이미 일상적인 일이었죠. 보통은 종이나 줄로 감아 쓰거나 밀짚에 끼우거나, 흑연을 나무로 만든 연필 케이스에 넣어 사용했습니다.

흑연 사용이 점차 일반화되자 컴벌랜드Cumberland 광산에서 채굴되는 질 좋은 흑연을 훔쳐 팔면 큰돈을 벌 수 있다는 소문이

퍼졌습니다. 흑연의 불법적인 반출을 막기 위해 광부들은 광산 밖으로 나올 때마다 몸수색을 받아야 했죠. 영국은 흑연을 보호하기 위해 일정한 양만큼 흑연을 채굴하고 나면 보로데일 광구를 몇 년간 폐쇄하고 갱구를 물로 채워 놓기도 했어요. 그래서 5~6년에 한 번씩, 그것도 약 6주 정도의 짧은 시간 동안만 필요한 양을 집중적으로 채광했다고 합니다.

당시 엘리자베스 여왕은 흑연 개발을 위해 독일인 기술자들을 고용했다고 합니다. 독일로 돌아온 기술자들이 유럽 대륙산 흑연으로 연필을 만들기 시작했다고 추측하고 있어요. 하지만 고품질인 영국산 흑연과 달리 유럽 대륙산 흑연은 불순물이 너무 많아 그대로 쓰면 종이가 긁히거나 찢어졌습니다. 그래서 불순물을 제거하고 여러 재료를 혼합했는데 이렇게 가공한 흑연도 보로데일 흑연의 품질보다 한참 떨어졌다고 합니다.

Fig 2. 콩테, 콩테를 만들다

이 문제점은 18세기 말 프랑스 혁명 전쟁에서 해결됩니다. 유럽의 국가들과 전쟁을 벌인 프랑스는 적국인 영국과 독일의 연필을 구할 수 없었고, 프랑스 전쟁 장관은 니콜라 자크 콩테Nicolas-Jacques Conté에게 연필 개발을 지시합니다. 전투 속에

현대 연필을 발명한 니콜라 자크 콩테

서 깃털에 잉크를 묻혀 쓰는 것보다 훨씬 효율적이었기 때문에 당시 연필은 중요한 전쟁 물자였어요.

당시 콩테는 풍선 기구를 군사 작전용으로 이용하는 연구를 하고 있었는데, 이때 폭발 사고로 왼쪽 눈에 상처를 입기도 했죠. 이런 어려움에도 불구하고 1794년 콩테는 연필 개발에 성공하고 특허까지 취득합니다. 콩테의 새로운 연필심 제조 공법은 다음과 같아요.

- 불순물을 제거한 고운 흑연 분말을 점토와 섞어 물로 반죽한다.
- 이 반죽을 직사각형 틀에 꾹꾹 눌러 넣는다.
- 흑연 반죽이 완전히 마르면 틀에서 꺼낸 다음, 고온에 굽는다.

이 공법으로 만들어진 연필은 '콩테 크레용'이라는 이름으로 알려지기 시작합니다. 콩테가 개발한 연필심은 독일의 것과는 비교도 안 될 만큼 필기감이 좋았습니다. 거의 영국산 연필에 버금갈 정도였죠. 무엇보다 프랑스산 연필은 흑연과 점토의 혼합 비율을 달리함으로써 딱딱한 정도를 다양하게 생산할 수 있었고, 연필심을 모두 쓸 때까지 경도가 균질하게 유지되는 특징이 있었어요. 이는 영국산 연필에도 없는 큰 장점이었습니다.

Fig 3. 최초의 연필 장인 스테들러

독일에는 연필로 유명한 두 회사, 스테들러Staedtler와 파버카스텔Faber-Castell이 있습니다. 먼저 이야기해 볼 것은 스테들러입니다. 창립자 프리드리히 스테들러Friedrich Staedtler는 장인에게서 목공 기술을 전수 받습니다. 그리고 돈이 되는 연필 제작에 관심을 가지게 되죠. 당시 연필 제작은 흑연과 목재를 다루는 장인을 따로 두었습니다. 이 공정을 하나로 전문화해 생산하지 못하다가 스테들러의 꾸준한 요청으로 1706년 흑연과 목재를 함께 다루는 기술자가 연필 장인으로 인정받게 되죠.

Fig 4. 비밀 유지를 위해 직원 복지를 늘린 파버카스텔

한편 카스파 파버Kaspar Faber라는 장인은 1760년 뉘른베르크의 옆 동네 슈타인에 정착했습니다. 처음에 파버는 집에서 연필을 만들었어요. 그는 집에서 일주일 동안 만든 연필을 인근 도시에 내다 팔았는데, 양이 너무 적어서 손바구니에 담아 들고 다닐 정도였다고 합니다. 카스파 파버가 죽고 나서 아들이 가업을 물려받았고, 그 후 사업이 확장되었다고 하죠.

파버카스텔은 새로운 흑연 광산의 발견으로 엄청난 경쟁력을 갖추게 됩니다. 1846년 장 피에르 알리베르Jean-Pierre Alibert는 금맥을 찾기 위해 시베리아 동부를 뒤지고 있었어요. 그런데 금은 못

217

찾고 흑연을 발견합니다. 그가 발견한 흑연이 보로데일 지방의 흑연에 필적할 만큼의 고품질이었기 때문에 장 피에르 알리베르는 러시아 왕실과 프랑스 황제로부터 훈장을 받았으며, 흑연이 발견된 산의 이름도 그의 이름을 따라 알리베르산으로 개명됩니다.

장 피에르 알리베르는 여기서 멈추지 않고, 당시 가장 큰 연필 회사였던 파버카스텔에 흑연 독점 구입권을 팝니다. 1856년 계약이 체결되고 1861년 파버카스텔은 시베리아산 흑연으로 만든 연필을 시장에 내놓습니다. 5년 동안 흑연 개발에 매진한 거죠. 이 개발 방식은 기업 비밀이었는데, 이 때문에 파버카스텔은 직원들의 이직을 막기 위해 애를 씁니다. 그 방법으로 지금 봐도 상당히 파격적인 복지 혜택을 준 것이죠. 연금, 주거 지원, 육아 지원, 임직원 전용 대출은 물론이고 학교, 병원, 도서관, 야외 정원, 실외 체육관 등 편의 시설도 아낌없이 제공했다고 해요.

Fig 5. 최초의 연필 회사 타이틀은 누구에게?

비슷한 시기에 창립된 두 회사는 연필 제작의 원조가 어느 회사였는지에 대해 오랜 기간 법정 공방을 벌였습니다. 스테들러가 훨씬 먼저 연필을 제작했지만, 법적으로는 파버카스텔이 먼저 회사를 등록했습니다. 스테들러는 뉘른베르크 길드의 규정에 묶여 1835년에야 공식적으로 회사를 등록했고, 파버카스텔은 슈타인에서 사업을 시작했기 때문이죠. 결국 이 법정 공방은 두 회사가 창립된 지 200년을 훌쩍 넘긴 1990년이 되어서야 파버카스텔의 승리로 끝나게 됩니다.

최초의 연필 회사라는 타이틀을 두고 벌인 파버카스텔과 스테들러의 다툼을 보면 교훈을 얻을 수 있습니다. 바로 법인 등록이 중요하다는 것이죠. 어떤 일을 하든 자신이 하고 있는 일을 공식화해 다른 사람들이 알 수 있도록 해야 합니다.

의외로 다양하고 복잡한 자물쇠의 역사

자물쇠

—

여닫게 되어 있는 물건을 잠그는 장치.

국립국어원 표준국어대사전

Fig 1. 기원전에도 자물쇠는 있었다

자물쇠의 역사는 기원전 2,000년경 이집트로 거슬러 올라갑니다.
나무로 만든 자물통 속에서 핀과 빗장의 구멍이 맞물리면 문이 잠
기고, 빗 모양의 열쇠를 빗장의 구멍과 핀의 높이와 같게 맞추면
문이 열리는 원리였죠. 이처럼 자물통, 핀, 빗장, 열쇠로 구성된 자
물쇠를 '핀 텀블러 자물쇠'라고 부릅니다. 로마 시대에는 철로 바
뀌어 사용되었고, 오늘날 현관문에도 그대로 쓰이는 구조예요.

이집트에서 자물쇠가 만들어진 지 천 년이 지난 후 그리스
에도 자물쇠가 등장합니다. 그리스의 자물쇠는 이집트의 핀 텀블
러 자물쇠와 달리 슬라이딩 빗장 형태였습니다. 이 자물쇠는 스
파르탄 자물쇠라고 불렸죠. 스파르탄 자물쇠는 열쇠를 걸 수 있는
골이 있는 빗장이 문 안쪽에 설치되어 있습니다. 문구멍으로 기다

란 열쇠를 넣어 골에 물리게 한 다음 빗장을 밀어 문을 여는 원리였어요. 열쇠로 빗장을 밀기 위해서는 꽤 큰 힘이 필요했기 때문에 열쇠는 40cm 이상이었고, 보통 어깨에 걸고 다녔다고 합니다.

Fig 2. 별별 기능이 추가된 자물쇠

고대 이집트에서 발명된 자물쇠의 원리는 오늘날에도 쓰이지만, 18세기까지 정말 큰 변화 없이 그대로 이어져 왔습니다. 그래도 그사이 재밌는 기능이 추가된 자물쇠가 등장하기도 했습니다.

1680년에 발명한 존 윌크스John Wilkes의 잠금장치에는 많은 기능이 포함되어 있었습니다. 우선 장식되어 있는 사람의 무릎을 들어 올려야 열쇠 구멍을 볼 수 있고, 모자를 눌러야 열쇠를 돌릴 수 있었죠. 그리고 문이 열릴 때마다 다이얼이 한 칸씩 움직여 누가 몰래 잠금장치를 열었는지 확인할 수도 있었습니다.

　18세기 급격한 산업화로 인해 많은 사람이 도시에 모여 살게 되었고, 그에 따라 보안에 대한 요구도 늘어났죠. 보안을 강화하기 위한 수단으로서의 자물쇠 중에는 부비 트랩이 설치된 것도 있었습니다. 잘못된 열쇠로 잠금을 푸는 시도를 하면 손목을 빼지 못하게 하는 잠금장치, 심지어는 총이 발사되는 잠금장치도 있었어요.

Fig 3. 영국의 자물쇠 3대 천왕

18세기가 끝날 무렵 영국의 잠금장치 기술은 세 명의 자물쇠 장인 덕분에 급속도로 발전합니다.

더블 액팅 텀블러 5 레버 방식 자물쇠

가장 먼저 자물쇠를 발전시킨 인물은 로버트 배런Robert Baron입니다. 그가 1778년에 발명한 '더블 액팅 텀블러 자물쇠'는 우리나라에서는 쓰이지 않지만 오늘날에도 일부 국가에서 쓰이고 있죠. 배런의 더블 액팅 텀블러 자물쇠에는 정확한 높이에서 들어 올려야 하는 두 개의 레버가 있습니다. 열쇠가 레버 홈에 물려 레버를 움직이면서 빗장이 풀리는 방식으로, 주로 3 레버, 5 레버 잠금장치가 사용된다고 합니다.

두 번째 장인 조셉 브라마Joseph Bramah는 1784년 한층 더 복잡한 자물쇠를 발명합니다. 실린더 속에 원형으로 요철이 배치되어 있고, 열쇠를 삽입해 회전시키면 요철이 정렬되면서 잠금장치가 풀리는 원리였습니다. 브라마는 자신감의 표시로 1790년 자신의 가게에 도전 자물쇠를 걸어 놓고 그것을 푸는 사람에게 상금을 주겠다고 했죠.

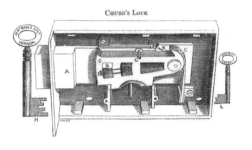

처브의 잠금장치

1817년 포츠머스 선착장의 잠금장치를 풀고 도둑질을 한 사건이 발생합니다. 이에 영국 정부는 성능이 개선된 잠금장치를 모집하는 공모전을 열었죠. 이때 당선된 사람이 제레미아 처브 Jeremiah Chubb입니다. 그가 만든 잠금장치는 잘못된 열쇠를 삽입하면 잠긴 상태로 유지되도록 설계되었어요. 올바른 열쇠를 삽입해 다른 방향으로 회전시킬 때까지 풀지 못했죠. 이 자물쇠를 기반으로 처브는 1820년 처브 자물쇠Chubb Locks회사를 설립합니다.

하지만 1851년 런던에서 열린 만국 박람회에서 미국의 자물쇠 기술자 알프레드 찰스 홉스Alfred Charles Hobbs에 의해 브라마의 자물쇠와 처브의 자물쇠는 열쇠 없이 열리게 됩니다.

Fig 4. 금고용 자물쇠는 뭐가 다를까?

고대 이집트에서부터 시작되는 '핀 텀블러 자물쇠'가 완성된 것은 19세기 라이너스 예일Linus Yale에 의해서입니다. 톱니 모양의 모서리

223

를 가진 작고 평평한 구멍에 완전히 딱 맞는 열쇠를 이용하는 형태로 그야말로 오늘날 쓰이는 잠금장치죠. 예일은 1861년 이 자물쇠에 대한 특허를 취득합니다.

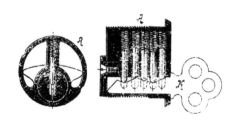

오늘날 자물쇠와 다를 바 없는 예일의 핀 텀블러 자물쇠

예일이 핀 텀블러 자물쇠를 완성하기는 했지만, 그의 주력 사업은 은행 금고용 잠금장치를 만드는 것이었습니다. 1851년 예일 마법 무적의 은행 자물쇠Yale Magic Infallible Bank Lock의 특허를 시작으로 오늘날 금고에 쓰이는, 열쇠 대신 번호를 사용하는 '다이얼 콤비네이션 자물쇠'를 발명했죠.

또 다른 금고 잠금장치 제작자였던 제임스 사전트James Sargent는 1873년에 설정된 시간에만 열리는 타임 록을, 1880년에는 일정 시간 후에만 열리는 타임 딜레이 록을 만들어 냅니다. 이 장치는 시계의 메커니즘을 잠금장치에 활용한 형태였죠.

Fig 5. 호텔 열쇠는 왜 카드 키일까?

1970년대까지 호텔에는 도둑 문제가 끊이지 않았습니다. 미국의 가수 코니 프랜시스Connie Francis가 1974년 호텔 방에서 공격받은 사건을 계기로 토르 쇠네스Tor Sörnes는 호텔에서 쓸 수 있는 잠금장치를 개발하기 시작합니다.

쇠네스가 1975년에 개발한 잠금장치는 홀 카드 방식으로 32개의 위치에 구멍의 유무로 패턴을 만들 수 있었습니다. 그 조합이 총 42억 개나 되어서 호텔은 투숙객에게 저마다 고유한 키를 제공할 수 있었죠. 짐작건대 천공 카드와 같은 원리로 작동했을 것으로 추정됩니다. 이 키는 애틀랜타에 있는 웨스틴 피치트리 플라자 호텔에 최초로 도입되었고, 쇠네르는 이를 기반으로 빙카드VingCard라는 브랜드를 설립했죠.

빙카드는 오늘날 호텔에서 쓰이는 마그네틱 스트라이프 기반 잠금장치도 개발합니다. 이 장치는 센서가 스트라이프의 내용을 읽고 중앙 시스템에 기록된 내용과 비교해 일치하면 잠금장치가 열리는 원리입니다.

Fig 6. 디지털 도어 록

국내 디지털 도어 록은 2000년에 출시된 아이레보iRevo의 게이트맨 끌레Gateman Cle에서 시작됩니다. 당시에는 비밀번호와 전자식 스틱형 열쇠를 이용하는 방식이 흔히 사용되었습니다. 게이트맨 디지털 도어 록은 신축 아파트에 도입되면서 널리 퍼지게 됩니다.

하지만 방전이 되면 문을 열 수 없어 난감한 상황에 처하는 경우가 종종 발생했고, 2005년에는 전기 충격기로 디지털 도어 록을 망가트리는 범죄까지 발생합니다. 이후로는 이러한 문제를 해결하는 것뿐만 아니라 홍채 인식, 지문 인식 등 다양한 기능을 탑재한 디지털 도어 록이 출시되고 있습니다.

18:30

퇴근 후

헬스장에 들러 **헬스**를 하고

오락실에 있는 코인 **노래방**에서 노래를 부른다.

귀가 후 **전자레인지**로 **삼각김밥**을 데워 먹고 **강아지**와 산책한다.

산책하고 돌아와 야식으로 **치킨**과 **삼겹살**을 주문한다.

보디빌딩

–

운동 기구를 사용하여 근육을 발달시키는 일.

국립국어원 표준국어대사전

Fig 1. 근육의 멋짐을 모르는 당신은 불쌍해요

피트니스 문화에서 빠질 수 없는 사람이 유진 샌도Eugen Sandow입니다. 서커스단 차력사만의 전유물 같았던 근육을 보디빌딩으로 체계화하고 하나의 문화로 만든 인물이죠. 1867년 프러시아에서 태어난 그는 어릴 때 동네를 지나던 서커스단을 따라 가출하면서 괴력사로 활동을 시작합니다. 샌도의 본명은 프리드리히 밀러Friedrich Wilhelm Müller였는데 서커스 활동을 위해 그리고 프러시아 군대 징집을 피하기 위해 예명을 사용했죠.

보디빌딩을 만든 유진 샌도

그가 일하던 서커스단은 경영 부실로 벨기에 브뤼셀에서

229

파산하게 되고, 샌도는 브뤼셀에 있던 체육 교수인 루이 아틸라 Louis Attila와 함께 투어를 시작합니다. 당시 사람들은 5~10파운드 이상의 무게를 들어 올리면 근육 손실이 온다고 믿었습니다. 샌도와 아틸라는 이러한 편견을 깨고 고중량 운동으로 패러다임을 바꿉니다.

한편 런던에서는 '삼손과 키클롭스'라는 예명의 두 괴력사가 자신들을 이기면 500파운드를 주겠다고 하고 다니면서 유명해집니다. 샌도는 이들을 이겨 명성을 얻게 되죠. 1893년에는 미국에 진출하고, 세계 박람회가 열리는 시카고에서 공연을 합니다. 이 공연에서 샌도는 괴력을 자랑하던 기존의 차력쇼 형태가 아닌, 현재의 보디빌딩처럼 균형 잡힌 근육미를 과시합니다. 주로 그리스 조각상처럼 포즈를 취했죠. 이는 당시 뜨거운 반응을 불러일으켰다고 합니다. 샌도는 시기도 잘 타고났는데, 때마침 발전한 사진술 덕분에 엽서로 자신의 몸과 명성을 널리 알릴 수 있었어요. 사진뿐만 아니라 에디슨 스튜디오에서 영상을 찍기도 합니다.

그는 1898년 보디빌딩 관련 잡지를 발행하고, 여러 운동 기구를 직접 고안해 상품화하기도 했으며, 문화 연구소를 열어 일종의 PT(퍼스널 트레이닝)를 했어요. 1901년에는 런던에서 세계 최초의 보디빌딩 대회를 개최하기도 합니다. 1904년에 그가 출판한 책에서 보디빌딩이라는 명칭도 처음으로 등장하죠. 샌도는 명성에 힘입어 남아프리카, 인도, 일본, 호주 등 여러 나라를 방문해 보디빌딩 문화를 전파하고, 1911년에는 영국 국왕의 체육 특별 코치로 임명되기도 합니다.

오늘날 세계 최고 권위의 프로 보디빌딩 대회인 '미스터 올림피아Mr.Olympia'의 수상 트로피에는 보디빌딩의 창립자인 유진 샌도의 공로를 기려 그의 모습이 있죠.

Fig 2. 어린 시절 내가 멸치였던 건에 대하여

보디빌딩 초창기, 또 다른 아이콘 중 한 명은 찰스 아틀라스 Charles Atlas입니다. 본명은 안젤로 시칠리아노Angelo Siciliano로 유진 샌도를 롤모델로 삼아 운동을 시작했죠. 그는 1921년과 1922년 보디빌딩 대회에 참가해 '미국에서 가장 잘생긴 남성', '미국에서 가장 완벽하게 발달한 남성'으로 선정됩니다. 이듬해에는 자신의 운동법 '다이내믹 텐션Dynamic-tention'을 담은 책을 출판

찰스 아틀라스의 광고 캠페인

해요. 이 책에는 총 12개의 수업으로 이루어진 맨몸 운동법이 담겨 있습니다.

찰스 아틀라스가 유명한 이유는 무엇보다도 광고 캠페인 때문입니다. 그는 자신이 44kg의 약골이던 어린 시절, 깡패에게

괴롭힘당했던 경험을 만화 형태의 광고 캠페인으로 제작하죠. 제2차 세계 대전 중에는 '100% 미국인이 되는 것만으로는 충분하지 않습니다. 당신은 100% 남자여야 합니다.'라는 식의 캐치프레이즈를 통해 대중에게 자신을 알리기도 했어요.

Fig 3. 가장 성공한 보디빌더

아놀드 슈워제네거의 젊었을 때 모습

보디빌딩의 역사에서 이분을 빼먹을 수 없죠. 아놀드 슈워제네거Arnold Schwarzenegger는 오스트리아 출신으로 10대 시절부터 보디빌딩을 시작했습니다. 그는 21세에 첫 미스터 유니버스 아마추어 타이틀을 획득하고, 이후 미스터 유니버스 타이틀을 3번 더 획득합니다. 여기서 그치지 않고 그는 은퇴하기 전에 미스터 올림피아에서 6년 연속으로 우승을 거머쥡니다. 게다가 1980년에 미스터 올림피아 타이틀을 차지하기 위해 다시 한번 대회에 복귀함으로써 사람들을 놀라게 했어요.

　아놀드 슈워제네거는 1970년대부터 할리우드에 진출합니다. 1977년 개봉한 다큐멘터리 영화 〈펌핑 아이언Pumping Iron〉을 시작으로 1984년 〈터미네이터The Terminator〉 시리즈로 월드 스타가 됩니다. 그리고 그의 인기를 증명하듯 1980년대 보디빌딩에 대한 관심이 폭발적으로 증가하죠. 그리고 2003년과 2006년에는 캘리포니아 주지사로 당선됩니다.

Fig 4. 로이더! 로이더!

옥스포드 대학을 졸업하고 뉴욕 출판사에 입사한 26세 청년 사무엘 푸셀Samuel Fussell은 아놀드 슈워제네거의 자서전을 읽고 깊은 감명을 받아 보디빌딩을 시작합니다. 완벽한 몸을 만들어 보디빌딩 대회에 참가하기 위해 그는 직장도 그만두고, 점차 자신의 삶을 포기합니다. 4년 동안의 끊임없는 운동으로 그는 스테로이드 중독, 그로 인한 병적인 분노 등의 부작용을 얻고 결국 환멸을 느끼며 보디빌딩을 포기하게 됩니다.

    1991년 그는 자신의 이야기를 책으로 출판합니다. 이 책을 통해 당시 만연하던 약물 사용에 대한 부정적인 인식이 더욱 확산되었고, 보디빌딩에 대한 대중의 시선에는 불편함이 서리게 됩니다. 이러한 인식 때문에 보디빌딩은 에어로빅을 기반으로 한 피트니스와 점점 분리되기 시작하죠.

오락실

—

오락에 필요한 시설이 되어 있는 방. 또는 오락을 하는 방.

국립국어원 표준국어대사전

Fig 1. 갤러그는 메이드 인 청계천?

1978년 미국의 비디오 게임 회사 아타리가 제작한 브레이크아웃 (일명 벽돌 깨기)이 한국에 등장해 인기를 얻었습니다. 1979년에는 스페이스 인베이더가 도입되며 오락실도 전국적으로 확산되었죠. 그리고 1982년 스페이스 인베이더와 갤럭시안의 계보를 잇는 슈팅 게임 갤러그의 등장으로 전자오락실이 대유행하기 시작합니다. 당시 갤러그의 등장으로 1979년 서울 시내에 900여 곳이었던 전자오락실이 1982년 3,570여 곳, 1983년에는 6,000여 곳으로 늘어납니다.

갤러그는 일본 반다이 남코Bandai Namco에서 제작한 게임으로 원래 이름은 갤러가galaga입니다. 하지만 청계천에서 해적판을 만들면서 남코의 타이틀이 사라지고, 제목도 갤러그로 표시되었어요.

Fig 2. 오리지널보다 좋은 청계천 해적판

청계천의 제조업체들은 해적판을 계속해서 만들어 냈습니다. 1980년대 중반 전자오락 기판 누적 판매는 300만 대에 이르렀죠. 이는 해적판을 복사해 동남아 등지로 수출했기 때문에 가능한 수치였습니다.

사실 업체 입장에서는 해적판으로 만들 수밖에 없는 배경이 있긴 했습니다. 한국에 수입된 오락기 대부분이 일본 회사의 기판이었는데, 당시 일본 문화에 대한 법적 족쇄 때문에 일본 제품은 수입이 불가능했어요. 따라서 청계천의 업체들은 일본에서 새로운 게임기가 나오면 5일 안에 초정밀 필름을 입수하여, 칩보드를 풀고 금성 반도체로 재구성해 해적판을 만들었어요. 중고 자동차 핸들을 개조해 레이싱 게임의 조이스틱으로 사용하는 등 그야말로 말도 안 되는 개조품이었지만, 오리지널 게임기의 성능을 거의 그대로 구현하는 것은 물론 오히려 정품보다 고장이 잘 나지 않는 기판을 만들어 내기도 했죠.

Fig 3. 게임의 역사는 곧 게임 탄압의 역사

전자오락이 인기를 끌자 여기저기서 우려의 목소리가 나왔습니다. 재밌는 건 최초의 이의 제기가 교육계에서 나온 것이 아니었다는 점입니다. 당시 2차 석유 파동의 여파 속에서 전자오락실만

이 절전하지 않는다고 여론의 뭇매를 맞은 게 먼저였죠.

또 다른 이의 제기는 전자오락실에서 훼손된 동전이 유통된다는 것이었습니다. 당시 10원짜리 한쪽을 갈아 50원으로 인식시키는 일이 잦았고, 1990년까지 동전에 구멍을 뚫어 낚싯줄로 매달아 넣었다가 빼는 행위도 이루어졌기 때문이죠.

물론 교육계에서도 '전자 독버섯', '컴퓨터에 빼앗긴 영혼의 활자' 등의 비판 목소리가 나왔습니다. 이에 국무총리 산하 사회정화위원회가 거리 질서를 명목으로 전자오락실을 단속해 폐쇄했으나 줄기는커녕 늘어나기만 했죠. 이러한 이유로 전자오락실은 본래의 이름을 숨기고 '컴퓨터 지능개발실' 같은 이름으로 운영되기도 했습니다.

1970~80년대에는 게임이 정치적 논란거리가 되기도 했습니다. 갤러그를 두고도 어떤 이는 공산주의적 호전성을 길러 낸다고 말하는 한편, 어떤 이는 빨간 마후라가 되어 적기를 격추하는 기상을 길러 볼 수 있다고 해석하기도 했죠. 1976년 미국에서 개발된 두더지 게임이 1980년대의 한국에서는 '멸공 두더지 잡기'라든가 '땅굴 파는 두더지'라는 제목을 달고 나와 흥행하기도 했어요.

그중에서도 가장 황당한 사례는 1986년 '농민반란(일본의 썬소프트가 개발한 게임. 원작명 'いっき(잇키)')'이라는 게임이 전량 수거된 사건입니다. 이 게임은 세금 공무원과 농부의 싸움을 다루는 만큼 아시아 경기를 앞두고 정부에 대한 불신을 조장한다는 이유로 수거되었어요.

국내에서 게임에 관해 강력한 억압 정책을 펼쳤던 정부는 아이러니하게도 수출용 오락기의 생산은 장려했습니다. 심지어 국내에서 아케이드 게임장이 유행하기도 전인 1970년대 중반부터 이미 콘솔 게임기를 수출하고 있었죠.

Fig 4. 오락기 양성화 정책이 망했기 때문에 반도체가 발전했다?

1983년 10대 소녀가 게임기 안에 있는 동전을 훔치려다 감전사한 사고가 발생했습니다. 불법적으로 개발된 기판에 안전장치가 제대로 설치되어 있지 않아 일어난 일이었죠.

이러한 안전사고가 계속 일어나자 정부는 1983년 게임기 양성화 조치를 취합니다. 게임기 기준을 통일하고 손기정, 심청전, 이순신, 애국가 등을 소재로 한 국산 게임 제작 계획을 세웠죠. 하지만 컴퓨터 전자 제품에 대한 이해 없이 조치를 취했기 때문에 정교한 기준을 만들지 못했고, 오락기 캐비닛에 대한 통일성만 간신히 맞췄습니다. 이 조치의 여파로 국산 게임 제작은 오히려 중단되어 버렸죠.

실패한 것처럼 보였던 정부의 게임기 양성화 정책은 의외의 곳에서 성과를 냅니다. 형식 승인 비용과 세금 납부에 부담을 느낀 일부 업체들이 다른 산업으로 퍼져 나간 것이었어요. 이로써 오락기 기판을 제조하던 PCB(인쇄 회로 기판, Printed Circuit Board) 제작 기술이 산업 현장에 쓰이는 전자 기기 개발 기술로 전환되었습니다.

게다가 1983년 세계적으로 전자오락 기판 칩이 32K ROM에서 64K ROM으로 바뀌기 시작합니다. 32K ROM을 개발하던 한국 전자기술연구소는 관련 기술을 금성, 삼성, 대우, 아남전자, 한국 전자, 현대전자 등에 이양했는데, 이처럼 전자오락 기판을 제작했던 경험이 오늘날 반도체 대량유통구조 발달에 영향을 미친 것으로 평가되고 있습니다.

Fig 5. 철권은 무릎, 버추어 파이터는 신의욱

1990년대 오락실의 전성기를 이끈 것은 버추어 파이터, 더 킹 오브 파이터즈, 철권 등의 격투 게임입니다. 특히 버추어 파이터 2의 경우 액션 게임 최초로 프로 팀이 생겨나고 여러 대회를 진행하면서 더욱 큰 인기를 얻었어요. 대표적인 버추어 파이터 2 스타 플레이어로는 '아키라 키즈' 신의욱이 있었습니다.

당시 중학생에 불과했던 신의욱은 국내 오프라인 대회는 물론 일본에서 열린 세계 대회에서도 압도적인 기량으로 우승했죠. 하지만 일본은 신의욱의 우승 이후 버추어 파이터 세계 대회를 열지 않았고, 대회 영상도 일본 국내전으로 채우는 치졸함을 보여 줍니다.

1990년대 중반까지 격투 게임의 전성기였다면 이어지는 시기는 리듬 게임의 시대였습니다. 코나미KONAMI에서 출시한 비트매니아와 DDR(댄스 댄스 레볼루션)이 게이머뿐만 아니라 대중에게도 선풍적인 인기를 끌었죠. 지상파 방송에서는 연예인들의 DDR 경연을 방영하기도 했습니다. 리듬 게임의 대중적인 인기를 계기로 오락실은 기존의 퇴폐적이고 어두운 이미지를 벗어나 모두가 즐길 수 있는 장소라는 긍정적 인식을 얻게 되었죠.

Fig 6. 바다이야기로 오락실 초토화

하지만 리듬 게임의 인기도 2002년부터 하락하게 됩니다. 수록곡의 난이도가 점점 높아지고 난해해져서 결국 특정 매니아만의 리그가 되었거든요. 게다가 2000년대는 PC방의 선풍적인 인기로 오락실이 크게 줄어듭니다. 2000년 25,341개 지점에서 2002년에는 7,404개 지점으로 줄어들게 되었죠.

수입원이 줄어들던 오락실은 불법 사행성 게임에 발을 들이게 되는데 이것이 바로 '바다이야기'입니다. 높은 중독성과 현금 환전이 가능한 바다이야기는 수많은 중독자를 양산하며 경찰의 단속을 받았어요. 게다가 당시 여권 유력 인사 중 한 명이 바다이야기 게임기 제조 회사와 관련이 있다는 소문이 돌면서 전담팀까지 꾸려져 수사를 진행하게 되었죠. 조사 결과 정치권 유력 인사의 개입설은 확인되지 않았지만, 게임 허가 과정에서 영상물 등급 위원회가 도박 기능의 탑재 사실을 경찰에게 은폐하는 모습이 드러났고, 영상물 등급 위원회는 게임 심의 자격을 박탈당합니다. 그 자리를 메우기 위해 게임물 등급 위원회가 출범해요.

바다이야기 사건의 여파로 아케이드 게임 시장 역시 쑥대밭이 되었습니다. 아케이드 관련 게임에 대한 법률이 대대적으로 제정되면서 오락실의 발전은 더욱 어려워졌죠.

Fig 7. 게임을 부추기는 데에는 경쟁 심리만 한 게 없다

2000년대 중반, 바다이야기 사건과 정부의 규제로 오락실 시장이 무너지자 오히려 게이머의 수요보다 오락실의 공급이 줄어드는 현상이 벌어집니다. 그러자 시장의 원리에 따라 자연스럽게 다시 문을 여는 오락실도 생겨났죠.

2008년 발매된 리듬 게임인 디제이맥스 테크니카와 유비트 등이 인기를 얻고, MBC GAME을 통해 철권도 다시 인기를 얻게 되었습니다. 특히 이때부터는 오락실 게임도 카드를 넣고 플레이하면 자신의 플레이가 기록되었는데 이는 한국인 특유의 경쟁 심리를 건드려 호황을 가져왔다고도 하죠.

Fig 8. 네임드 오락실의 폐업

하지만 수요와 공급이 맞물리며 발생한 오락실의 호황은 오래가지 못했습니다. 네트워크 기술의 발달로 집에서 게임을 하는 것이 대세가 되었기 때문이죠. 특히 온라인 게임 플랫폼 스팀에서 철권을 판매하기 시작하면서 격투 게임을 기반으로 성장한 오락실이 큰 타격을 받았습니다. 수많은 게이머가 탄생한 곳이자 해외 유저들의 사랑을 받은 철권의 성지, 대림 그린 게임 랜드 역시 이 여파를 피하지 못하고 2018년 10월 폐업을 하게 됩니다.

엎친 데 덮친 격으로 코로나19 바이러스가 퍼지면서 힘들게 버텨 오던 많은 오락실이 폐업 절차를 밟았습니다. 스트리트 파이터의 성지였던 노량진의 정인 게임장도 2020년 6월 결국 문을 닫게 되었죠.

왜 한국에서만 노래방이라고 부를까?

노래방

—

방음이 된 방에서 가사가 화면에 나타나는 음악 반주기에 맞추어
노래를 부르도록 장치를 해 놓은 곳.
국립국어원 표준국어대사전

Fig 1. 기계로 대체된 당신의 반주자

1950년대 일본의 술집에는 손님의 노래에 반주를 연주하는 뮤지
션이 있었어요. 하지만 점차 높아지는 인건비와 주크박스, 유선
방송 등의 등장으로 사라지고 있었죠. 그런 상황에서 다양한 노
래 반주기가 등장합니다. 오늘날 노래방 기계처럼 돈을 넣으면 음
악이 재생되는 기계는 1971년 이노우에 다이스케가 만들었어요.
그의 노래 반주기는 동전을 넣으면 반주가 한 곡씩 재생되는 기계
였습니다. 노래 반주기에서는 그가 직접 편곡해 8트랙 오디오 테
이프에 녹음한 반주가 흘러나왔죠.

　　이 노래 반주기를 가라오케라고 불렀습니다. 가라오케는
'빈(空, ヵラ, 가라) 오케스트라'의 줄임말로 반주가 흘러나와 노래를 부

를 수 있는 장치라는 의미죠.

Fig 2. 노래방 이전에 가요방

1970년대 말, 부산에는 부산-시모노세키 페리가 있어서 출장이나 관광으로 많은 일본인들이 한국을 방문했어요. 이들을 호객하기 위해 부산의 술집은 가라오케를 들여놓고 영업을 했죠. 이 공간이 '가요방'이라고 불리며 한국 손님들 사이에서도 인기를 끌기 시작합니다. 이후 8트랙 오디오의 시대가 가고 작고 저렴한 카세트테이프의 시대가 오면서 가라오케는 널리 보급됩니다.

Fig 3. "아아, 이것은 비디오라는 것이다"

1980년대 일본에서는 영상이 나오는 가라오케가 등장합니다. 화면에는 가사가 나오고, 박자에 맞게 글씨가 변하는 기계였죠. 국내에서는 1990년대 초반 삼성전자가 '비디오케'를 선보였습니다. 당시 비디오케의 가격은 업소용 148만 원, 가정용 64만 8천 원으로 고가의 제품이었음에도 불구하고 1992년 한 해 동안 국내 12만 대, 국외 7만 대가 팔리며 '올해 삼성전자의 최대 히트 상품'으로 선정됩니다. 당시 삼성전자는 판촉 활동으로 노래 자랑 결선 대회를 열기도 했어요.

Fig 4. 이제야 노래방답다

1991년 4월 부산 동아대학교 앞 로열 전자오락실에 전화박스 같은 작은 공간에 300원을 넣고 노래 한 곡을 부를 수 있는 기기가 설치됩니다. 한 달 뒤에는 해운대에 '하와이 비치 노래 연습장'이 들어섭니다. 이곳이 최초로 법적 승인을 얻어 노래방 영업을 시작한 곳이에요. 초기 노래 연습장은 오락실에 설치된 '동전 노래방'이 여러 개 있는 형태였습니다. 지금의 코인 노래방과 유사하죠. 이후 1990년대 초반엔 손님이 직접 동전을 넣는 것이 아닌, 카운터에서 선불한 후 부른 곡 수만큼 차감되는 방식이 등장합니다. 이 방식은 시간을 표시하는 방식으로 전환되어 자리 잡았죠.

Fig 5. 가라오케, 한국만 노래방인 이유

초기 가라오케에는 술집의 유흥 문화, 일본에서 건너온 그릇된 왜색 문화라는 이미지가 있었어요. 1990년대 초반만 해도 우리나라에는 외국의 문화, 특히 일본 문화는 안 좋은 것이라는 인식이 있었거든요. 당시 대학교에서는 노래방 가지 않기, 외국계 편의점 가지 않기, 외제품 쓰지 않기 등의 운동을 벌이기도 했어요.

이러한 이유로 가라오케 기기를 판매하던 삼성전자를 비롯한 다른 업체들은 가라오케라는 이름을 사용하지 않았습니다. 외국에서는 가라오케라고 부르는데 우리나라에서만 노래 반주기,

노래방이라고 부르는 이유는 이러한 배경 때문이죠.

Fig 6. **가라오케 공중파 진출기**

노래방에 대한 인식이 변하기 시작한 것은 1991년 술과 음식의 반입이 제한된 '노래방' 업종을 허가하면서부터라고 볼 수 있습니다. 1999년에는 청소년들의 노래방 출입이 가능해지기도 했죠. 방송에서는 1988년 MBC 프로그램 〈주부 가요 열창〉에서 노래방 시스템을 도입하기도 했어요. 방영 한 달 만에 시청률 50%가 넘은 이 인기 프로그램은 1991년에 삼성의 비디오케를 도입했습니다. 이 프로그램 덕분에 판매량 급증은 물론, 퇴폐적 유흥 업소에 있는 기계라는 이미지가 확 바뀌었습니다.

전자레인지

—

마이크로파의 성질을 이용하여 식품을 가열하는 조리 기구.

국립국어원 표준국어대사전

에어프라이어

—

가열한 공기를 골고루 쐬어 음식을 익히는 조리 기구.

국립국어원 우리말샘

Fig 1. 레이더에서 시작된 전자레인지의 역사

미국의 방위 산업체 레이선Raytheon은 제2차 세계 대전 당시 레이더 부품을 공급하던 기업이었습니다. 레이선에는 마이크로파를 생성하는 마그네트론이라는 부품을 연구하던 엔지니어 퍼시 스펜서Percy L. Spencer가 있었죠.

그는 1945년 마그네트론을 실험하던 중 우연히 자신의 주머니 속 초콜릿이 녹은 것을 발견합니다. 이 현상이 마그네트론과

246

관련 있다는 것을 깨달은 그는 마그네트론으로 달걀과 팝콘 그리고 가재를 조리하기 위한 적정 주파수가 무엇인지에 대한 특허를 내죠.

레이선은 스펜서가 발견한 이 현상을 적극적으로 이용합니다. 스펜서와 함께 마그네트론을 연구했던 마빈 복Marvin Bock이 전자레인지를 만들어 낸 것이죠. 그리고 1954년 레이선은 레이더레인지Radarange라는 이름으로 1~3kW(오늘날 가정용이 700W)의 출력을 내는 대형 전자레인지를 상용화해 호텔과 레스토랑에 판매합니다.

1955년에는 타판Tappan에서 레이선의 라이선스를 구매해 최초의 가정용 전자레인지를 출시합니다. 하지만 약 1,300달러의 높은 가격과 벽걸이 형태로 일반 가정에서 쓰기는 힘들었습니다. 그로부터 10여 년이 지난 1967년이 되어서야 레이선의 자회사 아마나Amana에서 오늘날과 같은 형태의 가정용 전자레인지를 출시합니다.

1970년대 미국의 전자레인지는 아마나, 타판, GE 등이 시장을 주도했지만 1970년대 말부터 일본과 한국의 저렴한 제품에 밀리게 됩니다. 심지어 GE는 1980년 모든 전자레인지를 삼성에서 제조하기로 합니다.

Fig 2. 수출 효자 상품, 전자레인지

1976년 삼성전자 임원이 미국에서 우연히 전자레인지를 봅니다.

이를 계기로 삼성전자는 전자레인지 개발을 시작해요. GE 전자 레인지를 리버스 엔지니어링하여 1978년 첫 번째 시제품 'RE-7700'을 만들어 내는 데 성공하고, 1979년에는 전자레인지의 핵심 부품인 마그네트론을 자체 제작하는 데 성공합니다.

하지만 당시 국내의 전자레인지 보급량은 400여 대에 불과했습니다. 이는 당시 평균 월급의 2배에 달하는 RE-7700의 가격 때문이기도 했지만 아직 냉동식품 시장이 형성되지 않은 시대적 배경 때문이기도 합니다. 전자레인지 용도가 애매했던 시절이었죠. 그래서 전자레인지는 내수가 아닌 수출에 중점을 뒀어요.

삼성전자는 1979년 파나마에 340대를 수출한 것을 시작으로 1987년에는 영국에 공장을 설립해 빠른 속도로 전 세계 시장을 석권합니다. 금성사도 1982년부터 사우디아라비아에 전자레인지를 수출했고 1983년에는 미국 시장을 공략하기 시작해 1988년 미국에서만 210만 대를 팔며 세계 시장 점유율 19%로 1위를 기록하죠.

하지만 그해 전자레인지로 조리하면 식중독을 유발하는 리스테리아균이 살균되지 않는다는 소문이 유럽에 퍼지면서 큰 타격을 입습니다. 이러한 악재 속에서 금성은 4~5위로 하락하지만 1990년대 중반 저렴한 가격과 뛰어난 성능으로 일본과 점유율 1위를 다툴 만큼 다시 성장합니다. 우리나라 전자레인지가 너무 잘 팔리자 1996년 유럽 연합에서는 한국산 전자레인지에 9~24.4%의 추가 관세를 부과하기도 했어요.

Fig 3. 전자레인지는 위험하다?

전자레인지의 위험성에 관한 이야기는 1973년에 처음 등장한 것으로 보입니다. 미국의 소비자 연합회에서 전자레인지에서 방사능이 나올 수 있으니 구입하지 말라고 권고한 것이죠. 물론 소비자 보고서를 통해 매년 전자레인지를 테스트하면서 몇 년 후 이런 두려움은 대부분 사라졌습니다.

우리나라에도 소비자 단체를 통해 1989년 방사능 위험성에 대한 이야기가 처음 나왔습니다. 이에 대해 국립전파연구원은 조목조목 반박합니다. 일상생활에서 발생하는 전파가 건강에 유의미한 영향을 미치는지에 대한 것도 아직 확실하게 밝혀지지 않았고, 실제로 건강에 악영향을 끼친다고 해도 전자레인지의 문을 닫으면 밖으로 나오는 전파량이 아주 적어 건강에 영향을 미치기 힘들다는 것이었죠.

그런데 실제로 전자레인지가 인체에 해로웠던 순간도 있었습니다. GE에서 출시한 전자레인지 문틈에서 915MHz의 주파수가 새어 나와 리콜한 적이 있었거든요.

Fig 4. 에어프라이어? 회오리 오븐!

에어프라이어는 오븐에 팬을 장착해 뜨거운 열을 대류시키는 장치를 의미합니다. 크기가 크면 컨벡션 오븐Convection Oven이라고 구분하기도 합니다. 팬이 장착된 오븐은 1914년 전기 공기 압축 오븐 Electric Air Pressure Oven이라는 이름으로 테크니컬 월드 매거진Technical World Magazine에 등장합니다. 하지만 개인 발명품에 그쳤죠.

최초의 상용품은 1945년 윌리엄 맥슨William L. Maxson에 의해 개발됩니다. 윌리엄 맥슨은 군수품을 발명해 납품하는 일을 했습니다. 다연장포, 자신의 위치를 계산해 주는 비행기용 내비게이터 등을 개발했습니다. 그가 발명한 군수품 중에는 냉동식품도 있었어요. 당시는 전자레인지가 발명되기 전이라 맥슨은 냉동식품을 데우는 기계도 직접 만들게 됩니다. 그게 바로 에어프라이어의 시작이 되는 회오리 오븐Whirlwind Oven이었죠.

회오리 오븐은 오븐 뒤에 선풍기를 설치한 형태로 뜨거운 공기를 순환시키는 장치였습니다. 이 기계는 일반 오븐보다 2배 빠르게 음식을 데울 수 있었고, 모든 곳을 균일한 온도로 데울 수 있었어요. 회오리 오븐도 군수품으로 납품되면서 미 해군 항공 수송기에서는 전쟁 중에도 스테이크와 비프스튜를 먹을 수 있었습니다.

전쟁이 끝나자 맥슨는 일반 시장에 진출할 계획을 세웁니다. 냉동식품을 슈퍼마켓에 판매하고 회오리 오븐을 가정용으로 판매할 계획을 세우죠. 1947년에는 일반 항공기에도 도입합니다. 하지만 그해 윌리엄 맥슨이 사망하고, 아무도 그의 회사를 인수하지 않아 그의 계획은 사라지고 맙니다.

Fig 5. 에어프라이어가 뒤늦게 성공한 이유

맥슨이 사망하고 20년이 지난 후에야 일반 시장에 회오리 오븐이 등장합니다. 맥슨의 오븐은 최고 온도가 약 93도에 불과했는데 노르드스코그 컴퍼니Nordskog Company에서 더 높은 온도를 낼 수 있는 회오리 오븐을 만들어 내죠.

비슷한 시기 멜리어블 아이언 레인지Malleable Iron Range에서는 가정용 오븐 크기의 회오리 오븐을 제작합니다. 하지만 개량된 제품들도 2000년대까지 그다지 인기를 끌지 못했습니다. 냉동식품을 데우기 위한 역할은 전자레인지가 꽉 잡고 있었기 때문이죠.

2000년대 후반이 되어서야 회오리 오븐이 주목받기 시작합니다. 우선 2011년 필립스Philips에서 에어프라이어Air Fryer라는 제품을 출시합니다. 바로 여기서 에어프라이어라는 이름이 굳어졌죠.

에어프라이어가 본격적으로 등장하긴 했지만, 지금처럼 가정 필수품으로 취급되지 않았습니다. 비싼 가격도 문제였지만, 애매한 쓰임새 때문이었죠. 당시만 해도 에어프라이어는 기름 없이 튀기는 건강한 튀김기라는 포지션을 가지고 있었는데 에어프라이어는 튀김기가 아니라 오븐이기 때문에 튀김기를 기대하고 산 소비자들에게 실망을 안긴 것입니다.

그러다가 에어프라이어가 튀김기가 아닌 소형 오븐이라는 것을 알게 된 사람들 사이에서 레시피가 활발히 공유되기 시작하면서 인기를 끌게 된 거예요.

Fig 6. 전자레인지와 에어프라이어, 하나만 산다면 어떤 것을 사야 하나요?

고민하지 않아도 됩니다. 전자레인지와 에어프라이어를 합친 제품이 이미 출시되어 있거든요. 2018년 SK매직에서 출시한 오븐레인지, 2021년 삼성전자의 비스포크 큐커 등이 그 주인공이죠. 물론 가격은 에어프라이어와 전자레인지를 각각 사는 것 보다 좀 더 비싼 30만 원대입니다.

Insight

전자레인지와 에어프라이어는 공통점이 많습니다. 둘 다 불 없이 음식을 조리하는 기기라는 점 그리고 둘 다 제2차 세계 대전 중에 만들어졌다는 점이죠.
전자레인지와 에어프라이어 모두 기계 자체가 발명되었을 때보다 기기를 활용할 수 있는 냉동식품과 레시피가 등장했을 때 유의미해졌습니다. 이 모습은 오늘날의 플랫폼 산업과도 비슷해 보입니다. 플랫폼의 기능 그 자체보다 플랫폼을 구성하는 콘텐츠의 양과 질이 더욱 중요한 것과 비슷한 맥락이죠. 결국 옛날이나 지금이나, 제조업이나 IT 산업이나 그 안에 무엇을 담느냐가 핵심이라는 것은 변하지 않는 듯합니다.

삼각김밥

—

참치나 불고기 따위를 안에 넣은 삼각형 모양의 김밥.
가공식품 형태로 제공되는 패스트푸드의 하나로 편의점에서 판다.

국립국어원 우리말샘

Fig 1. 원조는 도쿄

삼각김밥의 역사는 일본의 주
먹밥 오니기리에서부터 시작됩
니다. 오니기리는 헤이안 시대
무사들이 볶은 밥이나 말린 밥
을 주먹밥으로 만들어 비상식
량으로 가지고 다닌 데에서 유
래했어요. 운반 과정에서 쌀밥

일본의 주먹밥 오니기리

이 흐트러지는 것을 막고 먹을 때 밥알이 손에 묻는 것을 막기 위
해 김을 한 장 둘렀죠. 그리고 상하는 것을 방지하기 위해 밥에 소
금과 식초를 넣고, 속 재료 역시 매실 장아찌나 다시마 간장 조림

253

처럼 짠 음식을 넣었어요.

오니기리는 삼각형, 사각형, 원형 등 지역별로 모양이 달랐습니다. 그중 삼각형은 에도 시대의 에도(현재 도쿄)에서 유행했던 스타일이죠. 19세기에는 흰쌀밥으로 오니기리를 만들고, 제2차 세계 대전 후 대중화됩니다.

오니기리라는 명칭은 일본어로 '쥐다'라는 뜻을 지닌 니기루(にぎる)에서 왔다고 합니다. 그러니까 쥔밥 같은 거죠. 우리나라의 주먹밥과 작명 센스가 크게 다르지 않은 것 같습니다.

Fig 2. 편의점, 핵심은 김

오니기리가 편의점에서 팔리기 시작한 시기에 대해서는 여러 가지 설이 있어요. 1971년 일본 최초의 편의점인 코코스토어에 이미 진열되어 있었다는 것과 1978년 일본의 대표 편의점 세븐일레븐에서 최초로 삼각김밥을 판매했다는 이야기가 있습니다.

첫 번째 설에 의하면 1971년 코코스토어에서 오니기리를 판매했으나 유통 과정에서 눅눅해진 김 때문에 맛이 없었고, 이로 인해 매출도 부진했다고 합니다. 이를 해결한 것이 1978년 일본의 세븐일레븐이죠. 오늘날에도 쓰이는 필름 포장 방식을 개발해 김과 밥을 분리했고, 김이 눅눅해지는 일이 사라졌습니다. 이를 계기로 매출은 수직 상승하고, 새로운 맛의 오니기리가 속속 개발됩니다. 1983년 처음 등장한 참치마요는 첫선을 보이자마자 잘 팔렸다고 해요.

Fig 3. **10년간 팔리지 않던 삼각김밥**

1989년 5월 올림픽 선수촌 아파트 내에 들어선 편의점 세븐일레 븐 1호점에 삼각김밥이 들어옵니다. 당시 소공동 롯데백화점 지 하 식품부에 삼각김밥을 판매하는 매장이 있었는데 세븐일레븐 은 해당 업체로부터 삼각김밥을 납품받아 점포에서 판매하기 시 작합니다.

삼각김밥은 우리나라에서 판매를 시작한 지 10여 년 동안 별다른 인기가 없었습니다. 여기에는 여러 원인이 있었어요. 첫 번 째는 편의점의 포지셔닝이 애매했다는 것입니다. 작은 구멍가게 와 경쟁하기에는 물건의 가격이 비쌌고, 고급 상점 이미지를 가지 고 가기에는 초기 편의점의 경우 청결부터 제대로 관리되지 않았 던 것이죠. 삼각김밥은 맛과 식감을 유지하기 위해 20℃의 온도에 서 관리되어야 했지만 5℃로 유지되는 주스 선반에 놓여 있었어 요. 게다가 초기의 세븐일레븐에는 롯데 상품만 진열되어 있기도 했습니다.

두 번째는 가격이었습니다. 당시 식당에서 먹는 밥 한 끼의 가격이 3,000원 정도였는데 삼각김밥은 900원이었죠. 이러한 이 유로 삼각김밥은 매장당 하루에 1~2개밖에 팔리지 않았습니다.

Fig 4. **국내 삼각김밥의 아버지**

삼각김밥의 문제를 해결하는 데에는 1998년 한국의 세븐일레븐 사장으로 부임한 혼다 도시노리의 공이 컸습니다. 그는 편의점의 주력 상품을 삼각김밥으로 보고 취임하자마자 삼각김밥의 맛과 가격, 유통 등의 문제를 해결해 나갑니다.

가장 먼저 손을 본 것은 참치마요입니다. 이전에도 일본의 참치마요를 벤치마킹한 참치마요가 있었지만, 한국의 일반적인 마요네즈를 사용해서 맛이 달랐어요. 일본의 마요네즈를 사용하는 건, 원가가 상승하는 문제가 있었기 때문에 적용할 수 없었죠. 이를 해결하기 위해 신맛이 오래가는 업체용 식초, 수입 액체 달걀 등을 찾아내며 문제를 풀어 나갑니다.

앞서 이야기한 것처럼 삼각김밥의 핵심은 김입니다. 한국산 김과 일본산 김은 차이가 있었어요. 일본산 김은 일정한 두께로 건조한 판형 김이지만, 한국산 김은 섬유질이 있어 두께가 고르지 않았고 딱딱한 식감을 즐기는 형태였죠. 그리고 소금과 기름이 첨가된 조미김이 대부분이었습니다. 세븐일레븐 전사의 고심 끝에 조미는 한국식으로 하면서, 식감은 한국산과 일본산의 좋은 점만 합친 김을 사용하기로 합니다.

당시 한국에는 삼각김밥의 판매 수량이 적은 탓에 김을 감싸는 시트를 생산하는 업체가 없었어요. 일본에서 수입한 시트에 삼각김밥용으로 자른 한국산 김을 수작업으로 끼워 넣어 출하하고 있었죠. 이렇게 되면 작업 과정 중 이물질이 들어갈 위험이 있고, 인건비가 높아지는 문제가 있었죠. 도시노리는 김 시트 전자동 포장기를 찾아내 국내에 도입합니다.

그뿐만 아니라 2000년에는 경기도 용인시에 100억 원을 들여 한국 최초의 유통 가공 센터 롯데후레쉬델리카를 준공하고 협력 업체와 원가 절감 협상 등을 하며 900원이었던 삼각김밥의 가격을 700원으로 낮춥니다.

Fig 5. X세대 먹거리, 삼각김밥

삼각김밥의 개선을 모두 마친 세븐일레븐은 2001년 본격적으로 홍보에 돌입합니다. 매장 앞에 광고판을 세우는 것은 당연했고, 편의점 업계 최초로 2억 원을 투자해 TV 광고를 방영하죠. 이 CF에서는 "먹는 것도 패션이다"라는 카피로 삼각김밥에 신세대의 먹거리라는 이미지를 씌웁니다. 실제로 CF 방영 이후 삼각김밥을 까는 방법을 아는지 모르는지로 신세대를 구분한다는 말이 돌았다고도 하네요.

TV 광고 한 달여 만에 삼각김밥 매출은 2배로 뛰었고, 반년도 지나지 않아 컵라면을 제치고 편의점 음식 매출 1위에 오릅니다. 1998년 매장당 하루에 1~2개 팔리던 세븐일레븐의 삼각김밥은 2000년 말 전체 매장의 하루 주문량 5,000개를 달성합니다. 2001년 5월에는 1만 개를 넘어서고, 2001년 7월에는 COEX 매장에서만 2,096개, 영등포 매장에서만 1,500개가 팔립니다.

2002년에는 한일월드컵 응원전에서 간편한 먹거리로 부상하며 인기를 이어 갔죠.

Fig 6. 김치만 들어 있는 삼각김밥?

삼각김밥의 붐이 일었던 2001년. 삼각김밥의 대표 상품은 참치마요, 참치김치, 숯불구이소고기, 김치불고기, 소고기고추장볶음, 닭고기고추장볶음, 돼지고기양념불고기, 전주비빔이었습니다. 지금도 보기 쉬운 제품들이죠. 역시 근본이 가장 오래가는 것 같습니다.

삼각김밥은 한 달에 하나 꼴로 새로운 메뉴를 개발했습니다. 그중 가장 충격적인 제품은 김치만 들어 있는 삼각김밥입니다. 일본의 매실 장아찌 오니기리를 보고 만든 메뉴였는데, 당연히 잘 팔리지 않았죠. 이외에도 일본에서 인기 있었던 속 재료 매실 장아찌, 연어, 매콤한 명란젓, 명태알, 다시마 등을 넣어 만든 삼각김밥이 한국에서 판매되었는데, 역시나 모두 사라졌습니다.

Insight

삼각김밥을 조사하면서 세 가지를 깨달았습니다. 첫 번째는 한 개인이 주도적으로 시장을 바꾸는 것이 가능하다는 점입니다(물론 혼다 도시노리가 대기업 사장이었기 때문에 가능했겠지만요). 두 번째는 현지화의 어려움입니다. 일본에서 잘 팔리던 삼각김밥 메뉴가 우리나라에서 대부분 실패하고, 어설프게 현지화한 김치 삼각김밥도 실패하는 것을 보며 현지화하는 것이 결코 쉬운 일이 아님을 보았습니다. 김도 마요네즈도 전부 현지의 기호에 맞춰 다시 만들었어야 했으니까요. 마지막으로 역시 김은 바삭해야 한다는 점입니다. 눅눅한 김은 그 누구도 참을 수 없죠.

가장 오래된 인간의 친구

개

—

갯과의 포유류. 가축으로 사람을 잘 따르고 영리하다.

일반적으로 늑대 따위와 비슷하게 생겼으며 날카로운 이빨이 있다.

국립국어원 표준국어대사전

Fig 1. **3단 진화, 늑대 → 개-늑대 → 개**

인간이 먹고 버린 음식을 고대 늑대가 먹으며 인간과 고대 늑대가 공존하기 시작했을 것이라고 추측합니다. 하지만 고대 늑대가 언제 어떻게 개가 되었는지는 아직도 논쟁되고 있습니다.

고대 동물 유골 전문가인 팻 시프먼Pat Shipman의 가설에 따르면, 4만 5천 년 전 인류는 개-늑대dog-wolf와 함께 매머드를 사냥했을 것으로 봅니다. 매머드 해체 장소에서 매머드의 뼈와 개-늑대의 뼛조각이 함께 발견되었기 때문이죠.

개-늑대는 과거의 늑대나 개에서 발견되지 않는 미토콘드리아 DNA를 가진 갯과 동물입니다. 오늘날의 개나 늑대의 조상일 수도 있다고 보고 있어요. 다만 개-늑대는 훗날 가축화된 개와는 큰 차이가 있어서, 빙하기가 끝날 무렵에 멸종한 것으로 추측합니다.

Fig 2. 개는 어디 출신일까?

개의 등장에 대해서는 논쟁이 끊이지 않고 있습니다. DNA 조사로는 10만 년 전에 나타났을 것으로 보고 있고, 화석 연구에서는 약 3만 5천 년 전에 나타났을 것으로 보고 있죠.

또한 DNA 조사에 따르면 개의 조상은 동남아시아에서 나타났을 것으로 보고 있지만, 가장 오래된 개의 유적은 이라크의 한 동굴에서 발견되었습니다. 한편 가축화된 개들 중에는 다시 야생으로 돌아가는 경우도 있었는데, 딩고라는 품종은 3~4천 년전 아시아 지역에서 오스트레일리아로 건너가 야생화되었다고 합니다.

Fig 3. 기원전부터 사용된 개 목걸이

기원전 14세기 이집트 왕실 부채 관리인의 무덤에서 개 목걸이 2개가 발견됩니다. 하나에는 선인장 꽃과 말들이 그려져 있었고 황동 단추로 장식되어 있었죠. 다른 하나에는 염소와 가젤을 사냥하는 개들의 그림과 함께 개의 이름인 탄타누트가 새겨져 있었습니다.

이탈리아 폼페이에서는 서기 79년 델타의 개 목걸이가 출토되었습니다. 개 목걸이에는 델타가 바다에 빠질 뻔한 주인을 구한 일, 강도를 물리쳐 주인을 구한 일, 늑대에게 공격당한 주인을 살린 일이 새겨져 있었어요. 프랑스 왕 루이 11세의 그레이하운드는 진주와 루비로 장식된 벨벳 목걸이를 하고 다니기도 했습니다.

Fig 4. 인간이 만들어 놓고 순종?

19세기 빅토리아 시대에는 인공적인 교배로 다양한 품종이 등장합니다. 오늘날 볼 수 있는 대부분의 품종은 이때부터 생겨났어요.

그리고 자신의 개를 과시하기 위한 도그 쇼가 시작됩니다. 도그 쇼는 출전한 개가 순종과 얼마나 비슷한지 평가하는 전시회로 1850년에는 퍼그 전시회가 열렸고, 1852년에는 스패니얼과 소형견을 위한 쇼가 열렸어요. 하지만 공식적

1902년 시카고에서 열린 도그 쇼의 포스터

으로 인정을 받은 쇼는 1859년 영국 뉴캐슬어폰타인의 뉴캐슬 시청에서 열린 쇼였습니다.

도그 쇼는 켄넬 클럽Kennel Club에서 정한 규칙에 따라 진행됩니다. 켄넬 클럽에서는 품종에 대한 분류와 기준을 세우는데, 현재 약 400여 종의 개가 공식적으로 인정되고 있습니다.

Fig 5. 진도의 개가 한국 대표 종이 되기까지

일본의 기슈견

진돗개의 기원에는 송나라나 몽골에서 전해졌다는 설, 진도의 토종개와 늑대의 혼종이라는 설 등이 있습니다. 가장 힘을 얻고 있는 설은 신석기 때부터 존재한 개가 진도에 정착하면서 진돗개로 발전되었다는 것이죠.

진돗개를 비롯한 다양한 토종개가 우리나라에 존재했습니다. 하지만 일제 강점기에 전쟁 방한 용품을 만든다는 목적으로 토종개를 대규모로 도살했죠. 불행 중 다행으로 1938년 조선 총독부에 의해 진돗개가 천연기념물로 지정되면서 멸종을 면할 수 있었습니다. 진돗개가 천연기념물이 될 수 있었던 이유는 일본의 기슈견과 닮았기 때문이었어요.

1962년 문화재보호법에 의거해 진돗개는 다시 천연기념물로 지정되었지만, 순종 여부를 확인할 길이 없다는 이유로 1960년대까지 세계 견종 협회에서 받아들여지지 않았습니다. 이를 위해 삼성의 이건희 회장이 1969년 직접 진도로 내려가 진돗개 30마리를 사들이고, 150마리까지 개체 수를 늘립니다. 그중 확실하게 순종이라 할 수 있는 한 쌍을 찾았고 1979년 정식 품종으로 인정받게 되죠.

Fig 6. 삼성이 만든 안내견 학교

중세 그림에서 안내견의 흔적을 찾아볼 수 있지만, 언제부터 안내견이 등장했는지는 정확히 알 수 없습니다. 공식적인 안내견은 1916년 독일에서 등장합니다. 제1차 세계 대전에서 시력을 잃은 군인을 위해 독일셰퍼드가 안내견으로 배정되죠. 그는 당시 설립된 최초의 안내견 훈련 센터 출신이었습니다.

국내 최초의 안내견은 셰퍼드종의 '사라'입니다. 대구대학교의 임안수 교수가 1972년 미국 유학을 마치고 안내견과 함께 귀국한 것이죠. 그로부터 21년 뒤인 1993년이 되어서야 우리나라에도 안내견 학교가 설립됩니다. 삼성화재 안내견 학교의 최초 졸업생은 리트리버종의 '바다'예요.

치킨

—

닭에 밀가루 따위를 입히고 튀겨 만든 요리. 굽기도 한다.

국립국어원 표준국어대사전

Fig 1. **B.C.(Before Chicken)**

우리나라에서 가장 오래된 닭 요리는 닭백숙입니다. 고기가 귀하던 시절 더 이상 달걀을 낳지 못하는 닭을 맹물에 통째로 푹 삶아 양을 불릴 수 있는 형태로 만든 것이죠. 닭백숙 이후에는 일제강점기에 계삼탕이 등장합니다. 계삼탕은 삼계탕의 원래 이름으로, 당시에는 닭과 인삼 모두 귀한 요리 재료였기 때문에 특권층만 먹을 수 있었어요.

　우리가 삼계탕을 흔하게 먹을 수 있게 된 것은 1963년 이후 사료 산업이 발전하고 양계 산업의 규모가 커지면서부터입니다. 지금은 닭고기가 일상적인 식재료지만 옛날에는 특별한 날에만 볼 수 있는 식재료였어요. 특히 크리스마스나 추수감사절에 먹었는데요. 이는 한국에 주둔한 미군들이 칠면조 요리를 먹는 것을 보고 따라한 것이었죠.

Fig 2. 태초에 전기 구이 통닭이 있으라

1960년대 닭 요리를 전문적으로 하는 명동영양센터에서 전기 구이 통닭을 만들면서 우리나라에도 치킨이 등장합니다. 명동영양센터는 현재도 가게가 남아 있어요. 전기 구이 통닭은 굽네치킨과 오빠닭 등으로 대표되는 오븐 치킨의 전신입니다. 여기에 강한 양념을 더한 것이 숯불 구이 치킨이고, 2006년을 전후로 불닭 소스가 유행한 다음 그 계보를 훌랄라와 지코바가 이어받았죠.

Fig 3. 압력 튀김기가 이 땅에 이르러 닭을 튀겼나니

1970년대 말 압력 튀김기가 국내에 수입되기 시작하면서 튀김옷을 입힌 프라이드 치킨이 등장합니다. 치킨에 대해서 알기 위해서는 튀김에 대한 이해가 선행되어야 합니다. 튀김에는 습식과 건식이 있습니다. 습식은 물반죽 후에 튀기는 것이고, 건식은 파우더를 묻혀 튀기는 거예요. 습식을 민무늬 치킨, 건식을 엠보 치킨이라고 부릅니다. 습식과 건식의 방식을 결합하면 튀김옷에 볼륨이 더해지는데 이 방법으로 만든 것이 바로 KFC와 같은 크리스피 치킨입니다.

가장 먼저 등장한 것은 파우더를 묻혀 건식으로 튀겨 낸 엠보 치킨입니다. 보드람, 치킨뱅이, 둘둘치킨, 림스치킨처럼 호프집에서 파는 치킨 하면 떠오르는 이미지의 치킨이죠. 엠보 치킨은 보통 림스 스타일이라고 불리는데요. 1977년 등장한 한국 최초의 치킨 프랜차이즈 림스치킨에서 시작되었기 때문입니다.

엠보 치킨은 작은 닭을 한방 염지액에 담근 뒤, 파우더를 얇게 묻혀 촉촉하게 흡수시킨 다음에 압력 튀김기로 튀겨 냅니다. 그래서 닭이 작고, 독특한 한약 맛이 나는 것이 특징이죠.

Fig 4. 치킨에 양념이 배거늘 많은 이들이 감읍하여 그를 믿고 따르리라

엠보 치킨 이후에는 습식으로 튀겨 낸 민무늬 치킨이 등장합니다. 민무늬 치킨은 1980년대 시장에서 파는 '닭전'에서 시작되었죠. 이후 흔히 치킨 1세대 브랜드로 불리는 페리카나(1981년), 맥시칸치킨(1985년), 처갓집 양념통닭(1988년), 멕시카나(1989년), 장모님치킨(1989년)이 민무늬 치킨으로 영업을 시작합니다.

민무늬 치킨이 이렇게 유행할 수 있었던 데에는 1982년 프로 야구 출범, 1988년 서울 올림픽 개최 등 1980년대 일어난 스포츠 열풍 덕입니다. 하지만 무엇보다 양념 치킨의 등장이 민무늬 치킨이 사랑받는 데 가장 큰 역할을 했죠. 민무늬 치킨은 표면이 매끄러워 양념 소스에 버무리기 좋았고, 염지 자체가 독특한 향미를 지닌 엠보 치킨보다 양념에 적합했어요.

프랜차이즈 등록 시기(1982년)가 가장 빨랐던 페리카나가 자신이 양념 치킨의 원조임을 주장했지만 멕시칸치킨의 창립자인 윤종계 씨가 양념 치킨의 개발자로 인정받게 됩니다. 실제로 윤종계 씨는 1985년 양념 통닭 요리법을 개발해 '계성육계'라는 개인 업체를 운영하고 있었고, 1986년부터 '맥시칸 양념통닭'으로 사업을 확대했어요. 이 맥시칸치킨에서 파생된 업체만 70여 개가 넘는다고 하는데, 대표적으로 처갓집 양념통닭은 맥시칸치킨의 기계 제작 공장장과 영업 부장이 시작한 사업입니다.

Fig 5. BBQ 가로되 안방에서도 KFC 치킨을 허락하라 하더라

KFC, BBQ처럼 바삭한 튀김옷이 특징인 치킨을 크리스피 치킨, 업계 용어로는 '물결무늬 치킨'이라고 합니다. 크리스피 치킨을 만들기 위해서는 염지 닭에 튀김 가루를 묻히고, 물반죽 코팅(배터믹스)에 담갔다가 다시 튀김 가루에 묻혀야 합니다. 이때 좁은 통에서 튀김 가루를 묻히면 닭이 서로 눌려 튀김옷의 모양이 잘 잡히지 않기 때문에 큰 통에서 많은 양의 튀김 가루를 담아 묻혀야 하죠. 이처럼 크리스피 치킨은 원가가 많이 들어가기 때문에 1990년대 초반까지만 해도 KFC에서만 먹을 수 있는 고급 치킨이었습니다. 1990년대 말이 되어서야 또래오래, BHC에서 크리스피 치킨을 선보였죠. 1995년 당시 BBQ의 콘셉트는 '안방에서도 KFC 치킨을 즐길 수 있다'였습니다.

대패 삼겹살, 백종원이 개발한 것이 맞을까?

삼겹살

–

돼지의 갈비에 붙어 있는 살.

비계와 살이 세 겹으로 되어 있는 것처럼 보이는 고기이다.

국립국어원 표준국어대사전

Fig 1. 삼겹살 이전에는 방자고기가 있었다

삼겹살을 정확히 언제부터 먹었는지 알아내는 것은 쉽지 않습니다. 삼겹살이라는 명칭이 생긴 지 얼마 되지 않았기 때문이에요. 다만 돼지고기를 구이용으로 먹기 시작한 시점을 찾음으로써 간접적으로 삼겹살을 먹기 시작한 시기를 유추해 볼 수는 있습니다. 고려 시대에 쓰인 《고려도경》에는 방자고기가 등장합니다. 고을 원님 밑에서 잔심부름을 하는 하인인 방자는 윗사람이 먹다 남긴 고기 찌꺼기를 집에 가지고 가곤 했는데, 이 고기에 소금만 뿌려서 구워 먹은 것을 방자고기라고 불렀다고 합니다. 이처럼 방자고기는 고기의 특정 부위를 가리키는 것이 아니고 구워 먹는 방식을 의미하는데요. 이때 틀림없이 삼겹살 부위도 먹었겠죠?

269

Fig 2. 삼겹살? 세겹살?

삼겹살이라는 부위는 1930년대에 세겹살이라는 이름으로 등장합니다. 1931년 출판된 방신영의 《조선요리제법》에 세겹살은 배에 있는 고기로 돈육 중 제일 맛있다고 소개되어 있어요. 1934년 동아일보에도 뒤 넓적다리와 배 사이에 있는 세겹살이 제일 맛이 있다라는 이야기가 실려 있는데요. 이를 통해 현대 삼겹살의 부위인 뒷다리 앞쪽부터 5~6번 갈비뼈까지와 세겹살의 부위가 크게 다르지 않다는 것을 알 수 있습니다.

세겹살이 삼겹살로 바뀌게 된 것은 1959년부터입니다. 경향신문의 한 칼럼에서 돼지고기와 무를 볶은 후 물을 졸여 만드는 요리를 소개하며 삼겹살이라는 명칭을 사용했어요.

Fig 3. 원래는 인기 없었던 삼겹살

삼겹살이 알음알음 소개되고 있긴 했지만 사실 1970년대까지 사람들은 돼지고기를 구워 먹는 것을 그리 선호하지 않았습니다. 당시 돼지에게 깨끗한 물과 사료가 아닌 구정물과 잔반을 먹여 사육하는 곳이 대부분이었기 때문에 돼지고기에서 냄새가 심하게 났거든요. 그래서 돼지고기는 주로 제육볶음이나 두루치기, 김치찌개처럼 양념이 강한 음식으로 만들어 먹었죠.

게다가 부패 문제도 있었습니다. 돼지고기는 소고기보다

부패가 빨랐고, 당시에는 냉장·냉동 시설이 지금처럼 발달하지 않아서 돼지고기로 인한 식중독 사고가 자주 일어났거든요. 그래서 서울에 돼지고기를 공급할 때는 축사에서 돼지를 산 채로 데려와 마장동 혹은 가락시장 도축장에서 도축해 유통했죠.

그럼에도 1979년 8월 동아일보 칼럼에 "우후죽순처럼 주점가에 늘어가던 삼겹살집에도 여름이 시작되면서 사람의 발길이 눈에 띄게 뜸해졌다"라고 쓰여 있는 것을 보면 부패가 심한 여름철에는 운영에 어려움을 겪기는 했지만 삼겹살집이 많이 생긴 것을 알 수 있죠.

Fig 4. 삼겹살 유행이 시작된 1980년대

1980년대부터 본격적으로 돼지고기의 전성시대가 열립니다. 이는 품질 개선, 냉장 시설 보급, 가스버너 개발, 3저 호황 등 여러 요인이 잘 맞춰 줬기 때문에 가능한 일이었죠.

품질은 수출과 관련이 있습니다. 우리나라는 1960년대 홍콩으로 살아 있는 돼지를 수출했지만, 중국이 홍콩에 돼지고기를 저렴하게 팔면서 경쟁력을 잃게 됩니다. 그래서 1971년부터는 일본에 돈육을 수출하기 시작하죠.

돈육을 수출하는 과정에서 돼지 사육의 형태가 발전합니다. 이전에는 집에서 소규모로 사육했다면 수출을 계기로 양돈 산업 형태로 발전했죠. 이때 삼성의 이병철 회장도 자연농원(현재 에 브랜드) 내에 대규모 양돈장을 만들어 양돈 산업에 뛰어들었고 돼지 품종 개량에 앞장섭니다. 이처럼 돼지 품종이 개량되고 사료를 이용한 사육이 정착되면서 돼지고기의 맛이 좋아지고 품질도 균일화되었어요.

1980년대는 냉장고가 보급된 시기이기도 합니다. 이로 인해 삼겹살이 냉동으로 유통되기 시작하죠. 냉동 삼겹살은 4~5cm 길이의 얇은 모양으로 썰려 판매되었습니다. 먹기 좋게 썰린 냉동 삼겹살을 쇠로 만든 불판, 돌, 석면 슬레이트 등에 올려 산과 계곡, 해변 등에서 구워 먹는 것이 유행이었어요.

특히 석면 슬레이트는 얇으면서도 불에 타지 않고 열전도율이 높아 고기 굽기에 적합했고, 1970년대 새마을 운동으로 농촌 지역에서 지붕 자재로 쓰이면서 구하기도 쉬웠습니다. 물론 석면이 1급 발암 물질이라는 것이 2000년대 이후에 알려지면서 석면 슬레이트 위에 삼겹살을 구워 먹는 풍경은 이제는 볼 수 없게 되었습니다.

1980년 한국후지카공업에서 국내 최초로 출시한 휴대용 가스버너, 부루스타 역시 삼겹살 유행의 일등 공신이었습니다. 부루스타의 등장으로 간편하게 삼겹살을 구울 수 있게 되자 일반 식당에서도 불판과 휴대용 가스버너를 갖추고 삼겹살을 판매하기 시작하죠.

그리고 1978년 육류 파동으로 정부에서 돼지고기의 일본 수출을 막습니다. 이때 막은 물량이 1980년대 국내에 풀리면서 돼지고기 가격이 저렴해집니다. 게다가 3저 호황으로 국민 소득

이 오르고 통행금지 해제와 1988 서울 올림픽을 기점으로 외식 산업이 발달한 것도 삼겹살 수요 증가에 큰 몫을 하죠. 1970년 국민 1인당 돼지고기 소비량이 2.6kg이었는데 1980년 국민 1인당 돼지고기 소비량은 6.3kg으로 급증합니다.

Fig 5. 대패 삼겹살, 백종원이 개발한 것이 맞을까?

대패 삼겹살은 1980년대에 처음 등장합니다. 당시 대패 삼겹살은 오늘날처럼 말려서 나온 모양이 아닌 한입 크기의 얇은 정사각형 모양의 냉동 삼겹살이었어요. 대체로 알루미늄 포일 위에서 구워 먹었죠.

말린 모양의 대패 삼겹살은 1992년 요리연구가 백종원에 의해 개발됩니다. 고깃집을 차렸는데 실수로 고기를 써는 기계가 아닌 햄을 써는 기계를 구매했고 얇게 썰린 고기를 그대로 팔기 시작한 것이 시초라고 합니다. 백종원은 1997년 대패 삼겹살에 대한 특허를 내기도 합니다.

정리해 보자면 대패 삼겹살은 1980년대에 이미 존재했지만, 우리가 아는 모습과는 달랐고, 우리가 아는 대패 삼겹살은 백종원이 1992년에 개발했다고 할 수 있죠. 다만 아직도 백종원이 대패 삼겹살을 처음으로 개발한 것이 맞는지에 대해서는 논란이 있습니다.

***Fig 6.* 오겹살의 등장**

제주도의 돼지고기는 일본 시장에 많이 수출되고 있었습니다. 1990년대 중반 일본이 덴마크, 네덜란드 등에서 돼지고기를 수입하기 시작하면서 제주도의 돼지고기가 경쟁에서 밀리기 시작합니다. 그러자 1995년부터는 일본에 수출되지 못한 제주도의 돼지고기가 서울과 경기 지역에 풀리기 시작하죠.

　　당시까지 서울과 경기 지역에서는 정부 정책의 일환으로 껍질을 벗긴 돼지고기만 유통되었습니다. 반면 제주도의 흑돼지는 껍질을 벗기지 않은 상태로 먹는 것이 특징이었죠. 제주도의 돼지고기는 삼겹살에 껍질층이 더 있기에 오겹살이라고 불렸습니다.

***Fig 7.* 삼겹살 데이의 시작**

1980년대부터 삼겹살이 유행하지만 주로 일반 음식점에서 다른 음식과 함께 판매되는 경우가 많았습니다. 삼겹살 전문 음식점은 찾기 어려웠어요. IMF 이후 삼겹살 전문점이 대거 등장하기 시작합니다. IMF로 일자리를 잃은 사람들이 비교적 문턱이 낮은 자영업인 삼겹살 전문점 운영으로 몰린 것이죠. 당시 경제적 상황에 맞춰 메뉴 역시 초저가 삼겹살이 유행합니다.

　　1994년에는 냉장 돼지고기 수입이 개방됩니다. 수입산 돼지고기에 대응하기 위해 많은 곳에서 브랜드화 전략을 취하죠.

도드람포크, 하이포크, 선진크린포크 등이 이때 설립된 브랜드입니다. 이렇게 고급화된 돼지고기는 백화점에서도 판매되었어요.

이렇게 수요와 공급이 함께 커지던 시기였지만 1999년 벨기에산 닭과 돼지고기에서 허용치가 넘는 다이옥신이 검출되어 파동이 일어납니다. 정부는 벨기에와 프랑스, 네덜란드에서 수입한 돼지고기의 판매를 금지합니다. 하지만 이미 돼지고기에 대한 불안감은 확산되었고 소비가 급감하죠. 엎친 데 덮친 격으로 2000년대 초반에는 구제역 파동이 일어납니다.

이렇게 축산 양돈 농가의 피해가 커지자 지역 축협에서 돼지고기 판매를 촉진하기 위해 2003년부터 3월 3일을 삼겹살 데이로 지정하게 됩니다. 삼겹살 데이는 오늘날에도 이어지고 있죠.

2000년대에는 녹차 삼겹살, 와인 삼겹살 등이 반짝 유행하고, 이후에는 고기를 숙성시킨 에이징 삼겹살이 인기를 끕니다. 최근에는 1980년대 유행했던 냉동 삼겹살이 다시 주목받기도 했어요. 2018년 합정동에 '행진'이라는 냉동 삼겹살 전문점이 오픈해 큰 인기를 끌었고, 1976년에 오픈해 지금까지 냉동 삼겹살을 판매하고 있는 종로 3가의 '한도삼겹살'의 인기도 식을 줄 모릅니다.

Insight

삼겹살의 역사를 개인의 성공 신화로 바꿔 볼 수도 있겠다는 생각을 합니다. 처음에는 소고기에 가려 주목을 받지 못하다가 특유의 냄새를 양

넘으로 가리자 소수의 사람들에게 인정(소비)을 받죠. 그러던 중 홍콩 수출이 막히는 위기를 기회로 삼아 본인(돼지고기)을 개선합니다. 그제야 비로소 온전히 자기 자신(삼겹살)으로 인정을 받고 성공합니다.

성공에는 개인의 노력뿐만 아니라 운도 따라야 하죠. 삼겹살 역시 경제 상황, 기술의 발전 등의 외부 요인도 크게 작용해 성공하게 됩니다. 그리고 다양한 시도(대패 삼겹살, 오겹살, 삼겹살 데이, 냉동 삼겹살)를 통해 그 성공을 유지하죠. 삼겹살도 성공하기 위해서 노력하는데 저도 열심히 살아야겠습니다. 삼겹살을 본받기 위해 오늘 저녁은 삼겹살을 먹어야겠습니다.

휴일

공휴일, 청소기로 주중에 못 한 청소를 하고 **세탁기**를 돌린다.
전기밥솥으로 밥도 미리 해 둔다.
여유로운 마음으로 **베스트셀러**를 읽는다.
점심으로 **라면**에 참치 **통조림**을 넣고 **김치**와 함께 먹는다.
요즘 라면엔 **MSG**가 빠져 맛이 달라졌음을 느낀다.

공휴일

―

국가나 사회에서 정하여 다 함께 쉬는 날.

일요일, 삼일절, 설날, 추석, 어린이날 따위가 이에 해당한다.

국립국어원 표준국어대사전

Fig 1. 33, 55, 99 조선 시대 공휴일

고려와 조선 시대에는 공휴일의 개념이 강하지 않았습니다. 대신 민간에서 자발적으로 쉬는 날이 많았어요. 설날(1월 1일), 상원(1월 15일), 단오(5월 5일), 추석(8월 15일)이 대표적인 4대 명절이었죠. 이 밖에도 동제와 영등맞이, 한식, 삼짇날, 불탄일, 유두, 복날, 칠석, 백중, 중앙절, 묘제, 동지, 제석 등이 공적인 휴일에 해당했습니다.

관공서에 규정된 휴일은 이와는 조금 달랐어요. 《태종실록》 26권(1413년)을 보면 관공서 휴무일에 관한 기록이 나옵니다. 당시 매월 10일마다 한 번씩 휴무(순휴일)를 하고, 상사(삼짇날, 음력 3월 3일), 중오(단오, 음력 5월 5일), 중양(중구일, 음력 9월 9일)에 각 1일 휴무했다는 기록이 있죠. 이들은 모두 홀수가 중복되는 날로, 양기가 강한 아

279

주 길한 날로 여겨졌습니다.

Fig 2. 첫 공식 공휴일은 고종 위주로

갑오개혁 당시 관공서에서 1895년 11월 17일을 건양 원년(1896) 1월 1일로 삼으면서 정부 간행물에 양력이 사용되기 시작했습니다. 이때부터 공식적으로 국가 경축일이 제정되었는데 개국기원절, 계천기원절(고종 황제 즉위일), 만수성절(고종 탄생일), 천추경절(황태자 탄생일) 등 국가의 기원에 관계되는 날이나 왕실의 축일 등이었죠. 설날, 단오, 추석, 정월 대보름과 같은 민간 명절은 공휴일이 아니었습니다.

Fig 3. 대민 기관은 명절도 쉬었다

갑오개혁 이후 새로 등장하는 공공 기관이나 공공 단체들은 민간 명절을 휴일로 하는 경우가 많았습니다. 특히 정부 기관이지만 민간을 대상으로 하는 기관들이 그러했죠. 명문 귀족 공립 학교였던 육영 공원을 시작으로 1900년 무렵 학교는 명절(정월 대보름, 한식, 추석 등)을 휴업일로 설정했습니다. 당시에 막 생겨나기 시작한 은행 역시 마찬가지였어요.

하지만 대부분의 관공서와 여러 공적인 기관에서 민간 명절은 휴일이 아니었죠. 1921년 11월 9일 동아일보에는 〈불공평한 일요일의 배분〉이라는 기사가 실립니다. 내년(1922년)은 음력으로 기념하는 날의 대부분이 평일이라 명절을 즐길 수 없고, 국가 공휴일은 대부분 주말이라 쉴 수 없다는 내용의 기사예요.

Fig 4. 해방 후 공휴일

해방 후 대한민국 정부가 수립되기 전 미군정 시기인 1946년에 공휴일 법제가 운영되었습니다. 당시 공휴일은 신정일(1월 1일), 독립운동 기념일(3월 1일), 해방일(8월 15일), 추수절(음력 8월 15일), 한글날(10월 9일), 개천절(10월 3일), 기독성탄축일(12월 25일)이었죠.

대한민국 정부에 의한 최초의 공휴일 규정은 1949년에 제정된 '관공서의 공휴일에 관한 건'에서 살펴볼 수 있습니다. 당시 공휴일은 국경일(삼일절, 제헌절, 광복절, 개천절), 신정(1월 1~3일), 식목일(4월 5일), 추석, 한글날(10월 9일), 기독성탄축일(12월 25일)이었어요. 이 법령은 이후 총 20차례 개정되었는데 그중 삼일절, 광복절, 개천절, 신정, 성탄절은 첫 제정 이래 변함없이 휴일이었죠. 나머지 8개의 휴일은 아래와 같은 이유로 생겼다가 사라지기를 반복했습니다.

- 현충일은 1956년, 부처님 오신 날과 어린이날은 1975년, 음력설은 1985년부터 현재까지 공휴일로 이어져 오고 있습니다.
- 10월 24일 UN의 날은 1950년에서부터 1975년까지 공휴일이었지만 1976년 북한의 UN 기구 가입 승인에 대한 우리 정부의 항

의 표시로 공휴일에서 빠졌습니다.

- 10월 1일 국군의 날은 1976년부터 1990년까지 공휴일이었지만 공휴일이 지나치게 많아 경제 발전에 지장을 준다는 이유로 사라졌습니다.

- 한글날은 국군의 날과 같은 이유로 1990년에 사라졌다가 한글학회, 한글문화연대, 문화 체육 관광부 등의 노력으로 2006년부터 다시 공휴일이 되었죠.

- 식목일은 1960년만 사방의 날로 바뀌어 시행되기도 했습니다. 주 5일 근무제를 실시하면서 2005년부터 폐지되었죠. 제헌절도 마찬가지로 주 5일 근무제를 이유로 2008년부터 공휴일에서 제외되었습니다.

- 1999년에는 IMF의 여파로 생산성을 늘리자는 취지에서 신정 연휴(1월 2일)가 폐지되었어요.

2023년 기준 현재 공휴일은 일요일, 삼일절, 광복절, 개천절, 한글날, 신정, 설날, 부처님오신날, 어린이날, 현충일, 추석, 성탄절입니다.

Fig 5. 음력설이 공휴일이 되기까지

1930년대 대공황 이후 조선 총독부가 제정한 양력 공휴일과 기존의 음력 명절이 공존하면서 생기는 불편함이 사회 문제로 대두되기 시작했습니다. 특히 양력 1월 1일이 공휴일로 지정되어 쉬는데, 민간에서는 음력 1월 1일에 설날 행사를 벌이는 문제가 있었죠.

음력설은 1930년대 중반 민족 말살 정책의 일환으로 탄압받았을 뿐만 아니라 문화 민족주의 진영에서도 탄압받았습니다. 사회적 자원의 낭비라는 시선과 전 세계의 대세를 따라야 한다는 논리였죠.

우여곡절 끝에 1984년 당시 여당 의원들이 정부에 건의해서 음력설이 제도화됩니다. 당시 명칭은 '민속의 날'이었죠. 1989년에는 설날로 명칭을 바꾸고 추석과 설날을 3일 연휴로 지정합니다. 대신 신정 연휴였던 1월 2일과 3일은 공휴일에서 제외되었어요.

Fig 6. 좌충우돌 대체 공휴일 제도

우리나라에서 처음으로 대체 공휴일 제도가 등장한 것은 1959년입니다. 공휴일 중복제라는 이름으로 딱 1년 동안 도입되었죠. 공휴일이 휴일과 중복되면 그 익일도 공휴일로 한다는 조항입니다. 그래서 1959년은 4월 6일, 7월 18일, 10월 10일, 12월 26일도 휴일이었습니다.

그로부터 30년 뒤 1989년 익일 휴무제라는 이름으로 다시 등장합니다. 익일 휴무제 역시 1년 동안만 시행했기 때문에 1989년 10월 2일만 추가로 휴일이 되었죠. 당시 공휴일이었던 국군의 날(10월 1일)이 일요일과 겹쳤거든요.

  2013년에는 관공서를 대상으로 설날, 추석, 어린이날이 다른 공휴일과 겹치면 그 다음 날을 공휴일로 하는 대체 휴일제를 도입합니다. 이 제도는 2020년부터 300인 이상 기업, 2021년엔 30인 이상 기업으로 대상이 확대되었어요.

  그리고 2021년 대체 공휴일 법률이 통과됩니다. 추석과 설날, 어린이날에만 적용되어 왔던 대체 휴일을 모든 공휴일로 확대 시행하기 시작했죠.

80년 동안 바뀌지 않던 기술을 바꾼 다이슨

진공청소기

–

전동기를 이용한 흡인력으로 티끌과 먼지를 빨아들여 청소하는 기구.

국립국어원 표준국어대사전

Fig 1. 첫 고객은 영국 왕과 여왕

1898년 존 서먼John Thurman은 공기압 카펫 리노베이터Pneumatic Carpet Renovator라는 기계를 발명합니다. 이 기계는 압축 공기를 이용해 먼지를 날리는 기계였죠. 런던에 살던 공학자 허버트 세실 부스Hubert Cecil Booth는 서먼의 공기압 카펫 리노베이터를 보고 먼지를 날려 보내는 방식보다 빨아들이는 방식이 더 효율적일 것이라고 생각했어요. 그는 자신의 생각을 입증하기 위해 손수건을 카펫 위에 깔고 입을 손수건 위에 바짝 붙인 후 숨을 빨아들이는 간단한 실험을 합니다. 그리고 부스의 예상대로 손수건에는 먼지들이 달라붙어 있었죠.

이 아이디어를 발전시켜 부스는 엔진과 흡입 펌프, 그리고 천을 이용해 진공청소기를 만들고, 1902년 영국 진공청소기 회사

British Vacuum Cleaner Company를 차립니다. 그가 만든 진공청소기는 마차 형태로 5마력의 엔진이 실려 있었고 긴 호스를 연결해 먼지를 빨아들이는 원리였죠. 부스의 회사는 청소기를 판매하지는 않았고, 고객이 부르면 방문해 청소해 주는 서비스를 제공했습니다.

부스가 청소기를 판매하게 된 일화가 있습니다. 당시 영국에는 에드워드 7세의 대관식이 예정되어 있었어요. 그런데 대관식을 코앞에 두고 대관식 장소인 웨스트민스터 대성당의 카펫이 더럽다는 문제를 뒤늦게 알게 됩니다. 하지만 카펫을 세탁하기에는 이미 늦은 시간이었죠. 이 이야기를 들은 부스가 진공청소기를 가지고 카펫을 청소했고 대관식은 무사히 치러집니다. 뒤늦게 사연을 알게 된 에드워드 7세는 부스에게 기계의 시연을 요청하죠. 부스는 버킹엄 궁전에서 진공청소기를 시연했고, 왕과 왕비는 청소기 두 대를 구입해 한 대는 벅 하우스, 다른 한 대는 윈저 성에 놓도록 했다고 합니다.

이 사건을 계기로 1904년 부스는 판매용 제품을 내놓습니다. 모터와 펌프 먼지통을 작은 트롤리에 올린 제품이었죠. 물론 아직까지는 약 40kg에 가까운 무게였지만요.

Fig 2. 호치키스, 포클레인, 후버?

미국에서는 제임스 스팽글러James Spangler가 진공청소기를 발명합니다. 백화점에서 수위로 일하던 그는 평소 천식을 앓고 있었고 비질할 때마다 먼지 때문에 고통스러워했죠. 그래서 빗자루에 베갯 잇을 연결한 형태로, 나무와 깡통, 전기 모터를 이용해 청소기를 만들어 냅니다. 하지만 그는 이 기계를 상용화하지 않았고, 1년 뒤 사촌 윌리엄 후버William Hoover에게 특허를 판매합니다.

이전까지 후버는 말안 장과 가죽을 만드는 회사를 운 영했어요. 1908년 진공청소기 'Model O'를 내놓으며 본격적 으로 가전 기기에 주력합니다. 그리고 제1차 세계 대전 중에 공장화로 대량 생산을 시작하 고 시장을 장악하면서 후버의 진공청소기는 청소기의 대명사 가 됩니다.

1908년 출시된 후버의 Model O

1920년대 후버는 청결에 대한 불안감과 공포심을 불러일 으키는 광고 캠페인을 진행합니다. 'd.p.m(dirt per minute)' 분당 먼 지라는 개념을 만들어 자사의 청소기가 더 많은 분당 먼지를 빨 아들인다고 광고했죠.

1979년에는 블랙앤데커Black&Decker에서 최초의 핸디형 진공 청소기가 출시됩니다. 이 청소기는 흡입력이 강하지는 않았지만, 무선에 가볍고 편리했으며 저렴했죠. 이러한 장점 덕분에 출시 첫 해에만 100만 대 이상이 팔리며 큰 성공을 거두었습니다.

Fig 3. 먼지 봉투를 없앤 다이슨

1902년 세실 부스가 청소기를 개발한 이후, 공기를 빨아들여 먼지 봉투에 먼지를 담는 청소기의 기본적인 구조는 변하지 않았습니다. 1978년 제임스 다이슨이 구매한 후버의 진공청소기도 마찬가지였어요.

다이슨은 이 청소기를 이용하던 중 흡입력이 급속도로 떨어진다는 것을 깨닫고 관심을 가지게 됩니다. 뼛속까지 엔지니어였던 그는 청소기를 분해하고 몇 번의 실험 끝에 원인을 찾아내죠. 그것은 바로 청소기 먼지 봉투에 있는 작은 구멍으로 공기가 빠져나가야 하는데 먼지가 구멍을 막는 것이었어요.

다이슨은 이미 가드닝 용품 제작 회사를 운영 중이었어요. 당시 그의 공장에서 페인트 입자를 빨아들여 공기에서 분리해 떨어트리는 사이클론 타워를 만들었죠. 그는 이 원리를 청소기에도 동일하게 적용할 수 있을 것이라고 생각합니다.

마침 자신이 설립한 회사에서 쫓겨나 시간이 많았던 다이슨은 5년 동안 5,127개의 시제품을 제작하며 청소기 연구에 몰두합니다. 연구 기간 동안 수입이 없었기에 자금이 부족했던 다이슨은 소유하고 있던 판권을 판매하려고 했지만 아무도 그의 아이디어를 사지 않았습니다. 뜻밖에 일본의 에이펙스APEX라는 회사에서 손을 내밀었고, 1986년 지포스G-Force라는 이름으로 다이슨의 첫 번째 먼지 봉투 없는 청소기가 출시됩니다. 당시 1,200파운드의 비싼 가격에도 출시 3년 만에 연 매출 1,200만 파운드를 달성하죠.

지포스의 성공에 힘입어 1993년 다이슨은 직접 회사를 설립해 DC01을 출시합니다. DC는 듀얼 사이클론의 약자예요. 작고 빠른 사이클론과 크고 느린 사이클론이 발생하기 때문에 듀얼 사이클론이라고 이름을 붙인 것이죠. 빠른 사이클론으로는 강한 원심력을 일으켜 작은 입자를 가라앉혔고, 깃털이나 실 같은 큰 입자는 빠른 사이클론만 있으면 오히려 튕겨 나가기 때문에 느린 사이클론으로 천천히 가라앉혔죠.

다이슨은 이제 구조적인 혁신보다는 무게를 줄이고 퍼포먼스를 높이는 목표를 가지고 모터를 개량하는 데 집중하고 있습니다. 2004년 출시된 V1부터 현재의 V15까지 점점 더 작고 가벼우면서도 강력한 모터를 장착해 나가고 있죠.

Fig 4. 진화를 거듭한 로봇 청소기

2001년 일렉트로룩스Electrolux에서 세계 최초의 로봇 청소기 '트릴로바이트Trilobite'를 출시합니다. 트릴로바이트라는 이름은 삼엽충을 닮았다고 해서 붙여진 것이죠. 트릴로바이트는 몸체에 부착된 9개의 초음파 센서로

세계 최초의 로봇 청소기 트릴로바이트

주변 정보를 수집하여 움직이는 청소기로 혁신적인 제품이었죠. 하지만 2,000달러가 넘는 가격과 무자비한 소음(2003년이 되어서야 청소 중 통화가 가능하다고 홍보했어요.), 짧은 배터리 성능, 게다가 청소도 제대로 되지 않아 시장의 외면을 받았습니다.

아이로봇의 룸바

그로부터 1년 뒤 아이로봇I-robot이 트릴로바이트의 1/10에 가까운 가격 200달러에 룸바Roomba라는 로봇 청소기를 출시합니다. 100만 대 이상 판매한 룸바의 성공에 수많은 업체가 로봇 청소기 시장에 뛰어들 정도였어요.

당시 로봇 청소기의 문제로 가격, 소음, 배터리가 있었지만 청소를 효율적으로 하지 못한다는 점이 가장 큰 문제였습니다. 정해진 경로에서 장애물을 피하는 형태로는 한계가 있었거든요. 이를 해결하기 위해 수많은 시도가 있었습니다.

초기 로봇 청소기는 적외선 센서로 물체를 감지했습니다. 시작 지점부터 움직인 거리와 방향을 계산한 정보로 맵핑을 하는 자이로스코프 센서를 이용해 아무렇게나 가는 방식으로 청소했죠. 이후로는 천장을 향해 설치한 카메라로 촬영한 정보를 기억해 움직이는 방식을 사용합니다. 2003년 삼성전자에서는 이미 입력된 지형 이미지와 앞으로 비행해야 할 곳의 사진을 비교하는 크루즈 미사일의 항법 장치 기술을 적용한 로봇 청소기의 특허를 내기도 했죠.

2009년에는 니토 로보틱스Neato Robotics에서 라이다LiDAR기술이 적용된 최초의 로봇 청소기를 출시합니다. 라이다를 이용해 주변을 스캔하고 공간을 3D 맵핑하여 메모리에 저장하는 방식으로 훨씬 더 효율적으로 청소할 수 있게 되었죠.

최근에 출시되는 로봇 청소기에는 AI 기술이 적용되기도 합니다. 카메라로 사물을 인식하고 딥러닝을 통해 공간을 학습하는 기능이 탑재된 것이죠. 참고로 다이슨에서도 360도 시야각 기술을 탑재한 로봇 청소기를 출시했지만 큰 반응을 얻지는 못했습니다. 2022년 상반기 기준 세계 시장 점유율 1위는 중국의 로보락Roborock, 2위는 룸바를 만든 아이로봇입니다.

세탁기

–

빨래하는 기계.

국립국어원 표준국어대사전

Fig 1. 어떻게든 빨래를 쉽게 해 보려던 시도들

빨래는 생각보다 어려운 일입니다. 특히 손빨래는 노동 시간이 길고 노동 강도도 높았죠. 무작정 한다고 잘 빨리지도 않아 숙련도까지 필요한 작업이었습니다. 그렇기 때문에 빨래를 쉽게 하려는 노력은 계속되어 왔습니다. 초기에는 세제를 발전시켰다면, 18세기부터는 세탁기를 발전시켰어요.

최초의 세탁기는 1767년

1767년 최초의 세탁기로 추정되는 것

야코프 크리스티안 셰퍼Jacob Christian Schaffer에 의해 탄생합니다. 손으로 축을 돌리면 통 안에 있는 솔이 돌아가는 형태였어요. 돌리는 행위를 좀 더 쉽게 만든 형태도 등장합니다. 이후로도 수많은 세탁기가 발명되고 누가 최초인지에 대한 말이 많죠. 19세기까지 대부분 원형 통에 크랭크축으로 돌리는 형태로 큰 차이는 없어 보입니다.

Fig 2. 세탁소 vs 세탁기(feat. 코인 세탁소)

초기 세탁기는 대부분 가정용이 아니었습니다. 세탁기 발명 당시 전기는 말할 것도 없고 수도 인프라가 제대로 구축되지 않았기 때문이죠. 게다가 초기 자동 세탁기는 증기 기관을 이용했기 때문에 가정에서 쓰기 어려웠습니다. 그래서 1860년대 미국의 남북전쟁이 끝난 직후 규모가 있는 세탁소가 먼저 등장합니다.

1920년대부터 전기세탁기가 본격적으로 생산되고, 미국 가정에 전기와 수도가 빠른 속도로 보급되자 가정에서도 세탁기를 들이기 시작합니다. 하지만 흑인 가정부를 많이 거느린 남부의 가정에서는 세탁기 보급이 더뎠어요.

아무튼 세탁기가 보급되자 세탁소는 가정용 세탁기를 경쟁자로 의식하면서 네거티브 광고를 펼치기 시작합니다. '세탁소가 더 깨끗하게 세탁된다', '세탁을 집에서 하면 주부가 우울하다'라는 식의 광고였죠. 물론 세탁기 업체도 지지 않고 '세탁기를 쓰면 세탁소에 셔츠를 맡길 필요가 없다'라는 광고를 내보냈어요. 양측의 네거티브 광고가 너무 치열해지자 1927년과 1933년에는 네거티브 광고를 자제하기로 합의하기도 했죠.

하지만 대공황으로 세탁기를 살 형편이 되지 않는 가정이 늘어나자 1934년 텍사스에서는 세탁기를 잠깐 빌려주는 서비스가 등장합니다. 우리가 알고 있는 코인 세탁소와 비슷한 형태였어요. 다만 동전으로 작동하지는 않았기 때문에 상주 직원이 있었고, 직원에게 결제해야 했습니다. 게다가 건조기가 없었기 때문에 젖은 빨래를 들고 집에 가져가서 말려야 했어요.

동전 결제가 가능해진 것은 1957년부터입니다. 덕분에 24시간 코인 세탁소가 등장했죠. 이러한 편리성 때문에 1960년대와 1970년대에 세탁소 이용이 급증합니다.

Fig 3. 자동의 자동의 자동

1907년 헐리Hurley Machine Company에서 전기로 작동하는 최초의 세탁기 토르Thor를 발명합니다. 통이 자동으로 돌아가는 세탁기였죠. 하지만 본격적으로 전기세탁기가 널리 사용된 것은 1930년대부터입니다. 앞서 말했듯 그 전까지 전기와 수도가 각 가정에 보급되지 않았기 때문이었어요.

자동 세탁기가 등장하기 전까지는 세탁기를 사용하는 동안 계속 세탁기를 신경 써야 했습니다. 1920년대까지 세탁기에 타이머가 없었기 때문에 빨래를 지켜보다가 사람이 직접 세탁기를 꺼야 했고, 배수 파이프를 직접 가져다 대야 했죠.

1920년대 헐리의 전기 세탁기 광고

1931년 출시된 GE의 2-Tub Washer는 탈수기가 위에 붙어 있다는 점을 혁신이라며 대대적으로 홍보합니다. 물론 아래서 헹군 빨래를 직접 빼내서 탈수기에 옮겨 물기를 짜내야만 했죠.

반면, 1936년 등장한 자동 세탁기는 빨랫감을 세탁기에 넣고, 다이얼만 맞추면 탈수까지 완료되는 혁신적인 기계였습니다. 실제로 벤딕스Bendix에서 자동 세탁기를 처음으로 시장에 선보였을 때 빨래를 돌려 놓고 영화를 보고 와도 된다는 식으로 홍보했죠. 게다가 이 세탁기는 윗부분이 아닌 전면에 뚜껑을 달았습니다. 오늘날 드럼 세탁기의 조상이라고 볼 수 있어요.

1961년에는 빨래 옵션을 선택할 수 있는 세탁기가 등장합니다. 후버의 '키마틱Keymatic'으로 게임기에 게임팩을 꽂듯이 세탁기에 '키카드Keycard'를 넣으면 프로그래밍된 빨래 옵션이 실행되는 세탁기였어요.

Fig 4. 알아 두면 어디 가서 아는 척할 수 있는 6가지 사실

- 우리나라의 동네 세탁소는 1980년대에 대거 등장했습니다. 아파트로 주거 문화가 바뀌고, 양복과 교복 생활, 기성복 시장 활성화 등으로 세탁의 수요가 생기기 시작했거든요.

- 컴퓨터 세탁은 이전까지 반자동 혹은 수동으로 작동했던 세탁기와 달리, 버튼 한 번만 누르면 세탁이 자동으로 되는 컴퓨터 회로가 들어 있는 세탁기를 이용한다는 뜻입니다.

- 가장 오래된 국내 제조 세탁기는 금성사의 백조 세탁기(WP-181)입니다. 용량은 1.8㎏으로 요즘 세탁기의 1/10 수준이지만 국가등록문화재로도 등록되어 있죠.

- 한국에서 가장 오래된 세탁소는 1914년부터 운영되었습니다. 조선호텔 개관 당시부터 이어져 온 서울 웨스틴조선호텔 세탁소가 그 주인공이죠. 이 세탁소는 아쉽게도 2018년에 문을 닫았어요.

- 행동 경제학에서는 인터넷보다 세탁기를 더 혁신적인 발명품으로 보기도 합니다. 가사 노동 시간을 줄여 여성의 경제 참여를 가능하게 만들었다고 봤거든요. 실제로 1940년 미국의 통계 자료에 따르면, 세탁기 도입 후 세탁 시간은 평균 4시간에서 41분으로 줄어들었습니다.

- 2020년 미국의 세탁기 시장 점유율 1, 2위를 삼성전자와 LG전자가 차지하며 점령하다시피 했습니다.(2020년 말 기준 삼성전자 20.7%, LG전자 16.7%) 이에 미국은 2023년까지 한국산 세탁기를 제재 대상에 포함시켰어요.

전기밥솥

—

전기 저항에 의하여 발생하는 열을 이용하여 밥을 짓도록 만든 솥.

국립국어원 표준국어대사전

Fig 1. 라디오 수리점에서 판매하는 전기밥솥

소니의 대표 사업이라면 게임, 영화 등을 떠올릴 것입니다. 놀랍게
도 소니의 첫 제품은 전기밥솥이었어요. 더 놀라운 건 1946년 창
업한 소니는 원래 라디오 수리점이었다는 사실이죠. 그러니까 라
디오 수리점에서 전기밥솥을 출시한 거예요. 그래서일까요? 결과
는 대 실패였습니다. 전기밥솥을 수백 대 생산했지만 팔지 못했고
남은 제품은 창고에 재고로 쌓였다고 해요. 비슷한 시기에 미쓰비
시Mitsubishi에서도 전기밥솥 제작을 시도하지만 실패했죠.

　　소니의 창업자 이부카 마사루는 당시 제작한 전기밥솥에
대해 "고급 쌀을 조심스럽게 끓이면 꽤 쓸만 했지만, 조금이라도
쌀의 품질이 떨어지면 너무 질거나 훌훌 날리는 밥이 나왔다."라
고 회고하기도 했습니다.

Fig 2. 밥 짓는 거 생각보다 어렵습니다

전기밥솥 그거 그냥 전기로 물 끓여서 밥 지으면 되는 거 아니느냐 생각할 수 있습니다. 하지만 밥 짓는 게 생각보다 복잡한 일입니다. 우선 쌀의 종류에 따라 물의 양, 가열 시간, 뜸 들이는 정도가 미세하게 달라야 해요. 오늘날 출시되는 밥솥을 살펴보면 잡곡밥 현미밥 기능이 따로 있죠. 또 열을 너무 오래 가하면 쌀이 타서 바닥에 눌어붙게 되고, 뜸을 제대로 들이지 않으면 맨 아래는 타고, 중간은 제대로 익고, 위는 설익은 삼층밥이 만들어집니다. 게다가 온도와 기압 등 주변 환경도 중요한 변수로 작용하고요.

핵심은 언제, 얼마큼 온도를 변화시켜야 하는지, 그리고 물이 끓기 시작한 후 몇 분 있다가 불을 꺼야 하는지를 알아내는 것이었어요. 이 어려운 일을 1955년 도시바에서 해냅니다. 제대로 된 전기밥솥이 출시되자, 곧바로 큰 히트로 이어졌고 일본뿐만 아니라 아시아 전역에서 대성공을 거두었죠.

재밌는 건 당시에는 밥을 짓는 전기밥솥과 보온 기능만 있는 전기밥통이 따로 있었다는 점이에요. 그래서 1970년대까지는 아궁이에서 밥을 짓고 전기밥통에 옮겨 놓는 경우도 많았다고 합니다.

Fig 3. 여행가서 밥솥 잘못 사면 구속(feat. 코끼리표 밥솥 사건)

우리나라에서도 1960년대부터 전기밥솥이 본격적으로 사용됩니다. 금성사, 영신산업, 한일전기 등의 회사에서 전기밥솥을 내놓았지만 2시간 넘게 밥이 안 되거나, 감전이 되는 등 품질이 떨어졌기 때문에 소비자의 외면을 받았다고 해요. 사람들은 일본 밥솥으로 눈을 돌립니다. 그중에서도 특히 조지루시Zojirushi의 제품들, 일명 코끼리표 밥솥이 유행하기 시작합니다. 아는 사람이 일본에 간다고 하면 코끼리표 밥솥을 사다 달라고 부탁할 정도였죠.

그러다 '코끼리표 밥솥 사건'이 터집니다. 사건의 전말은 이렇습니다. 1983년 1월, 전국주부교실 부산지부 회원 17명이 일본 시모노세키 여행을 다녀옵니다. 귀국길에 다들 코끼리표 밥솥을 양손에 들고, 손이 부족하니 짐을 발로 밀면서 옮긴 거예요. 여기까지만 보면 유난스러운 관광객들이 벌인 해프닝이라고 생각할 수 있는데, 하필 일본 아사히 신문 기자가 이 모습을 보고 '한국인 손님 덕분에 매상고가 늘어난다'라는 제목의 기사를 씁니다.

이제 막 해외여행이 자유화되던 시기였기 때문에 이 사건은 전국적인 이슈가 됩니다. '분별없는 아줌마들의 걸신스러운 쇼핑 바람으로 나라가 망신을 샀다'라고 국내 신문에서 보도되고, 심지어 담당 여행사 직원은 외환 관리법 위반으로 구속되기도 했어요.

Fig 4. K-전기밥솥은 전두환이 만들었다는 설

코끼리표 밥솥 사건이 터질 당시 우리나라 대통령은 전두환이었습니다. 전두환 대통령이 이 사건을 보고 경제과학 담당 비서관을 불러내 호통을 쳤다는 소문이 있어요. 소문에 따르면 전두환 대통령이 "밥통도 하나 제대로 못 만드는 주제에 어떻게 일제 밥통을 사 가지고 들어오는 여편네들을 욕해? 6개월 안에 다 만들어. 이 밥통 못 만들면 밥 그만 먹을 생각하라고!"라고 했다고 하죠.

이에 정부 출연 연구소 기관장들이 청와대에 모여 머리를 맞대기 시작합니다. 그래서 나온 기술이 '불화탄소수지(PTFE) 코팅 기술'이에요. 밥솥에 불화탄소수지 코팅을 하면 밥이 눌어붙지 않았죠. 불화탄소수지의 다른 이름은 테플론Teflon입니다. 눌어붙지 않는 프라이팬 광고로 유명한 테팔의 상표명이 바로 테플론에서 유래되었죠. 이 기술로 우리나라 밥솥은 초고속으로 개발됩니다.

Fig 5. 화재의 아이콘에서 화제의 아이콘으로

불화탄소수지 코팅 기술이 개발되자 문제가 하나 생깁니다. 한 기업의 주도로 만들어진 기술이 아니다 보니 어느 기업에 기술을 주고 제품 생산을 맡길지 결정해야 했던 것이죠. 결국 불화탄소수지 코팅 기술은 성광전자에게 전수되고, 이후로도 성광전자는 기술 개발에 박차를 가합니다. 성광전자는 1998년 쿠쿠라는 브랜드를

300

출시하죠.

불화탄소수지 코팅 기술을 전수받기 전 성광전자는 어려움을 겪고 있었습니다. 1982년 한 가정집에서 원인 불명의 화재가 발생하는데, 사람들이 이 화재의 원인을 성광전자의 전기밥솥에 있다고 의심했거든요. 이 소문으로 성광전자의 매출은 뚝 떨어지고, 약 3억 원의 금전적 피해를 봤다고 합니다.

Fig 6. 우리나라가 최초로 만든 기술에 중국인들이 줄을 서고, 강대국과 어깨를 나란히 하는 상황

요즘도 그런 말이 있죠. '압력 밥솥으로 해야 밥이 더 맛있다' 전기밥솥은 내솥의 밑바닥만 가열하기 때문에 많은 양의 쌀을 넣으면 맨 아래는 타고 맨 위는 설익는 문제가 있었어요.

이 문제를 해결하기 위해 나온 것이 인덕션 히팅(일명 IH) 방식 전기 압력 밥솥입니다. 인덕션과 같은 원리인데, 인덕션 코일을 밥솥 둘레에 감아 사방에서 열이 전달되도록 한 것이죠. 그럼 쌀이 구석구석 익어 맛있는 밥이 완성됩니다. 이 기술은 2006년 쿠쿠가 최초로 개발했어요.

이렇게 우리나라의 전기밥솥 기술이 좋아지면서, 과거 우리나라가 일본 제품을 샀던 것처럼 중국에서 우리나라 제품을 사기 시작합니다. 심지어 중국 시장을 공략하기 위해 넣은 중국 음성 기능을 듣고 중국 소비자들이 중국제 짝퉁이라고 생각해 판매가 저조해졌다는 말도 있었어요.

그렇다고 세계 시장에서 우리나라 제품이 일본 제품을 추월했다는 것은 아닙니다. 국내 점유율은 압도적이지만 해외에서는 미국, 일본, 독일, 중국 등의 제품과 경쟁하고 있는 상황이죠. 물론 점유율이 점점 높아지고 있지만요.

아무튼 한때는 기술을 수입해 와야 했던 나라와 세계 무대에서 어깨를 나란히 하게 된 것입니다. 누구보다 밥에 진심인 민족이니까 앞으로도 더 좋은 제품이 나올 것이라 믿어 의심치 않습니다.

Insight

우리나라 전기밥솥의 역사를 보면 여러 감정이 교차합니다. 일본에 대한 열등감, 군사 독재가 전기밥솥 발전에는 긍정적인 결과를 초래했기 때문이죠.

일본에 대한 열등감이 과거 우리나라 성장의 동력이 되었던 것은 사실이라고 생각합니다. 개인적으로는 '코스피가 일본 한 기업의 주가 총액보다 적어서야 되겠습니까?'라는 광고로 히트했던 코리아 펀드가 생각나네요. 군사 독재로 인한 발전은 인적, 물적 자본을 한 곳으로 집중시킬 수 있었기 때문에 가능했다고 생각합니다. 그래서 집중된 부분에서 성장이 두드러져 보이는 것이죠. 하지만 사회 총체적으로 봤을 때는 그만큼의 성장이 이루어졌다고 볼 수 없을 것입니다.

옛날에는 어떤 책이 유행했을까?

베스트셀러

—

어떤 기간에 가장 많이 팔린 물건.

국립국어원 표준국어대사전

Fig 1. 국력이 곧 베스트셀러

19세기 초 인쇄기가 등장하기 전까지 출판 부수에는 한계가 있을 수밖에 없었습니다. 16세기 인쇄소가 하루에 찍어 낼 수 있는 페이지 수는 1,250장이 최대였죠. 인쇄도 인쇄지만 그 시기에는 판매량을 정확하게 집계하는 것 자체가 불가능했습니다. 따라서 판본 수 혹은 번역본의 수가 작품의 성공을 증명했죠. 그렇기 때문에 베스트셀러는 그 시대의 강대국인 나라에서 주로 등장했습니다.

- 17세기 - 《돈키호테》로 대표되는 스페인
- 18세기 - 《로빈슨 크루소》로 대표되는 영국과 《젊은 베르테르의 슬픔》의 독일
- 19세기 - 《레미제라블》의 프랑스와 《두 도시 이야기》의 영국

Fig 2. 거짓말이라도 목표 달성하면 되는 거 아냐?

○ **해리엇 비처 스토《톰 아저씨의 오두막》**

1852년 《톰 아저씨의 오두막》이라는 책이 출간됩니다. 이 책의 출판 담당자였던 주잇은 출간 일주일 뒤에 첫 광고를 냅니다. 이 광고에는 5,000명의 독자가 책을 구입했다는 문구가 있었죠.

2주 후에는 신문의 반쪽 면을 사서 '1만 권 판매 돌파', 3개월 뒤에는 신문 한쪽 면 전체를 사서 '8주 만에 5만 부'라는 미국 출판 역사상 전례가 없는 판매량을 기록했다'라고 홍보했어요. 출간 1년 후, 주잇은 미국에서 30만 5천 부를 판매했다고 했지만 물론 거짓말이었죠. 실제로 이 책이 30만 부 판매를 달성하긴 합니다. 소설이 출간된 지 6년이 지난 후였어요.

사실이야 어찌 되었든 《톰 아저씨의 오두막》은 베스트셀러라고 홍보하면 실제로 베스트셀러가 될 수 있다는 것을 보여 주었죠. 이후 책의 판매 부수 및 판수를 부풀리는 행위가 횡행합니다.

○ **오노레 드 발자크《나귀 가죽》**

반면 출판사의 사기 행위를 싫어하는 작가도 있었습니다. 《나귀 가죽》의 출판 담당자는 4,500부가 판매되었다고 당시로서는 말도 안 되는 수치로 홍보했습니다. 이러한 홍보를 마음에 들어 하지 않던 《나귀 가죽》의 작가 발자크는 출판 담당자에게 개정판 서두에 발행 부수와 관련된 정정문을 실으라는 약속을 받아내죠.

Fig 3. 욕설, 무시하면 사라지지만 발끈하면 홍보가 된다

○ 살만 루시디 《악마의 시》

1988년 살만 루시디는 《악마의 시》라는 책을 출판합니다. 처음에는 큰 주목을 받지 못한 평범한 소설이었죠. 하지만 당시 이슬람의 정치 겸 종교 지도자인 아야톨라 호메이니가 이 책을 쓴 자와 이 책의 출간에 관련된 모든 사람을 처형하라는 발표를 하자 《악마의 시》는 전 세계적인 주목을 받게 됩니다. 이 사건으로 《악마의 시》는 곧바로 베스트셀러가 되고 미국에서만 75만 부가 팔렸죠.

호메이니가 발끈한 이유는 소설에 등장하는 몇몇 장면 때문이었습니다. 무함마드가 다신교의 신들을 인정하는 발언을 하는 모습과 발언을 번복하는 모습, 종교 지도자 '이맘'이 가브리엘을 이용해서 이교의 여신인 알-랏을 죽이는 모습 등이 문제가 된 것이죠.

○ 조너선 프랜즌 《인생 수정》

미국에서는 책 판매에 있어 한동안 오프라 윈프리의 영향력이 절대적이었습니다. 오프라 윈프리 북 클럽에서 선정된 책은 대부분 베스트셀러가 되었기 때문이죠.

2001년 오프라는 조녀선 프랜즌의 《인생 수정》을 오프라 윈프리 북 클럽의 책으로 선정하고 이 책은 곧장 베스트셀러가 됩니다. 하지만 정작 프랜즌은 이를 불편해하며 "책 표지에 찍히는 오프라 윈프리 북 클럽 로고 때문에 남성 독자들이 책 사는 것을 주저할 것이다"라는 말을 합니다. 이에 화가 난 오프라는 책 선정 이후 진행하는 작가 인터뷰를 취소했어요. 하지만 이 소식은 오히려 소설을 홍보하는 결과를 낳았죠.

Fig 4. 예나 지금이나 야한 게 잘 팔린다

○ 구스타브 플로베르 《보바리 부인》

구스타브 플로베르의 소설 《보바리 부인》은 1857년 출간되기 전에 한 잡지에서 연재되었습니다. 당시 기준으로 노골적인 성애 묘사로 연재와 동시에 뜨거운 논란의 대상이 되었죠. 결국 정부에서는 "종교와 공중도덕, 그리고 미풍양속을 모독한 죄"로 《보바리 부인》을 실은 〈파리 평론〉과 플로베르를 기소합니다. 다행히 뛰어난 변호사 덕분에 무죄 판결을 받았고, 플로베르는 《보바리 부인》 머리글에 변호사에 대한 헌사를 써 두었죠. 이 스캔들로 더욱 큰 주목을 받은 《보바리 부인》은 5년간 3만 5천 부가 판매되었습니다.

○ 데이비드 허버트 로렌스 《채털리 부인의 사랑》

1928년에 완성된 데이비드 허버트 로렌스의 《채털리 부인의 사랑》은 적나라한 성행위 묘사 때문에 한동안 판매가 금지되었습니다. 로렌스가 죽고 난 뒤인 1960년이 되어서야 미국과 영국에서 문화적인 조건 하에 외설적인 서적 출간을 허락하는 법률이 통과되어 세상의 빛을 볼 수 있었죠. 이 책은 판매가 시작되고 2달 만에 총 200만 부가 판매되었다고 합니다.

한편 1957년 일본에서도 《채털리 부인의 사랑》이 번역 출판되었는데 검찰 측에서 음란 외설물 유포 혐의로 번역자와 출판사 사장을 고소했고 유죄 판결을 받았다고 합니다.

○ 블라디미르 나보코프 《롤리타》

1955년 출간된 블라디미르 나보코프의 《롤리타》도 외설적인 내용으로 출간 직후 폭발적인 반응을 불러일으킵니다. 미국에서 출간 3주 만에 10만 부가 팔렸어요. 처음에는 외설적인 내용으로 유명해졌지만, 이후 문학적으로 재평가되어 고전의 반열에 오르고 50년 동안 5천만 권 이상이 판매됩니다.

○ E.L.제임스 《그레이의 50가지 그림자》

반면 2011년 3년 만에 1억 부가 팔린 외설적인 소설이 등장합니다. 바로 《그레이의 50가지 그림자》가 그 주인공이죠. 《트와일라잇》의 팬픽에서 시작한 이 책은 신데렐라 스토리와 가학적인 성적 취향이 담긴 이야기였습니다. 엄마들을 위한 포르노라는 평가와 함께 출간 석 달 만에 전 세계에서 3천만 부가 팔렸죠.

《롤리타》와는 반대로 시간이 지날수록 이 책에 대한 평가는 바닥으로 곤두박질칩니다. 일례로 유행이 지난 이 책을 중고로 판매하거나 기부하려는 사람들이 늘어나자 영국의 한 자선 단체에서는 이 책의 기부를 받지 않겠다고 선언하기도 했죠.

Fig 5. 국내 베스트셀러의 동향

광복 이후 최초의 베스트셀러로 꼽히는 책은 정비석 작가의 《자유부인》(1954)입니다. 이 소설이 연재되었다는 소식만으로도 신문의 발행 부수가 늘어나기도 했죠.

○ 1980년대

1980년대는 이문열의 시대였습니다. 《사람의 아들》(1979), 《황제를 위하여》(1982), 《레테의 연가》(1983), 《추락하는 것은 날개가 있다》(1988) 등을 잇달아 성공시키고 《삼국지》(1988)로 대박을 터트리죠. 이문열의 《삼국지》를 계기로 다른 역사 소설도 유행합니다. 황석영의 《장길산》(1984), 박경리의 《토지》(1973), 정비석의 《소설 손자병법》(1984), 조정래의 《태백산맥》(1986)등이 베스트셀러였죠.

○ 1990년대

1990년대 초에는 역사 소설의 유행이 계속됩니다. 《소설동의보감》(1991), 《소설 토정비결》(1992), 《소설 목민심서》(1993) 등이 있었고, 지금까지도 인기를 구가하는 김진명도 《무궁화꽃이 피었습니다》(1993)를 통해 처음으로 주목을 받습니다.

1990년대 중반 이후에는 여성 작가들의 활약이 두드러졌습니다. 최명희의 《혼불》(1996), 양귀자의 《나는 소망한다 내게 금지된 것을》(1992), 공지영의 《무소의 뿔처럼 혼자서 가라》(1993), 《고등어》(1994), 박완서의 《너무도 쓸쓸한 당신》(1998), 신경숙의 《기차는 7시에 떠나네》(1999) 등이 베스트셀러에 이름을 올렸습니다.

○ **2000년대**

2000년대 초반은 〈책 책 책 책을 읽읍시다〉라는 MBC 프로그램의 힘이 절대적이었습니다. 《가시고기》(2000), 《아홉살 인생》(2002), 《봉순이 언니》(1998), 《그 많던 싱아는 누가 다 먹었을까》(2002), 《톨스토이 단편선》(2003), 《야생초 편지》(2003), 《지상에 숟가락 하나》(2003), 《내 생애의 아이들》(2003) 등이 모두 방송에 나온 책이었죠.

2000년대 중반은 자기계발서의 시대입니다. 《아침형 인간》(2004)을 필두로 《마시멜로 이야기》(2006), 《끌리는 사람은 1%가 다르다》(2006), 《The Secret 시크릿》(2008), 《마시멜로 두 번째 이야기》(2008) 등이 있었죠.

○ **2010년대**

2010년대에는 미디어의 힘이 컸습니다. 드라마와 영화로 인해 인기를 끌었던 《성균관 유생들의 나날》(2007), 《도가니》(2009), 《해를 품은 달》(2005)이 베스트셀러에 올랐고요. 혜민의 《멈추면, 비로소 보이는 것들》(2012), 《김미경의 드림 온》(2013), 강신주의 《강신주의 감정수업》(2013), 《백종원이 추천하는 집밥 메뉴 52》(2014), 설민석의 《설민석의 조선왕조실록》(2016)처럼 TV에 나와 이슈가 된 사람들의 책도 베스트셀러가 되었죠. 팟캐스트도 예외는 아니었는데 김어준의 《닥치고 정치》(2011), 《지적 대화를 위한 넓고 얕은 지식》(2014) 등이 베스트셀러에 오릅니다.

2010년대 후반에는 힐링물의 시대였습니다. 김난도의 《아프니까 청춘이다》(2010)를 시작으로 《천 번을 흔들려야 어른이 된다》(2012), 《미움받을 용기》(2014), 《보노보노처럼 살다니 다행이야》(2017), 《곰돌이 푸, 행복한 일은 매일 있어》(2018), 《죽고 싶지만 떡볶이는 먹고 싶어》(2018) 등이 베스트셀러에 오르죠.

○ **2020년대**

2020년에는 주식 열풍으로 《존리의 부자되기 습관》, 《돈의 속성》, 《주식투자 무작정 따라하기》 등이 베스트셀러가 됩니다.

Insight

역사를 살펴보면 베스트셀러라는 것이 당시의 사회적인 분위기, 이슈 그리고 출판사의 마케팅 등으로 만들어진 것임을 알 수 있습니다. 그러니까 베스트셀러라고 해서 무조건 좋은 책이라고 생각하기보다는 그 시대의 사회상을 파악하기 좋은 책이라고 보는 것이 맞는 것 같습니다.

라면

—

국수를 증기로 익히고 기름에 튀겨서 말린 즉석식품.

가루수프를 따로 넣는다.

국립국어원 표준국어대사전

Fig 1. 최초의 인스턴트 라면

제2차 세계 대전 이후, 일본의 경제는 무너졌고 사람들은 끼니를 걱정해야 했어요. 그나마 있는 것은 미국에서 대량으로 원조를 받은 밀가루였습니다. 많은 사람이 이 밀가루를 이용한 식품 개발에 뛰어들었죠.

1953년에는 즉석 굴곡면으로 특허를 받은 사람도 있었고, 1955년에는 즉석 중화면이 시판되었어요. 1956년에는 일본의 남극 탐사대가 즉석 면을 챙겨 떠나기도 했지만, 실용성과 맛이 떨어졌죠.

이를 해결한 것이 1958년 등장한 안도 모모후쿠의 '치킨 라면'입니다. 치킨 라면은 면을 튀겨 양념을 입힌 다음 다시 건조한 최초의 인스턴트 라면이었어요. 치킨 라면은 조리가 간편했지만, 이미 간이 된 면에 별도의 양념 수프 없이 물만 붓는 방식이라 맛이 부족했습니다. 묘조식품을 창업한 오쿠이 기요스미가 수프를 따로 포장한 '스프 별첨 묘조라면'을 1962년에 출시하면서 이 문제도 해결됩니다.

Fig 2. 꿀꿀이죽을 대체하기 위한 삼양라면

1963년 한국 최초의 인스턴트 라면인 '삼양라면'이 출시되었습니다. 당시 동방생명(현재 삼성생명)의 부회장이었던 전중윤 창업주가 사람들이 꿀꿀이죽을 사 먹는 것을 보고 라면 개발을 결심했다는 일화가 있죠. 라면의 출시 가격은 10원으로 당시에도 저렴한 가격이었지만 낯선 음식인지라 잘 팔리지 않았어요. 삼양식품은 라면을 알리기 위해 무료 시식을 진행했고, 이것이 히트를 쳐 1965년 연 매출 2억 4천만 원을 기록합니다.

　　라면은 1966년부터 시작된 정부의 혼분식 장려 운동의 수혜를 받게 됩니다. 특히 1968년에는 큰 흉작으로 혼분식 장려 정책이 더욱 강화되어 매주 수요일과 토요일은 오전 11시부터 오후 5시까지 음식점에서 쌀로 만든 음식을 판매하지 못했습니다. 하지만 이 때문에 정부로부터 가격 통제를 받기도 했어요. 1973년 국제 우지 가격 인상과 1975년 밀가루 가격 인상으로 라면 업계는 라면 가격을 인상하려고 했지만, 정부는 허가하지 않았죠.

Fig 3. 2개의 태양, 삼양과 농심

삼양라면이 주목을 받자, 여러 업체가 라면 사업에 뛰어듭니다. 1964년 삼양라면의 포장지를 인쇄하던 업체가 '풍년라면'을 내놓은 것을 시작으로, 닭표라면, 해표라면, 아리랑라면, 롯데라면 등이 생겼는데 대부분 6개월 안에 문을 닫았고, 삼양식품과 롯데공업만이 살아남죠.

롯데공업은 1975년에 농심라면을 출시합니다. '형님 먼저 드시오, 농심라면. 아우 먼저 들게나, 농심라면'이라는 텔레비전 광고가 큰 히트를 치면서 1978년 롯데공업은 아예 농심으로 사명을 변경하고 롯데 그룹에서 독립합니다.

Fig 4. 찬밥 신세였던 초창기 컵라면

최초의 컵라면도 인스턴트 라면을 처음 만든 안도 모모후쿠가 1971년에 개발했어요. 컵라면은 치킨 라면의 해외 판매를 위해 기획한 상품이었습니다. 일본과 달리 해외에는 라면 그릇이 제대로 갖춰져 있지 않은 경우가 많았기 때문에 그릇에 담긴 상품을 개발한 것이죠.

그래서인지 일본에서는 인기가 별로 없었고, 자위대 대원들을 중심으로 한정적으로 소비되었습니다. 그러던 중 1972년, 일본에서 발생한 끔찍한 인질극 아사마 산장 사건이 생방송으로 방영되었어요. 당시 기동대원들이 컵라면을 먹는 것이 중계되면서 컵라면은 일본 전역에서 인기를 끌기 시작합니다.

일본에서 컵라면이 개발된 지 불과 1년 뒤, 삼양라면에서 컵라면을 선보입니다. 당시 컵라면은 지금과 달리 직사각형의 얇은 플라스틱 용기에 담겨 있었어요. 컵라면 등장 직후에는 봉지 라면보다 4배나 비싼 가격과 생소함 때문에 인기가 없었습니다. 삼양식품에서 판촉을 위해 서울 다섯 곳과 부산, 대구, 인천, 광주, 대전 중심지에 컵라면 자동판매기를 설치했음에도 단종되었죠.

1981년에 농심에서 사발면을 내놓자 삼양식품도 1982년 다시 삼양 컵라면, 삼양 1분면 등을 출시하면서 컵라면 시장은 다시 살아났습니다.

Fig 5. 농심 천하?

농심은 천천히 라면 시장을 제패하기 시작합니다. 1983년에는 안성탕면과 너구리가 등장하죠. 안성탕면은 안성에 위치한 라면 공장에서 이름을 따온 것입니다. 농심이 이를 내세워 성공하자, 삼양에서도 1984년 호남탕면, 영남탕면, 서울탕면을 개발했지만 지금은 모두 사라졌죠.

1984년 농심은 짜파게티를 출시했고, 서울 아시안 게임이 열렸던 1986년 신라면을 내놓았습니다. 삼양의 짜짜로니도 선전했지만 짜파게티의 상대가 되지는 않았죠.

삼양은 이대로 영원히 농심의 아성을 넘지 못할 것인가 했지만, 2014년 한 유튜브 채널에 등장한 불닭볶음면이 전 세계적인 히트를 치면서 역전하게 됩니다.

Fig 6. 팔도, 오뚜기, 빙그레 그들만의 2부 리그

팔도는 1983년 한국 야쿠르트에서 내세운 브랜드로 이듬해에 팔도 비빔면을 출시했죠. 팔도 비빔면은 계절상품이었지만 반응이 좋아서 사계절 상품으로 바뀌었어요.

오뚜기는 1988년 진라면, 참라면, 라면박사를 내놓으며 라면 시장에 데뷔했고, 빙그레는 1986년 닛신식품과 기술 제휴를 하고 '우리집 라면'으로 시장에 진출했죠. 1996년에는 MSG 무첨가를 강조한 뉴면을 출시했는데, 이후 MSG 무첨가는 한국 라면의 대세가 되었고 국내 모든 라면에서 MSG가 빠지게 됩니다.

Fig 7. '공업용 우지로 라면을 튀긴다'

1989년 '공업용 우지로 라면을 튀긴다'라는 익명의 투서가 검찰에 전해집니다. 이를 계기로 검찰은 미국에서 우지를 수입한 라면 기업 대표 등을 식품 위생법 위반 혐의로 구속했죠.

이는 서양과 다른 식문화에서 비롯된 해프닝이었습니다.

서양에서는 사골, 내장 등을 먹지 않아 우지가 대부분 폐기되었고, 국내 라면 업계는 이를 이용한 것에 불과했죠. 따라서 한국식품과학회와 보건사회부 장관이 우지를 사용한 라면이 무해하다고 발표했지만 논란은 사그라들지 않았습니다. 1997년 대법원의 무죄 선고에도 불구하고 우지 파동에 휘말린 기업들은 큰 피해를 받았으며 문을 닫은 곳도 많았죠.

Fig 8. 라면계의 반짝 스타, 하얀 국물

1988년에는 농심이 사리곰탕면을 출시합니다. 농심은 하얀 국물을 내세워 아침 식사 대용이라며 홍보했죠. 2011년에 본격적으로 하얀 국물 열풍이 불었습니다. KBS 예능 프로그램 〈남자의 자격〉에서 이경규가 개발한 꼬꼬면이 팔도에서 제품으로 출시되면서 큰 인기를 끈 것이죠. 덕분에 그보다 한 달 전 출시된 삼양의 나가사끼짬뽕의 매출도 좋았다고 합니다. 오뚜기도 같은 해 기스면을 출시하면서 하얀 국물 라면 경쟁 대열에 합류했었죠.

통조림

—

고기나 과일 따위의 식료품을 양철통에 넣고
가열·살균한 뒤 밀봉하여 오래 보존할 수 있도록 한 식품.
국립국어원 표준국어대사전

Fig 1. 나폴레옹 전투 식량을 위해 만들어진 통조림

프랑스 정부가 나폴레옹의 군대에 전투 식량을 조달하기 위한 새로운 식품 보존법 개발에 1만 2천 프랑의 상금을 내걸었습니다. 이 공모에 당선된 사람은 니콜라 아페르 Nicolas Appert였죠.

그의 아이디어는 헐겁게 봉한 음식이 든 병을 고압 증기 멸균기의 물에 담그는 것이었습니다. 끓는점보다 더 높은 온도로 가열되면서 멸균되었고, 공기는 헐거운 마개를 통해 빠져나갔죠. 처리 과정이 끝나

메종 아페르에서 만든 통조림
유리병

면 마개를 단단히 박고 주둥이 부분을 철사로 묶은 뒤 밀랍으로 봉했어요.

당시는 파스퇴르의 《자연발생설 비판》이 출간되기 100여 년 전이었기 때문에 아페르도 본인의 방법이 어떤 원리로 작용하는 것인지 알지 못했어요. 다만 1811년 아페르는 자신의 연구 결과물을 《모든 동물성, 식물성 물질을 몇 년간 보존하는 방법》이라는 책으로 엮었고, 공모전의 상금으로 세계 최초의 병조림 공장인 메종 아페르Maison Appert를 세웠어요. 이 공장은 1933년까지 운영되었죠.

Fig 2. 병 가고 캔 왔다

아페르의 방법은 널리 퍼졌지만, 유리병은 무겁고 깨지기 쉬웠어요. 이러한 유리병의 단점을 보완한 것이 주석으로 도금한 철제 용기였습니다. 이 아이디어를 낸 사람은 프랑스 발명가 필리프 드 지라르Philippe de Girard였지만 특허를 처음으로 낸 것은 영국의 피터 듀런드Peter Durand라고 합니다. 이어 미국의 식료품 제조업자 윌리엄 언더우드William Underwood가 '캔'이라는 단어를 만들어 냈고, 1839년부터 '캔'이라는 명칭이 널리 쓰이기 시작했어요.

1895년 언더우드는 대합이 담긴 통조림 캔이 부풀어 오르는 문제를 두고 고민하다 MIT에 문의해 그 이유를 찾아냅니다. 캔의 내용물 중에서 안전한 온도에 도달하지 못하는 부분이 있고, 그 때문에 열에 강한 박테리아가 살아남았다는 사실이었죠. 그리고 캔을 121도에서 10분 정도 가열하면 이 문제를 해결할 수 있다는 것을 알아냈어요.

Fig 3. 식인까지 하게 만든 초기 통조림

프랭클린 탐험대의 흔적을 찾는 모습

초기의 캔은 음식이 철과 반응해 부식하지 않도록 캔 안쪽을 주석으로 도금하고, 땜납으로 뚜껑을 밀봉했죠. 하지만 뚜껑의 납이 음식물로 흘러들어 문제를 일으키는 경우도 있었습니다. 가장 유명한 사례로 1845년 아시아로 향하는 북서쪽 항로를 찾기 위해 떠난 영국의 프랭클린 탐험대의 이야기가 있어요.

    프랭클린 탐험대는 출항 첫 해에 실종되었고, 빙하 속에 조난 당해 마지막엔 식인까지 했지만 결국 모두 사망하고 맙니다. 훗날 탐험대원의 시신을 확인한 결과 정상치를 훨씬 초과하는 납

함량이 측정되었죠. 탐험대가 가져간 통조림에 납땜이 제대로 되지 않아 납 중독을 일으켰던 것입니다.

Fig 4. 캔 맥주 시대의 개막

초기의 통조림 캔은 강철로 만들어졌기 때문에 망치와 끌을 써서 열어야 했습니다. 미국 남북 전쟁에서 좀 더 가벼운 캔이 발명되었고, 캔 따개도 실용적으로 바뀌었죠. 10여 년 뒤에는 최초로 자체 따개가 달린 캔이 발명되고, 금주령이 끝난 직후인 1935년에는 캔 맥주가 시판되었습니다.

　　초기 맥주 캔은 뚜껑을 돌려 따도록 되어 있었지만, 이후 캔의 가장자리를 지렛대 삼아서 따는 캔 따개가 발명되었어요. 1959년에는 미국에서 고리에 손가락을 걸어 딸 수 있는 캔이 발명되었는데, 떼어 낸 고리 때문에 쓰레기 문제가 발생했죠. 이에 1975년 캔에 붙어 있는 고리형 따개가 도입되었습니다.

Fig 5. 전쟁 통에도 포기할 수 없었던 김치

우리나라 최초의 통조림은 전복 통조림입니다. 1892년 일본이 전남 완도에서 전복 통조림을 제조해 일본에 수출했어요. 이후 조선의 수산물이 중일 전쟁, 제2차 세계 대전 등에 전투 식량으로 보급되면서 전국 각지에 통조림 공장이 세워졌습니다.

1960년대 중반에는 베트남전에 참전하는 국군에게 김치 통조림을 납품하기 시작했습니다. 김치 통조림은 베트남 파병이 끝난 이후에도 중동 근로자 파견에 사용되면서 1980년대 초반까지도 생산되었어요.

1960년대에는 군납에서 점차 일반 소비 물품으로 생산 범위가 확대됩니다. 복숭아, 꽁치 등의 통조림이 등장했죠. 1970년에는 양송이 통조림이 주요 수출품으로 각광을 받기도 했습니다. 1982년에는 참치 캔이 출시되었고, 이듬해 통조림 햄이 출시되었어요. 통조림 시장은 맞벌이 가정이 늘어나면서 함께 성장했습니다.

Fig 6. 그 많던 연어 캔은 어디로 사라졌을까

2013년 CJ제일제당에서 연어 캔을 출시합니다. '스팸' 외에 명절 선물 세트를 구성할 마땅한 상품이 없자 '참치 캔' 시장을 겨냥해 만들어 낸 것이었죠. 이에 동원과 사조 등도 연어 캔을 연이어 출시합니다.

연어 캔 시장은 2년 만에 400억 원 규모의 시장을 형성했지만 거기까지였습니다. 비싼 가격과 낮은 식사 활용도 때문에 재구매로 이어지지 않았기 때문이죠. 이에 2020년 CJ제일제당이 사업을 접으며 연어 캔은 사라지게 되었습니다.

Fig 7. **이외의 사실들**

- 제2차 세계 대전 당시 미국 정부는 전쟁을 지원하기 위해 집에서 보존 식품을 만들도록 독려했습니다. 그 결과 1943년 한 해 동안 미국의 주부들은 텃밭 채소로 40억 병이 넘는 병조림을 만들었죠.
- 생 파인애플은 비싼 식품이었습니다. 1901년 제임스 돌James Dole이 하와이에서 파인애플을 재배하고 통조림으로 만들면서 일반인도 먹을 수 있게 되었죠.
- 통조림 및 병조림으로 판매되는 토마토가 신선한 상태로 판매되는 토마토보다 훨씬 더 많이 소비된다고 합니다.

김치

—

소금에 절인 배추나 무 따위를
고춧가루, 파, 마늘 따위의 양념에 버무린 뒤 발효를 시킨 음식.

국립국어원 표준국어대사전

Fig 1. **김치는 중국에서 유래했다?**

김치의 초기 형태는 절임 채소입니다. 겨울철 채소류를 저장하고 필요할 때 먹을 수 있도록 고안된 방식이죠. 절임 채소 문화가 어떻게 우리나라에 생겨났는지에 대해서는 여러 가지 견해가 있습니다.

○ 중국에서 유래했다는 설

절임 채소에 대한 가장 오래된 기록은 공자가 엮은 《시경》에 등장합니다. "오이를 절여 저(菹)를 만들어 조상에게 바친다."라는 구절이죠. 저(菹)는 오이 절임을 가리킵니다. 조선 시대 이래 저(菹)라는 글자가 김치류를 지칭하는 글자로 쓰여 왔기 때문에 자연스럽게 한반도 김치가 중국의 절임 채소 문화를 계승한 것으로 생각한 설입니다.

○ 우리나라에서 유래해서 중국으로 건너갔다는 설

중국 절임 채소 조리법에 관한 가장 오래된 기록은 《제민요술》에 등장합니다. 《제민요술》을 쓴 가사협(賈思勰)은 북위 고양군(현재의 산둥성)의 태수였어요. 당시 이 지역은 동이족(중국 동쪽 오랑캐의 이민족)의 영향권으로 절임 채소 문화가 백제와의 교류를 통해 발전했다는 가설이죠. 더 나아가 가사협이 백제의 후손일 가능성도 있다고 보았습니다.

○ 절임 채소 문화는 각자 알아서 등장했다는 설

소금, 술, 식초 등이 각 문명권에서 자연적으로 발생한 것처럼 절임 채소 문화도 보편적으로 발생한 것이라는 주장입니다. 하지만 절임 채소에 사용되는 기술은 소금으로 단순히 저장 보관하는 기술이 아니라 식초, 장, 메주, 술 등을 이용한 고도화된 기술로 이런 고급 기술이 동시에 여러 곳에서 자생할 수 있느냐는 반박이 있습니다.

하지만 이 절임 채소는 김치보다는 장아찌에 가깝습니다. 한반도 김치의 발달 과정을 보면 오늘날의 김치는 우리나라 고유의 음식인 것을 알 수 있죠.

Fig 2. 공자도 거른 절임 채소

소금과 장을 이용한 절임 채소를 가장 오래된 형태의 김치로 봅니다. 우리나라에서는 고려 시대 문헌에서부터 등장하죠. 절임 채소는 채소를 절인 장아찌 같은 모습으로 신맛이 특징이었습니다. 중국의 백과사전 《여씨춘추》에는 절임 채소의 신맛에 대한 재미있는 기록이 있습니다. "주나라의 문왕이 창포저를 매우 좋아해서 공자도 이를 듣고 얼굴을 찌푸려 가며 먹었는데 3년이 지난 후에야 익숙해질 수 있었다."

즙장으로 만드는 절임 채소는 메주로 묽은 장을 만든 뒤 채소를 넣고 고온에서 단기 숙성시키는 것입니다. 조선 초기부터 근대에 이르기까지 제조법이 기록되어 있을 정도로 오랜 기간 일상적으로 즐기던 음식이었죠. 현재는 변형되어 경상도와 전라도 지역에 즙장, 쩜장 등의 형태로 불리며 장류에 가까운 형태로 흔적이 남아 있습니다.

간장으로 만든 절임 채소는 주로 가지와 오이를 주원료로 합니다. 파, 마늘, 생강과 함께 끓인 간장과 참기름을 부어 저장해 두고 먹을 수 있게 만들었죠. 조선 중기에는 간장을 단독으로 사용하거나 마늘, 산초, 형개, 생강 등 향신 양념과 동시에 사용하는 방식이 주를 이루었습니다. 조선 후기로 가면서 오이와 가지 외에 무, 배추가 들어가고 각종 해산물도 더해지면서 고급스러워졌죠.

Fig 3. 이제야 김치답다, 물김치

물김치는 국물까지 먹는 형태와 건더기만 먹는 형태로 나누어집니다. 국물까지 먹는 방식은 우리나라에만 존재하는 매우 독창적인 형태죠. 물김치가 등장한 시기부터 절임 채소 문화는 강한 산미를 지향하는 중국식 방식, 감칠맛을 선호하는 한반도식 방식으로 갈라섰다고 보고 있습니다.

국물까지 먹는 물김치의 대표 주자는 나박김치와 동치미로 두 음식 모두 소금물과 무를 이용한 김치예요. 우리나라에 현존하는 가장 오래된 요리책 《산가요록》에도 등장하고 있으니 이를 통해 고려 시대에 이미 널리 퍼진 음식인 것을 알 수 있습니다.

건더기만 먹는 물김치는 주로 오이와 가지를 이용했습니다. 조선 시대 오이 김치와 가지 김치는 대개 간장과 참기름을 첨가해 만들거나, 끓인 소금물에 할미꽃, 형개, 분디, 산초, 박초, 생강, 마늘, 향유잎 등을 첨가해 만들었죠.

Fig 4. 중국 사신을 대접할 때 쓰인 젓갈 김치

젓갈 김치는 1400년대부터 등장합니다. 《세종실록》 8년의 기록을 보면 중국에서 온 사신을 대접하기 위해 "어린 오이(童子瓜)와 섞어 담근 곤쟁이젓(紫蝦) 두 항아리"를 영접도감에 보냈다는 내용이 있습니다. 이를 통해 젓갈 김치는 상류층만 즐길 수 있는 음식, 중국에서 찾아보기 힘든 음식이었다는 것을 알 수 있죠.

젓갈을 넣은 김치가 본격적으로 보급된 시기는 젓갈의 생산 및 유통이 활발해진 18세기 이후부터입니다. 조선 초기 젓갈을 담글 때 채소가 첨가되는 형태에서 김치를 만들 때 젓갈이 첨가되는 형태로 바뀌었을 것으로 추측합니다.

Fig 5. 소금 대신 고추?

우리가 먹는 고추 품종은 아메리카 대륙이 원산지입니다. 1542년 경부터 일본과 중국에 전파되었고, 우리나라에는 임진왜란을 전후로 전파되었어요. 고추가 들어온 초기에는 위를 다스리는 약용 초장을 만들 때 사용되었습니다. 가난한 승려와 하층민이 대체 식량으로 사용하다가 음식에 넣었을 때의 맛과 효과가 알려지면서 점차 상류층으로 퍼져 나갔을 것으로 추측합니다.

김치에 고추가 들어간 기록은 17세기부터 등장합니다. "고추를 항아리 속 채소와 섞으니 김치는 맛이 있고"라는 이서우의 시 구절과 김창업이 남긴 "고추 열매가 향기로우며 김치에 넣으니 부드럽고 맛은 시원해지네"라는 글이 가장 오래된 기록이죠. 1700년대 중반부터는 토착화에 성공해 재배가 확대되면서 요리에 널리 쓰입니다.

고추가 김치에 사용된 배경에 대해 흥미로운 주장도 있습니다. 18세기 의례가 잦아진 데 비해 소금의 공급이 부족해지자 이를 대체하기 위해 고추가 들어갔다는 의견이죠. 아무튼 고추와 젓갈이 들어간 버무림형 김치의 비중이 높아지면서 초기 소금과 장으로 만든 김치는 쇠퇴했습니다.

Fig 6. 섞박지는 원래 가지 김치였다?

섞박지는 배추나 무 등을 주재료로 해서 양념 채소, 젓갈, 고추를 버무린 형태의 김치를 뜻합니다. 섞박지는 1800년대《규합총서》, 한문 조리서인《주찬》 등에 등장합니다. 젓갈, 고추 등이 이미 조선에 있었음에도 19세기가 되어서야 섞박지가 등장한 이유는 이전까지 젓갈이 보편적으로 사용될 수 있는 재료가 아니었기 때문이죠. 초기 섞박지는 오늘날 섞박지와 달리 주재료로 주로 동아, 가지 등을 썼고, 배추와 무는 부재료에 포함되는 경우가 대부분이었다고 합니다.

Fig 7. 배춧값이 금값은 옛날이 더했다

배추의 원산지는 중국으로 고려 이전에 한반도에 들어왔습니다. 하지만 재배가 잘 되지 않아 조선 후기까지 아주 귀한 채소였죠. 이 때문에 조선 초기부터 배추를 절였다가 소금물을 부어 물김치 형태로 담근 기록이 존재하지만 비주류 김치였습니다.

1800년대 말에 토종 배추 품종인 '서울배추'와 '개성배추'가 재배에 성공하고, 이파리가 발달하고 저렴한 중국의 배추가 대거 수입되면서 김치 양념소를 배추 잎 사이에 넣는 형태의 김치가 빠르게 정착했습니다. 섞박지를 잎 사이에 잘 넣으려면 재료를 잘게 썰어야 했는데 이 때문에 1920년경 무를 채 썰어 넣는 방식으로 바뀌었죠.

　　이 통배추 김치 제조법은 들어가는 재료 가짓수도 많은 데다가 배추를 절였다가 퇴렴하는 과정, 재료를 전처리한 후 잘게 채 치는 과정, 잎 사이에 소를 넣는 과정 등이 더해지면서 점점 만들기 힘들어졌습니다. 이러한 이유로 3~4일에 걸쳐 공동으로 김치를 만드는 김장 문화가 등장하게 되었죠.

미원과 다시다, 승자는?

MSG(L-글루타민산나트륨)

–

단백질 아미노산의 일종인 글루탐산에
나트륨을 결합한 글루탐산나트륨.

시사상식사전

Fig 1. 샐러리맨의 필수품 MSG

1909년의 아지노모토

일본에서 산업 혁명이 이루어지던 시기, 유럽이나 미국에 유학 가서 학문을 배워 온 학자들이 많았습니다. 그중 이케다 기쿠나에라는 사람도 있었는데 그는 도쿄 제국 대학을 졸업한 후 독일 라이프치히 대학에서 식품 성분에 대한 화학적 연구를 합니다. 일본에 귀국한 다음에는 다시마를 산분해하여 MSG를 추출했죠.

MSG를 만든 건 이케다 기쿠나에지만 이를 상품화한 것은 스즈키 사부로스케입니다. 스즈키 사부로스케는 원래 요오드 사업을 했습니다. 요오드는 부상자를 치료하는 데 쓰이는데 1905년 러일 전쟁이 끝나면서 요오드의 수요가 줄자 다른 사업 아이템을 찾고 있었죠. 그때 그의 눈에 띈 것이 이케다 기쿠나에의 MSG 연구였어요.

두 사람은 1909년 드디어 아지노모토를 판매하기 시작합니다. 처음 아지노모토가 출시되었을 때는 과학적 발명품이라는 점을 적극적으로 어필했어요. 당시에는 지금과 달리 식품조차 과학적인 것이 긍정적인 것으로 인식되었기 때문이죠. 아지노모토는 크게 히트하며 1917년에만 약 80톤을 생산합니다. 이는 제1차 세계 대전 이후 일본의 군수품 생산 기업들이 성장하면서 샐러리맨이 탄생했기 때문이라는 견해가 있습니다. 시간에 쫓기는 샐러리맨에게 빠르고 편리하게 맛을 내는 아지노모토가 필수품이 되었다는 것이죠.

Fig 2. 미원에 대항하는 어벤져스, 미풍

아지노모토는 1910년대 우리나라에 진출했습니다. MSG가 많이 사용되는 냉면 업체를 먼저 공략했어요. 국내 32개 냉면 업체의 모임인 면미회의 결성을 후원하면서 적극적으로 제품을 홍보합니다. MSG는 국내에서도 선풍적인 인기를 끌었고, 저렴하게 음식의 맛을 높여 주는 '뱀 가루'라는 이름으로 불리기도 했어요.

하지만 1945년 일본이 태평양 전쟁에서 패배하고 1950

년 6·25 전쟁이 발발하면서 아지노모토는 국내에서 자취를 감춥니다. 이러한 상황을 간파한 임대홍은 1955년 오사카로 건너가 MSG 제조 실험에 착수해요. 3개월 만에 MSG 제조법 개발에 성공한 그는 1956년 부산에 동아화성공업을 세웠고, '신선로표 미원'이라는 브랜드를 만들어 MSG를 판매합니다.

1960년에는 MSG 발효 생산에 성공하고 회사명을 '미원'으로 바꿨어요. 1960년대 미원의 조미료 시장 점유율은 50%에 달했습니다. 당시 닭표 맛나니(신한제분), 미풍(원형산업), 미영(동아식품), 미성(제일식품), 천일미(천일산업) 등의 업체들이 있었는데 미원에 대응하기 위해 1963년 미풍으로 브랜드를 통합합니다. 그리고 3년 뒤 제일제당이 미풍을 흡수하면서 미원(대상)과 미풍(제일제당)의 2강 체제가 시작되고 조미료 전쟁의 서막이 오르게 되죠.

Fig 3. **미원의 시대 - 1세대 발효 조미료**

1970년 두 회사는 경품 광고로 1차전을 치릅니다. 미풍은 미풍 빈 봉지 다섯 장을 보내는 10만 명에게 선착순으로 3천 원짜리 여성용 스웨터를 경품으로 주었어요. 미원은 선착순 15만 명에게 3g짜리 순금 반지를 경품으로 걸었죠. 이들의 경쟁은 상공부와 치안국이 개입해 경품 행사 중지를 요청하면서 마무리되고 결국 미풍은 미원의 아성을 무너트리지 못합니다.

엎친 데 덮친 격으로 비슷한 시기 제일제당(미풍)은 법정 논란에 휩싸입니다. 1969년 제일제당은 리보뉴클레오티드이나트륨을 수입하려고 했는데 이것이 핵산 조미료인지 아닌지가 논란이 되었어요. 당시 핵산 조미료의 수입이 금지되어 있었기 때문이죠. 3년간의 법정 공방 끝에 제일제당은 또다시 패배합니다. 리보뉴클레오티드이나트륨이 핵산 조미료임이 판명되었기 때문이죠.

Fig 4. 다시다의 역습 - 2세대 종합 조미료

1973년 대상은 복합 조미료의 후속 제품인 종합 조미료를 개발합니다. 하지만 종합 조미료가 자사가 우위에 있는 기존의 시장 구도를 무너트릴 수 있다고 판단해서 출시를 보류했어요. 반면 제일제당은 1975년 천연 조미료를 내세우며 쇠고기 다시다를 출시합니다. 초반에는 판세를 뒤집지 못해 철수를 고려하는 상황까지 가지만 뜻밖의 상황으로 제일제당이 승기를 잡게 됩니다. 바로 MSG 유해성 논란이죠.

　　1980년대 국내의 한 소비자 단체가 매스컴을 통해 MSG의 유해성을 제기하면서 불매 운동이 일어납니다. 이 캠페인은 원래 아지노모토가 태국 시장을 지배한 데 대한 반감으로 태국의 한 시민 단체가 반(反) 아지노모토 운동을 펼치려고 일으킨 것이었는데 국내에서 논란이 점화된 것이죠.

　　이로 인해 천연 조미료를 내세운 다시다의 판매가 늘고 화학 조미료의 대명사인 미원의 판매량은 곤두박질칩니다. 대상은 뒤늦게 맛나라는 종합 조미료를 출시하는데 다시다와 맛나의 싸움은 말 그대로 싸움이 되었어요. 영업 직원들 간의 패싸움도 심심치 않게 일어났다고 하니 말 다했죠. 1997년 대상은 브랜드 '미원'의 이름을 '청정원'으로 변경하기도 했지만, 역전당한 시장 점유율을 회복하지 못했습니다. 2018년 기준 조미료 전체 시장의 점유율은 CJ(54%)가 대상(40%)을 크게 앞질러 있어요.

3세대 조미료는 액상 자연 조미료입니다. 2010년 샘표식품의 연두가 선발 주자예요. 2015년경에 대상에서 '요리에 한 수'를 출시하고 CJ에서 '다시다 요리수'를 출시했죠.

Fig 5. MSG 안전성에 관한 발표들

○ **무해**

- 미국 식품의약국(FDA)은 1978년과 1980년 두 번에 걸쳐 "MSG가 인체에 해롭다는 증거가 없다"고 공식 발표했어요.

- 유엔의 WHO-FAO(식품첨가물합동전문가위원회)도 MSG를 '규제가 필요 없는' 안전한 등급으로 규정한 보고서를 발표합니다.

- 같은 시기에 권위를 자랑하는 국제식품공학회와 한국식품과학회도 'MSG는 무해하다'고 공식 입장을 발표했어요. 이에 따라 산업통상부는 MSG를 화학 조미료가 아닌 발효 조미료로 명칭을 바꾸었고, 식약처는 MSG를 향미증진제로 분류하면서 '평생 먹어도 무해하다'는 공식 견해를 발표합니다.

○ 오히려 좋아

- 2013년부터는 오히려 긍정적인 효과에 대한 연구도 등장합니다. 2013년에는 MSG를 소금과 함께 섭취하면 나트륨 섭취를 20~40% 줄일 수 있다는 연구 결과가 발표되었고, 국제아미노산과학연구회는 MSG가 헬리코박터균에 의한 위장 점막의 손상을 보호한다고 발표하기도 했죠.

Reference

참고 자료

조명
- 제인 브록스, 박지훈 역,《인간이 만든 빛의 세계사》, 을유문화사, 2013
- F.A. Furfari, 〈A different kind of chemistry: a history of tungsten halogen lamps〉, IEEE, 2001
- 민병근, 〈우리나라의 전기 발상지 최초의 전등소, 경복궁 복원발굴로 찾아내다!〉, Journal of the Electric World, 2015

히터
- 〈"Modern" Heating: The Mattress Steam Radiator at Rose Hill Mansion〉, Historicgeneva, 2019
- 〈Tankless History〉, Waterheaterpros
- Mary Bellis, 〈History of the Electric Blanket〉, ThoughtCo, 2018
- L.A. TIMES ARCHIVE, 〈George Crowley; Invented Electric Blanket〉, LATimes, 2000
- Robert D. Hershey Jr, 〈George Crowley, 80, Developer Of the Modern Electric Blanket〉, New York Times, 2000
- Howell Harris, 〈A Stove Less Ordinary〉, Blogspot, 2015
- 〈HISTORY OF HEATING TIMELINE〉, Qssupplies
- 강은철, 〈[기획특집] 가스보일러의 역사와 현황 그리고 전망〉, 투데이에너지, 2003

콘센트
- Damon Taylor, 〈lugging in: Power sockets, standards and the valencies of national habitus〉, Journal of Material Culture, 2014
- Digital Museum of Plugs and Sockets (www.plugsocketmuseum.nl)

- 한국전력공사 배전처, 〈220V 승압 사업의 의의〉, 대한전기협회전기저널, 2005
- 김태웅, 〈나라마다 다른 '전기플러그', 왜?〉, 웹뉴스, 2021
- 한국전기연구원 KERI, 〈우리나라는 어떻게 220V를 쓰게 됐을까〉, 한국전기연구원 블로그, 2018

헤어드라이어

- Victoria Sherrow, 《Encyclopedia of Hair: A Cultural History》, Greenwood, 2006
- Jessica Gross, 〈Who Made That Hair Dryer?〉, New York Times Magazine, 2013
- Maria Teresa Hart, 〈The Hair Dryer, Freedom's Appliance〉, The Atlantic, 2017

의류 관리기

- Lee Gilbert, 〈History of the tumble dryer〉, Ransomspares, 2013
- Margaret Morris, 〈The History of the Clothes Dryer〉, theclassroom, 2017
- 〈History of ironing〉, Old&Interesting
- 김덕호, 《세탁기의 배신》, 뿌리와이파리, 2020
- 김태웅, 〈청결한 이미지는 '다리미'로 완성된다.〉, 웹뉴스, 2020
- 이명용, 〈세상에 없던 가전 '스타일러', 어떻게 탄생했을까.〉, 경남신문, 2016

후드 티

- 〈sweater〉, Britinnica
- 〈4계절의 스포츠웨어 맨투맨 스웨트샤쓰〉, 경향신문, 1974
- 〈Who Invented the Sweatshirt?〉, Russell Athletic

- 〈Our Heritage: Over 100 Years Of Champion〉, Champion

청바지
- 리바이스 공식 홈페이지 (www.levistrauss.com)
- Michael C. Howard, 《Transnationalism and Society》, McFarland, 2011

스니커즈
- Amber J. Keyser, 《Sneaker Century》, Twenty-First Century Books, 2015
- Design Museum, 《Fifty Shoes that Changed the World》, Conran, 2009
- Marc Richardson, 〈A Quick History of Reebok〉, Grailed, 2018
- 로리 롤러, 임자경 역, 《신발의 역사》, 이지북, 2002
- 마티외 르 모, 최영훈 역, 《1000 SNEAKERS 스니커즈》, 루비박스, 2019

이어폰
- 조민웅, 《테크놀로지의 탄생(하)》, 제논북스, 2016
- 남표, 《라디오 수신기의 역사》, 커뮤니케이션북스, 2013
- 노경주, 〈헤드폰 언제 만들어졌을까? 헤드폰 발달사〉, 스마트PC사랑, 2018
- 〈Beyerdynamic: once & today - a chronical digest〉, Beyer Dynamic
- 〈Innovations/achievements〉, BOSE

MP3
- 이진혁, 이영천, 구윤희, 〈MP3Player의 변화에서 나타나는 재매

개적 특성 1〉, 한국콘텐츠학회논문지, 2013
- 〈MP3의 간략한 역사〉, 지디넷, 2001
- 김정철(기즈모), 〈[한국의 컬덕트 ⑥] 세계 최초 MP3플레이어 디지털캐스트 F-20〉, 자유광장, 2014
- 〈아이리버 족보로 보는 'MP3 10년史'〉, 전자신문, 2009
- 이건엄, 〈[그맨그랬지] 아이리버·코원 그들이 살아남는 방법〉, 파이낸셜투데이, 2015

우산

- 매리언 랭킨, 이지민 역, 《우산의 역사》, 문학수첩, 2021
- 조드 드잔, 최은정 역, 《스타일 나다》, 지안출판사, 2006
- 류희경, 《한국복식사연구》, 이화여자대학교출판부, 2002
- 〈Fox Umbrellas Ltd〉, Fox Umbrellas
- 〈Pocket folding umbrella〉, German Patent and Trade Mark Office

마스크

- Thomas Schlich, Bruno J. Strasser, 〈Making the medical mask: surgery, bacteriology, and the control of infection (1870s-1920s)〉, medical history, 2022
- Bruno J Strasser, Thomas Schlich, 〈A history of the medical mask and the rise of throwaway culture〉, The art of medicine, 2020
- C Matuschek, 〈The history and value of face masks〉, Eur J Med Res, 2020
- Christos Lynteris, 〈Plague Masks: The Visual Emergence of Anti-Epidemic Personal Protection Equipment〉, Medical Anthropology, 2018
- Pat Poland, 〈Tyndall's plan to save firefighters〉, Echolive.

ie, 2020

- 스미다 도모히사, 〈코와 입만 가리는 물건: 마스크의 역사와 인류학을 향해〉, 한국과학사학회지, 2020
- 현재환, 〈일제강점기 위생 마스크의 등장과 정착〉, 의사학, 2022

에스컬레이터

- 김예상, 《건축의 발명》, MID 엠아이디, 2020
- 장림종 공저, 《대한민국 아파트 발굴사》, 효형출판, 2009
- Andreas Bernard, 《Lifted》, NYU Press, 2014
- John Zukowsky, Robbie Polley, 《Architecture Inside + Out》, THAMES HUDSON, 2018
- Stephen R. Nichols, 〈The Evolution of Elevators: Physical-Human Interface, Digital Interaction and Megatall Buildings〉, The National Academies Press, 2018
- Joseph Seamans, 〈The Other Elevator Inventor〉, NOVA, 2010
- Matt Novak, 〈Moving Sidewalks Before The Jetsons〉, Smithsonian magazine, 2012

자전거

- 김동준, 〈자전거의 역사〉, 월간교통, 2012
- 한스-에르하르트 레싱, 장혜경 역, 《자전거, 인간의 삶을 바꾸다》, 아날로그(글담), 2019
- 강준만, 〈한국 자전거 문화의 역사〉, 인물과사상, 2008

선풍기

- 최은창, 《가짜뉴스의 고고학》, 동아시아, 2020
- Kaushik Patowary, 〈Punkah: The Hand Operated Ceiling Fans of Colonial India〉, Amusingplanet, 2019

- Ritam Sengupta, 〈The punkah and its pullers: A short history〉, Servants Pasts, 2020
- Marc Zorn, 〈Who Invented the Bladeless Fan〉, Vision Launch Media, 2014
- Manulida, 〈Schuyler Wheeler, The Men Behind The Electric Fan〉, Steemit, 2018

공기 청정기
- 김동환, 《오늘도 미세먼지 나쁨》, 휴머니스트, 2018
- Takashi Kato, Air purifier, US3804942A, filed Oct 26, 1972, issued April 16, 1974
- 조문희, 〈80·90년대에도 '미세먼지 경고' 계속됐다〉, 시사저널, 2018
- 김태웅, 〈가정용 '공기청정기' 어떻게 필수 가전제품이 되었나?〉, 웹뉴스, 2020

에어컨
- C. P. Arora, 《Refrigeration and Air Conditioning》, Tata McGraw-Hill Education, 2009
- Allan Kirkpatrick, 《Introduction to Refrigeration and Air Conditioning Systems》, Springer, 2017
- R V Simha, 〈Willis H Carrier - Father of Air Conditioning〉, Journal of Science Education, 2012
- James Burke, 《Circles》, Simon and Schuster, 2000
- 톰 잭슨, 김희봉 역, 《냉장고의 탄생》, MID 엠아이디, 2016
- 김유경, 〈[나눔의 IT문화 이제는 학교다](53)에어컨의 역사와 원리〉, 전자신문, 2007
- 강갑생, 〈교통전문기자의 교통이야기 (2) 80여 년 전 '에어컨'과 첫 만남, 여름에 기차 창문이 닫혔다〉, 교통기술과정책, 2021

윈도우 OS

- 정지훈, 《거의 모든 인터넷의 역사》, 메디치미디어, 2014
- William Stallings, 《Operating Systems: Internals and Design Principles》, Prentice Hall, 2008
- Einar Krogh, 〈An introduction to windows Operating System〉, Einar Krogh & bookboon.com, 2015

노트북

- 임지민, 〈과거부터 현재까지…휴대용 PC를 살펴보다 노트북 역사〉, 스마트PC사랑, 2013
- 장혜진, 〈[노트북, 과거부터 미래까지③] 조상님 '오스본1'에서 슈퍼루키 '맥북에어'까지〉, 이코노믹리뷰, 2017
- Melanie Pinola, 〈'슬림'해지기 위한 경쟁 : 믿을 수 없을 만큼 얇아진 노트북의 역사〉, PCWorld, 2011

마우스

- 오병근, 〈개인용 컴퓨터 OS를 중심으로 한 GUI 변천 연구〉, 한국디자인학회, 2002
- 이철호, 〈[IT기기의 거의 모든 역사] 마우스〉, 스마트PC사랑, 2022
- 김윤진, 〈버티컬 마우스는 어떻게 탄생했을까?〉, 폴리뉴스, 2019
- Bill Buxton, 〈Some Milestones in Computer Input Devices:An Informal Timeline〉, Microsoft Research, 2011
- Jürgen Müller, 〈The first rolling-ball mouse〉, e-basteln

돈가스

- 오카다 데쓰, 정순분 역, 《돈가스의 탄생》, 뿌리와이파리, 2006

포크

- 헨리 페트로스키, 백이호 역, 《포크는 왜 네 갈퀴를 달게 되었나》,

김영사, 2014

- 김지룡, 《사물의 민낯 1498~2012》, 애플북스, 2012

증권

- 윤재수, 《돈이 보이는 주식의 역사》, 길벗, 2021
- 황은주, 〈개장에서 전면개방까지, 선진국 대열에 오르다〉, 국가기록원
- 임경오, 〈한국증시 110년 그 파동의 역사〉, 프라임경제, 2005

복권

- 데이비드 니버트, 신기섭 역, 《복권의 역사》, 필맥, 2003
- 김상훈, 《B급 세계사》, 행복한작업실, 2018
- 〈주택복권〉, 대한민국역사박물관, 2016
- 조정미, 〈일주일간의 설레는 행복〉, 국가기록원
- 윤종성, 〈[복권의 세계]①'대박의 꿈'.. 복권의 기원은?〉 이데일리, 2015)
- Evan Andrews, 〈8 Notable Lotteries from History〉, History, 2016

MBTI

- Clarence H. Graham, 〈Robert sessions Woodworth 1869-1962〉, National Academy of Sciences, 1967
- Gary Groth-Marnat, A. Jordan Wright, 《Handbook of Psychological Assessment》, Wiley, 2016
- 안창일, 《임상심리학》, 시그마프레스, 2010
- 유경수, 〈MMPI-2를 통한 육군장병 자살우려자 식별에 관한 연구〉, 장로회신한대학교 대학원, 2014
- 메르베 엠레, 이주만 역, 《성격을 팝니다》, 비잉, 2020

진동벨

- 김문기, 〈'삐삐' 무선호출기(上)… 청약 가입했던 시절 [김문기의 아이씨테크]〉, 아이뉴스24, 2022
- 장은진, 〈삐삐 제조사에서 진동벨 1위 기업으로. 리텍의 변신〉 통계뱅크, 2021
- Jeffrey Selingo, 〈HOW IT WORKS; Coaster With a Message: Your Table Is Ready〉, New York Times, 2003

안마기

- Bryony Gilbey, 〈The evolution of the massage gun〉, ChicagoTribune, 2021
- Colton Kruse, 〈VICTORIAN SELF-CARE: DR. MACAURA'S "BLOOD CIRCULATOR"〉, Ripleys, 2018
- Greg Daugherty, 〈Dr. John Kellogg Invented Cereal. Some of His Other Wellness Ideas Were Much Weirder〉, History, 2019
- Rachel P. Maines, 〈THE CLINICAL ORGASM A medical history of the vibrator〉, Cabinetmagazine, 2006
- Sarah Brooks, 〈WHAT IS THE HISTORY OF THUMPER MASSAGER?|WHY THUMPER?〉, thumpermassager, 2019

인터넷

- Bill Burns, 〈Submarine Cable History〉, SubmarineCableSystems, 2012
- 전화영, 〈[재미있는 전기 이야기] 광 해저 케이블 개발의 역사 I 역사를 통해 배우는 기술의 진보〉, 월간전기, 2011
- 김종화, 〈[과학을읽다]해저케이블, 심해는 그냥 가라앉힌다?〉, 아시아 경제, 2019
- 김윤미, 〈동북아 바다… 인문학으로 항해하다 〈36〉 해저케이블,

동북아를 연결하다〉, 국제신문, 2019

초콜릿

- 다케다 나오코, 이지은 역,《초콜릿 세계사》, AK(에이케이 커뮤니케이션즈), 2017
- 정한진,《초콜릿 이야기》, 살림출판사, 2006
- 정명교,〈우리나라 제과 산업의 역사〉, 식품과학과 산업, 2020
- Laura Schumm,〈Six Times M&Ms Made History〉, History, 2014
- 김상하,〈발렌타인 초콜릿의 '진짜' 유래와 역사〉 ㅍㅍㅅㅅ, 2014
- M&Ms 공식 홈페이지 (www.mms.com/en-us/history)
- 허쉬 공식 홈페이지 (www.thehersheycompany.com)

프린터

- 최정호,《소프트웨어 문화개론》, 좋은땅, 2016
- Hue P. Le,〈Progress and Trends in Ink-jet Printing Technology〉Recent Progress in Ink Jet Technologies II, 1999
- Cade Metz,〈Gary Starkweather, Inventor of the Laser Printer, Dies at 81〉, New York Times, 2020
- Darwyn F. Kelley,〈COMPUTERS - SOME HISTORY AND BACKGROUND #3〉, old-computers.com
- Paul A. Freiberger,〈Difference Engine〉Britannica
- 〈Babbage printer finally runs〉, BBC News, 2000
- 〈Xerox Celebrates an Innovation That Transformed Business Communications〉, Xerox Newsroom, 2017
- 〈Wiredot printer〉, IPSJ Computer Museum, 2012
- 〈프린터의역사〉, OKI Systems Korea
- 〈A Short Treatise on the Siphon Recorder〉, Atlantic Cable, 2014

연필

- 헨리 페트로스키, 홍성림 역, 《연필》, 서해문집, 2020

열쇠

- 김예상, 《건축의 발명》, MID 엠아이디, 2020
- Naif A.Haddad, 〈Critical Review, Assessment and Investigation of Ancient Technology Evolution of Door Locking Mechanisms in S.E. Mediterranean〉, Mediterranean Archaeology and Archaeometry, 2016
- Adam Clark Estes, 〈The History and Future of Locks and Keys〉, gizmodo, 2015
- Tom Pearce, 〈A History of Locks〉, Precision Locksmiths, 2020
- 〈The Evolution of Everyday Objects〉, Slate, 2012
- 〈Robert Barron and the Double Acting Tumbler Lock〉, ZeroDayGear, 2020

헬스

- 김원곤, 《20대가 부러워하는 중년의 몸만들기》, 덴스토리(Denstory), 2014
- Jesper Andreasson, Thomas Johansson, 〈The Fitness Revolution: Historical Transformations in the Global Gym and Fitness Culture〉, 2014
- Jacqueline Reich, 〈The World's Most Perfectly Developed Man: Charles Atlas, Physical Culture, and the Inscription of American Masculinity〉, CMS FACULTY PUBLICATIONS, 2010
- Sam Fussell, 《Muscle: Confessions of an Unlikely Bodybuilder》 Poseidon Press, 1991

오락실

- 이상우, 《게임, 게이머, 플레이》, 자음과모음, 2021
- 임태훈 외 4명, 《한국 테크노컬처 연대기》, 알마, 2017
- TONG, 〈오락실 게임의 '뿌리'를 보여주마〉, 중앙일보, 2016

노래방

- 문지현, 〈한국 노래방의 성장을 둘러싼 사회문화사: 테크놀로지의 발전을 중심으로〉, 문화와 사회, 2016

전자레인지

- 〈How the Airfryer was Invented – Airplanes and Frozen Food〉, newair, 2019
- 〈A Brief History of the Microwave Oven〉, Facts&History
- 〈History of the Microwave Oven〉, Microwaves101
- 민병욱, 〈국내 첫 전자레인지·1970년 냉장고… 가전 역사 한눈에〉, 경남도민일보, 2021
- 이수환, 〈[격동의 생활가전①] TV와 전자레인지… 한국경제의 삶과 질을 바꾸다〉, 디지털데일리, 2013
- 〈20세기의 신화-삼성 전자 렌지 |미 하버드 비지니스 리뷰지 특집서 소개〉, 중앙일보, 1989
- 〈[메이드 인 코리아]9.삼성 전자레인지… 철저한 시장분석으로 세계1위부상〉, 중앙일보, 1997
- 〈금성, 미국내 전자레인지 판매1위〉, 한경뉴스, 1989

삼각김밥

- 남원상, 《김밥》, 서해문집, 2022
- 혼다 도시노리, 오연정 역, 《삼각김밥 혼다씨》, 이콘, 2018
- 송정, 〈[이야기가 있는 음식] 주먹밥, 영화 '카모메 식당' 중에서〉, 중앙일보, 2015

- 이재유, 〈한국 1호 편의점 '롯데세븐'이었네〉, 서울경제, 2018

강아지

- Anders Bergström, 〈Origins and Genetic Legacy of Prehistoric Dogs〉, Science, 2020
- 브라이언 M. 페이건, 《위대한 공존》, 반니, 2016
- 이주은, 《개와 고양이에 관한 작은 세계사》, 파피에, 2019
- 〈Dog Show〉, Britannica
- Walter R. Fletcher, 〈A Brief History of the Dog Show〉, New York Times, 1975
- 윤지원, 〈[채널S] 故 이건희 삼성 회장의 남달랐던 반려견 사랑〉, 스마트에프엔, 2020

치킨

- 정은정, 《대한민국 치킨전》, 따비, 2014
- 〈대법원 1997. 2. 5.자 96마364 결정 [부정경쟁행위중지가처분] [공1997.4.1.(31),859]〉, 케이스노트
- 김명환, 〈"땅땅치킨 어디서 파나요"…지역 브랜드 전국서 '인기몰이'〉, 대구일보, 2014

삼겹살

- 김태경, 연승우, 《삼겹살의 시작》, 팜커뮤니케이션, 2019
- 육주희, 〈대세, 뉴트로(New-tro) 떴다, 냉삼(냉동삼겹살)〉, 누들푸드.

공휴일

- 백광열, 〈설·추석 명절 공휴일의 계보학〉, 한국사회사학회, 2020
- 김종세, 〈헌법상 휴식권과 공휴일제도〉, 법학연구, 2015
- 이창익, 〈조선시대에도 공휴일이 있었을까〉, 민속소식

청소기

- 제임스 다이슨, 자일스 코렌, 박수찬 역, 《제임스 다이슨 자서전》, 미래사, 2017
- 김덕호, 《세탁기의 배신》, 뿌리와이파리, 2020
- 남미경, 〈국내외 인공지능형 로봇 개발 및 시장 현황 연구 – 인공지능형 로봇청소기 사례를 중심으로-〉, 한국디자인문화학회, 2010
- 대한전기학회 편집부, 〈삼성전자 – 크루즈미사일 항법장치를 도입한 로봇 청소기 등〉, 전기의 세계, 2003

세탁기

- 김덕호, 《세탁기의 배신》, 뿌리와이파리, 2020
- 유선주, 〈[ESC] 한국의 세탁소는 컴퓨터 수리점?〉, 한겨레, 2018
- Joe Pappalardo, 〈The Secret History of Washing Machines〉, Popular Mechanics, 2019
- 〈Explore the Fascinating History Behind Laundromat〉, Hamperapp, 2021

전기밥솥

- 최형섭, 〈그것의 존재를 알아차리는 순간〉, 이음, 2021
- 우은정, 〈미국 전기밥솥 시장동향〉, KOTRA, 2021
- 유선주, 〈[ESC] 응답하라 '코끼리표밥솥'...추억의 밥솥사〉, 한겨레, 2018
- 김태웅, 〈주방가전 한류의 중심 '전기압력밥솥', 밥맛과 편의성 두 마리 토끼를 동시에〉, 웝뉴스, 2020

베스트셀러

- 프레데리크 루빌루아, 이상해 역, 《베스트셀러의 역사》, 까치, 2014
- 이윤경, 〈[명작! 이래서 명작] '보바리 부인'〉, 동아일보, 2001

- 신용호, 〈20세기 한국의 베스트셀러〉, 중앙일보, 1999

라면
- 하야미즈 겐로, 김현욱, 박현아 역, 《라멘의 사회생활》, 따비, 2017
- 김정현, 한종수, 《라면의 재발견》, 따비, 2021

통조림
- 게리 앨런, 문수민 역, 《통조림의 탄생》, 재승출판, 2017
- 허원영, 〈시간을 붙잡아두다, 통조림〉 월간산업보건, 2019
- 장유미, 〈CJ 주도 연어캔 시장, 참치캔에 무릎⋯역사속으로〉, 아이뉴스24, 2020

김치
- 박채린, 〈김치의 기원과 제조변천과정에 대한 종합적 연구〉, 한국식생활문화학회지, 2019

MSG
- 임번삼, 〈우리나라 발효조미료 산업의 발달사〉, 산업식품과학과산업, 2019
- 주영하, 〈동아시아 식품산업의 제국주의와 식민지주의〉 아시아리뷰, 2015
- 변동진, 〈[세기의 라이벌]① 대상 '미원' VS CJ '미풍', 대한민국 맛의 수준 높인 경쟁〉, 한스경제, 2018
- 나원식, 〈[결정적 한끗]③'미원 vs 미풍' 세기의 조미료 대결〉, 비즈워치, 2021

이미지 출처

조명

© Jane023, Wikimedia Commons.

헤어드라이어

© Jojo17, Wikimedia Commons.

© Phrontis, Wikimedia Commons.

© BeenAroundAWhile, Wikimedia Commons.

© Jack de Nijs, Wikimedia Commons.

스니커즈

© Alansplodge, Wikimedia Commons.

MP3

© John Fader, Wikimedia Commons.

우산

© Jona Lendering, Wikimedia Commons.

에스컬레이터

© Chensiyuan, Wikimedia Commons.

마우스

© SRI International, Wikimedia Commons.

© Marcin Wichary, Wikimedia Commons.

© Judson McCranie, Wikimedia Commons.

© Stéphane Magnenat, Wikimedia Commons.

EVERYTHING
ABOUT
EVERYTHING

모든 것에 대한
모든 것

초판 1쇄 발행 2023년 9월 11일

지은이 구수담
펴낸이 이광재

책임편집 구본영
디자인 이창주
마케팅 정가현　　　　**영업** 허남, 성현서

펴낸곳 카멜북스　**출판등록** 제311-2012-000068호
주소 서울특별시 마포구 양화로12길 26 지월드빌딩 (서교동 395-7) 3층
전화 02-3144-7113　**팩스** 02-6442-8610　**이메일** camelbook@naver.com
홈페이지 www.camelbooks.co.kr　**페이스북** www.facebook.com/camelbooks
인스타그램 www.instagram.com/camelbook

ISBN 979-11-982198-6-2(03900)